Berthold Oelze

Gustav Theodor Fechner
Seele und Beseelung

Waxmann Münster / New York

CIP-Titelaufnahme der Deutschen Bibliothek

Oelze, Berthold:
Gustav Theodor Fechner, Seele und Beseelung / Berthold
Oelze. - Münster ; New York : Waxmann, 1989
(Waxmann-Portrait)
ISBN 3-89325-011-5

D 6

ISBN 3-89325-011-5
© Waxmann Verlag GmbH, Münster/New York 1988
Postfach 8603, 4400 Münster, F.R.G.
Waxmann Publishing Co.
P.O. Box 1318, New York, NY 10028, U.S.A.

Satz: HighTech-Publisher, Münster
Umschlaggestaltung: Gregor Pleßmann

„Spricht die Seele, so spricht ach! schon
die Seele nicht mehr."

Friedrich von Schiller

Inhaltsverzeichnis

Einleitung

Der Entdeckung des erkennenden Subjekts in der Philosophie KANTS folgte zwangsläufig die empirische Erforschung der Seele, sobald der transzendentalphilosophische Ansatz verlassen wurde zugunsten einer Orientierung an den Idealen der aufstrebenden positiven Wissenschaft. Als sich die Schüler und Kritiker HEGELS bemühten, den Begriff „Geist" von den Höhenflügen spekulativer Metaphysik herunterzuholen auf die Ebene des konkret Erfahrbaren, stießen auch sie auf die Seele als empirischen Gegenstand einer künftigen exakten Wissenschaft.

Mochte KANT eine wissenschaftliche Psychologie für unmöglich halten, schon die folgende Generation ging daran, darzulegen, daß und wie sie möglich sei. Es blieb jedoch einer späteren Generation mit den experimentellen Methoden der Naturforschung vertrauter Wissenschaftler vorbehalten, die Psychologie methodisch zu begründen, so daß sich gegen Ende des vorigen Jahrhunderts die Psychologie – wenn auch noch im Rahmen der Philosophie – institutionell etablieren konnte. Zu den Persönlichkeiten, die sich dabei Verdienste erwarben, zählt an erster Stelle GUSTAV THEODOR FECHNER.

Seine Schriften bezeugen das Bemühen, Glaube und Wissen zusammenzuhalten. Seine exakte Wissenschaft „Psychophysik" erwächst aus einem philosophischen Kontext, der in dieser Arbeit auszugsweise aufgearbeitet werden soll.

Zum Thema

Was den Gebrauch des Wortes „Seele" betrifft, lassen sich die Menschen in drei Kategorien einteilen: solche, die nicht zufällig häufig, solche, die nicht zufällig selten, und solche, die bloß zufällig mehr oder weniger

von „Seele" reden. Den Menschen der letzteren Gruppe ist der Seelenbegriff unproblematisch; ob sie ihn verlauten oder nicht, hängt ab von
ihren Anlagen, ihrer Erziehung, ihren Launen und den Situationen, in
denen sie sich befinden. Die Menschen der ersten und zweiten Gruppe
gebrauchen das Wort „Seele" mit Bedacht. Es gibt Gründe, den Seelenbegriff zu verwenden, und Gründe, ihn zu vermeiden; es gibt Stile, zu
denken, und Interessen, die die eine oder andere Gebrauchsweise nach
sich ziehen.

Zu denen, die häufig von „Seele" reden, gehören vor allem diejenigen, welche sich berufen fühlen, Religion unters Volk zu bringen. Die, die
selten von „Seele" reden, müssen eine andere Religion haben oder eine
andere Einstellung zu den Dingen, an die sie glauben; oder es müßte
sich um „religionslose" Menschen handeln, sofern es überhaupt möglich
ist, von aller Religion Abstand zu nehmen. In unserer Kultur steht der
Seelenbegriff durch nahezu zwei christliche Jahrtausende hindurch im
Spannungsfeld religiöser Überzeugungen. Die christliche Tradition hat
Seelenbegriffe verschiedener Kulturen vereinnahmt (ob hebr. „näfäs",
grch. „psyche" und „pneuma" oder lat. „anima") und unseren Seelenbegriff nachhaltig geformt, so daß, fällt das Wort „Seele", unsere religiöse
Tradition angerufen wird.

Die religiöse Überformung des Seelenbegriffs führte vermutlich zu
den meisten Streitigkeiten, die in und zwischen den Wissenschaften um
den Seelenbegriff entbrannt sind. Sachliche Gründe mögen vorgeschoben
werden, dahinter verbergen sich oftmals religiöse Überzeugungen.

Eine Wissenschaft, die sich aus christlicher Theologie nährt, kann
auf den Seelenbegriff nicht verzichten, weil der christliche Glaube nicht
auf ihn verzichten kann. Eine andere Wissenschaft, die sich aus der
Vormundschaft der Theologie zu befreien sucht, läßt den Seelenbegriff
schnell hinter sich. Man trifft so selbst in der dem Namen nach für die
Seele zuständigen Disziplin auf zwei verschiedene Ansätze: „Psychologie
ohne Seele" und „Psychologie mit Seele".

Den von Sprache zu Sprache unterschiedlichen Begriffen der Seele liegen ähnliche Erfahrungen, Selbsterfahrungen zugrunde, so daß über allen
Unterschieden diesen Begriffen etwas gemeinsam ist. Dieses Gemeinsame
kann zum Gegenstand einer erfahrungsorientierten Wissenschaft werden.

Mit unserem Begriff der Seele hängen die Begriffe „Mensch" und „Leben" zusammen, sofern sich der christliche Mensch als „lebendige Seele"
versteht. Zudem bezeichnen die in die christliche Tradition eingegan-
genen, sinnverwandten Begriffe Merkmale des für lebendig Erachteten
(grch. „pneuma": der aus- und einströmende Atem; hebr. „näfäs": die

Kehle). Oftmals läßt sich unser Wort „Seele" durch das Wort „Leben" weitgehend ersetzen.

Man kann finden, daß unser Seelenbegriff durch das Christentum allgemein oder durch einzelne Denker derart geprägt wurde, so daß man heute das, was zusammen erst ein Lebendiges ergibt, als getrennt und mitunter als widerstreitende Instanzen auffaßt : Leib und Seele bzw. Materie und Geist. Für diese Auffassung macht man in der Philosophiegeschichtsschreibung häufig DESCARTES verantwortlich. Die Gegner des sogenannten Cartesischen Dualismus' appellieren an die unauflösliche Einheit des Menschen und des Lebendigen überhaupt, um vermeintlich schädliche begriffliche Unterscheidungen zu kritisieren und aufzuheben.

Jede Geschichte dualistischer Irrtümer sollte aber bedenken, daß die Unterscheidung von Leib und Seele unabhängig von philosophischen Lehren aus Erfahrungen entstehen kann. Ein körperlicher Schmerz bleibt doch immer etwas anderes als ein seelischer – und das auch, wenn Begriffe fehlen, beider Unterschiede angemessen zu fassen.

„Beseelung" kann die Tätigkeit heißen, einem Gegenstand Seele zu verleihen bzw. ihn mit Seele „anzufüllen". Das schöpferische Vermögen, Unbeseeltes zu beseelen, wird gemeinhin einem höchsten Wesen sowie eventuell im übertragenen Sinne begnadeten Künstlern zuerkannt, die z.B. ein Portrait, eine Romanfigur oder eine Plastik besonders „lebensecht" zu gestalten verstehen. Es öffnet sich jedoch weiterhin ein jeden Menschen betreffendes Beseelungsproblem, fragt man nach der Erkenntnis des Beseelten. Ist das Urteil über das Vorhandensein und die Art einer fremden Seele ganz den Erkenntnisleistungen überantwortet, so wird „Beseelung" Sache des Menschen: Ich beseele etwas, indem ich ihm Seelisches zuerkenne.

Das Gebiet solcher beseelender Aktivität ist die gesamte, zunächst einheitliche *Natur*, welche sich durch Urteile qualitativ differenziert in Unlebendiges und Lebendiges, Unbeseeltes und Beseeltes, Beseeltes verschiedener Art usw.. Die unbeseelten Gegenstände können danach unterschieden werden, ob sie von einem Beseelten gezielt oder zufällig erzeugt, ihm nützlich oder schädlich sind, oder in welcher Beziehung sie sonst zu einem Beseelten stehen.

Es ergibt sich eine nach Begriffen vielfältig unterteilte Natur. Die beseelende Aktivität des Menschen mündet auf diese Weise in eine Theorie der Natur.

Inmitten des so abgesteckten Themengebietes steht FECHNER. Wo er über Seele und Beseelung schreibt, hat er es mit den oben kurz skizzierten Bezügen zu tun. Sofern es ihm um die Möglichkeit einer exakten

Wissenschaft von der Seele und um alles über die Seele überhaupt Sagbare geht, betreibt er Psychologie im weitesten Sinne des Wortes. Diese Psychologie reicht weit hinein in Philosophien der Religion und der Natur und wird ergänzt bzw. begründet durch eine Erkenntnistheorie und eine Theorie des Glaubens und Wissens. Verfolgt man also seine Äußerungen über Seele und Beseelung, öffnet sich ein Problemfeld interdisziplinärer Spannweite.

Wer sich für eine der beteiligten *Disziplinen* oder darin für bestimmte *Probleme* – z. B. das Leib-Seele-Problem – interessiert, oder wer sich allgemein oder unter bestimmten Aspekten mit der *Geschichte* des Denkens und der Wissenschaft beschäftigt, mag die vorliegende Arbeit mit Gewinn lesen.

Zur Ausrichtung und zum Aufbau dieser Arbeit

Keinesfalls soll das Thema „Seele und Beseelung" als Schablone über Fechners Werke gezwungen werden, so daß die einem von außen herangetragenen Interesse relevant erscheinenden Textpassagen übrigbleiben. Das Thema bedeutet eine Behauptung, daß es Fechner vor allem anderen und über aller Heterogenität seines Schaffens um „Seele und Beseelung" ging. Dies zeigt sich im gesamten Lebenswerk, besonders aber in einer Reihe von Veröffentlichungen, deren Zusammenhang Fechner selbst mehrfach betonte. Jene Gruppe von durchaus als „philosophisch" bezeichenbaren Schriften bildet somit die Mitte seines Werkes.

Sofern die vorliegende Arbeit sich zwar an eine Sache (der Seele) orientiert, aber dieser stets gebunden an Vorgedachtes nachgeht, handelt es sich um ein *hermeneutisches* Unternehmen. Die Beschäftigung mit „Seele und Beseelung" erfolgt hier größtenteils vermittelt durch die schriftlich niedergelegten Gedanken bzw. die Person Fechners, und nur um eines Maßstabs der Kritik willen richtet sich zuweilen der Blick unmittelbar auf die Sache selbst. Ansonsten aber wird nach Möglichkeit geachtet und gewahrt, was von Fechner vorgegeben wurde und wie dieses vorgegeben wurde.

Das hermeneutische Interesse gewinnt über dem Sachbezug zu „Seele und Beseelung" einen weiteren Gegenstand: das Denken über die Seele, welches sich im Gebiet des überhaupt Denkbaren und Begründbaren ereignet. Stellt man Fechners (Nach-) Denken über die Seele in dieses Gebiet, eröffnen sich Möglichkeiten der *werkimmanenten Kritik* und der

Erweiterung der Perspektive über den Horizont persönlicher Meinungen hinaus. Wenn die Beschränkung auf das zufällig Persönliche überstiegen ist, gelangt man zu den Sachen selbst, an die sich zu halten jeder ernsthaften Philosophie aufgegeben ist.

Der hermeneutischen Aufgabenstellung nach scheint es mir geboten, der systematischen Arbeitsweise, welche Begriffe „von außen" an Texte heranträgt, eine *historische* Arbeitsweise vorzuziehen, die es gegebenenfalls erlaubt, beim Verfolgen bestimmter Schriften innere Zusammenhänge wiederzugeben und Akzentverschiebungen oder gar grundsätzliche Änderungen der Ansichten zu entdecken, wobei die Datierung bestimmter Äußerungen den Blick auf mögliche historische Einflüsse lenkt. Jenseits des Systematischen liefert die transzendentalphilosophische Orientierung den nötigen Halt im Raum des Historisch-Zufälligen.

Nachdem in den Gliederungspunkten eins bis drei Hintergrundinformationen zum Leben und Werk Fechners gegeben wurden, widmet sich der eigentliche Hauptteil sechs Texten, deren Auswahl unter Punkt vier begründet wird.

Bei der Behandlung der Texte geht es zunächst um *Referate* und *Darstellungen,* deren Verdichtung auf das Wesentliche hin schon auf *Interpretationen* beruhen. Die referierten Inhalte sind, soweit wie möglich, mittels *Veranschaulichungen* erläutert, welche zugrundeliegende Denkmodelle, Methoden, Metaphern und Topoi klären helfen sollen. Interpretationen und *Analysen* suchen problematische Passagen in größeren Kontexten zu deuten, ziehen Vergleiche, nehmen Bezug auf biographische sowie geistes- und sozialgeschichtliche Hintergründe. Bei Gelegenheit werden Brücken in unsere Zeit geschlagen, um auf die Aktualität bestimmter Ansichten oder auf neuere Lösungsvorschläge aufmerksam zu machen.

Zur Wirkung und Rezeption der Schriften Fechners

Von Fechners Werken haben die „belletristischen" Schriften die stärkste populäre Verbreitung erfahren, allen voran das kleine „Büchlein vom Leben nach dem Tode" (1836), welches vielfach übersetzt und neu aufgelegt wurde. Elf englischsprachige Ausgaben liegen vor und mehr als ein Dutzend deutschsprachige sowie Übersetzungen ins Niederländische, ins Isländische und in die Kunstsprache „Esperanto". Keine seiner anderen Schriften erreichte diese Verbreitung auch nur annähernd. Über mehr als ein halbes Dutzend Auflagen kommt sonst kein Buch hinaus.

Was die Verbreitung der im strengen Sinne als „wissenschaftlich" zu bezeichnenden Werke anbelangt, genügten meist ein oder zwei weitere Auflagen, um die Nachfrage in akademischen Kreisen bis heute zu befriedigen.

Fechners philosophischen Schriften wurde schon zu seinen Lebzeiten nicht die gewünschte Aufmerksamkeit zuteil (vgl. Fechner in KUNTZE 1892:303ff.). Fünf Jahre nach Erscheinen seines umfangreichen philosophischen Hauptwerks „Zend-Avesta" (1851) zog Fechner Bilanz:

> „1000 Exemplare Zend-Avesta gedruckt und nicht 200 abgesetzt! Und die wenigen wohl nur, weil man erst meinte, es sei auch ein Roman wie die Nanna." (1856:18)

Der Absatz nahm in den folgenden Jahren kaum zu. Aus diesem Grund bemühte sich Fechner wiederholt, seine Gedanken neu, kürzer und leichter verständlich zu fassen, allerdings ebenfalls ohne die erhoffte Breitenwirkung, woraus man schließen kann, daß es an Formulierungen nicht gelegen haben dürfte.

Nach der Jahrhundertwende regte sich doch noch ein spätes Interesse an seinen philosophischen Schriften. Die allermeisten Neuauflagen fallen in den Zeitraum von 1900 bis 1930.

Gegen Ende des zweiten Weltkriegs ist eine kaum nennenswerte Häufung von Neuauflagen zu verzeichnen, die auf ein Bedürfnis nach Trost- und Erbauungsschriften angesichts der blutigen Kriegsereignisse zurückzuführen ist. Vielleicht fanden Politiker und Verleger es angebracht, unter Rückgriff auf Fechner Hoffnungen auf ein Leben nach dem Tode zu wecken.

In den sechziger Jahren wurden die für die Psychologie als exakte Wissenschaft möglicherweise wichtigen Schriften Fechners aus einem beginnenden Interesse dieser Wissenschaft an ihren Ursprüngen heraus als "Reprints" veröffentlicht. Nach wie vor aber ist das Interesse der Psychologie an ihrer Geschichte vergleichsweise gering. Die Fechner-Rezeption seitens der Hauptströmung der Psychologie beschränkt sich größtenteils auf das WEBER-FECHNERsche Gesetz und die von Fechner zusammengestellten und angewendeten Meßmethoden – kurz gesagt also auf das, was dieser Wissenschaft im Sinne ihrer heutigen Ausrichtung fruchtbar und verwertbar erscheint. Der philosophisch-religiöse Kontext dieser ausgewählten Leistungen sowie der Begriff dessen, was „Psychologie" für Fechner bedeutete, bleiben dabei außer acht.

Die wenigen Neuauflagen von Texten Fechners in den letzten zehn Jahren rechtfertigen nicht, von einer Fechner-Renaissance zu reden. Dabei ließen sich viele seiner Schriften von den derzeit herrschenden Geistesmoden durchaus vereinnahmen.

Man kann zusammenfassend sagen, daß sich seit der Hochzeit der Weimarer Republik nur sporadisch ein geringes Interesse an Fechners Werken regte.

Von den drei Disziplinen, für welche Fechners Schriften von Belang sein könnten – Psychologie, Theologie und Philosophie –, hat sich die Philosophie mit Abstand am meisten mit Fechner beschäftigt, die Psychologie in beschränkterem Maße zumeist unter sehr speziellen Themenstellungen, die Theologien beider Konfessionen so gut wie gar nicht.

Das Desinteresse der *Theologien* könnte daran liegen, daß diese Disziplinen überwiegend geschlossene fachinterne Diskussionen führen und vielleicht dazu neigen, sich gegen die „abgefallene" Disziplin Philosophie und gegen fachfremde Einflüsse überhaupt abzuschotten.

Die *Psychologie* nahm im deutschsprachigen Raum ihren Ausgang, wurde von den Schülern deutscher Professoren in der Neuen Welt begründet und gewann dort rasch institutionelle Selbständigkeit, während im deutschsprachigen Raum die Loslösung von der Philosophie nur zögernd voranschritt. Seit der Zeit der Weimarer Republik setzt die US–amerikanische Psychologie weltweit die Standards dieser Wissenschaft, und sofern man in den USA mit Fechner wenig anzufangen weiß, geht die gesamte Psychologie über einen ihrer Begründer schnell hinweg.

Dabei wird wohl bemerkt, daß Fechner durch andere Pioniere der modernen Psychologie gewirkt hat.

> "Using Fechner's empirical methods of studying perception, Wundt proposed to build metaphysics on a solid basis, thus making philosophy a science. (...) It is known that Stumpf met Fechner and E. H. Weber in his days as a Dozent; Müller also corresponded with Fechner; and Ebbinghaus apparently decided to re-enter the academic world after accidently encountering a copy of Fechner's elements." (BEN-DAVID; COLLINS 1966:463)

Der Wirkung seiner Lehren seien aber Grenzen gesetzt gewesen, weil es ihm nicht gelang, eine Schule zu begründen (vgl. KUNTZE 1892:308).

> "Gustav Fechner has all of the characteristics of an innovator save one: he gave rise to no personal school of followers, although ... he influenced some of the founders. On balance, he was probably more of a forerunner than a founder ... " (BEN-DAVID; COLLINS 1966: 455).

Das im englischsprachigen Raum verbreitete Fechner-Bild beruht auf den Darstellungen in psychologiehistorischen Werken, unter denen diejenigen von G. S. Hall und von E. G. BORING ihres großen Einflusses wegen hervorzuheben sind. HALL, ein Schüler von WILHELM WUNDT, übernahm ganze Passagen aus der vielbeachteten Fechner-Monographie von KURD LAßWITZ (1896), ohne sich besonders auf diese Quelle zu berufen. LAßWITZ wiederum griff auf die Monographie von J. E. KUNTZE (1892) zurück, welche bezüglich der Biographie als Basiswerk der Fechner-Forschung unverzichtbar ist. E. G. BORING gewann sein Fechner-Bild nicht zuletzt direkt aus der Lektüre der Fechner-Monographie KUNTZES.

Die negative *Bewertung* der Psychologie Fechners durch WILLIAM JAMES setzte sich in der Psychologie stillschweigend durch (vgl. ADLER 1977:30), so daß heute der Ursprung aller exakten, positiven, empirischen Psychologie – wie diese Wissenschaft sich selbst bezeichnet wissen will – zumeist mit WUNDT angesetzt wird, und nicht mit Fechner. Fechner rechnet man seiner „verrückten" Neigungen zu Phantastereien wegen einem „vorwissenschaftlichen" Stadium zu.

H. E. ADLER faßt JAMES' Meinung über Fechner so zusammen:

> "He was well acquainted with Fechner's work, but he was not impressed, as we may gather from a letter to G. Stanley Hall, written in 1880, in which James comments regarding Fechner: ' ... I have always thought his psychophysics as moonshiny as any of his other writings.' A decade later, in his PRINCIPLES OF PSYCHOLOGY, he expressed his opinion publicly that this 'dreadful literature' of psychophysics, the outcome of which was 'just nothing', could hardly 'have arisen in a country whose natives could be bored.' And in perhaps the bestknown passage he praises Fechner, 'that dear old man,' and dismisses his work that he feared 'could saddle our Science forever with his patient whimseys, and, in a world so full of nutritious objects of attention, compel all future students to plough through the difficulties, not only of his own work, but of the still drier ones written in his refutation."(ADLER 1977:24)

Die Fechner-Bearbeitungen seitens der *Philosophie* gehen von keiner besonderen Schule oder Strömung aus. Es war an verschiedenen Universitäten bei vielen Professoren möglich, eine akademische Abschlußarbeit über Fechner zu verfassen. In den Titeln der Dissertationsschriften taucht am häufigsten der Begriff „Metaphysik" auf, aber auch das besagt nichts Konkretes. Das Interesse an Fechner mag von einer allgemein

„idealistisch" ausgerichteten Philosophie getragen worden sein, und es erlosch, als sich die Aufmerksamkeit aktuellen Strömungen (z. B. HUSSERLS Phänomenologie) zuwandte.

Heute verortet man Fechner häufig mit Hilfe wenig gehaltvoller Etikette in einer dunklen Zeit der Wissenschaftsgeschichte zwischen KANT und HUSSERL bzw. zwischen HEGEL und NIETZSCHE. Die abwertenden Pauschalurteile über diese Periode vermeintlich wenig originellen, epigonalen Schaffens treffen auch Fechners Werke.

Durch diese Arbeit mag deutlich werden, wieweit dieses Urteil im Falle Fechner berechtigt ist und welche Weltanschauung sich hinter den Etikettierungen seines Lebenswerks verbirgt.

Kapitel 1

Leben, Arbeit, Leiden: biographische Fragmente

Die zahlreichen kurzen Darstellungen des Lebens von G. T. Fechner in Werken der Fachgeschichtsschreibungen gehen sämtlich auf ein Buch seines Neffen J. E. KUNTZE zurück. KUNTZE lebte „über 30 Jahre lang ohne Unterbrechung" im Fechnerschen Haus und kannte daher das familiäre Umfeld aus erster Hand (KUNTZE 1892:83). Er hielt einige Beobachtungen schriftlich fest und hatte nach Fechners Tod Zugang zu den hinterlassenen Aufzeichnungen. Das Buch mit dem Titel „Gustav Theodor Fechner (Dr. Mises). Ein deutsches Gelehrtenleben" ist nicht nur biographisch orientiert, sondern enthält auch Referate der Schriften nebst Kommentaren, in denen KUNTZE seine deutschnationalen und christlich-konservativen Anschauungen nicht verhehlt. Einige Teilstücke der autobiographischen Zeugnisse wurden in den Text aufgenommen, darunter die aufschlußreiche „Krankheitsgeschichte".

Ein kurzer Lebensumriß mit den wichtigsten Daten und ergänzenden Interpretationen soll den Hintergrund für die in dieser Arbeit behandelten Schriften erhellen:

Gustav Theodor Fechner wurde am 19.4.1801 in Großsärchen – sieben Kilometer nördlich von (Bad) Muskau an der Neiße in der Niederlausitz – geboren. 1806 starb sein Vater, hinterließ Frau und fünf Kinder. Die drei jüngeren Schwestern blieben bei der Mutter, während Theodor und Eduard, der Älteste, vom Pfarrhaus des Vaters und Großvaters ins Pfarrhaus eines Onkels zogen. Es war nicht Theodors Sache

> „... der Vergangenheit viel Aufmerksamkeit zu widmen, wie
> er denn auch die Orte seiner lausitzer Heimat nie aufgesucht hat,
> nachdem er in Dresden und Leipzig eine neue Heimat gefunden
> hatte. Er lebte nie sehr in der Vergangenheit ... . Auch war
> die Zucht im Fischer'schen Hause ... eine ... strenge nach alter
> deutscher Familienweise, so daß die Erinnerungsbilder jener Rani-

ser Jahre für Theodor, wie es schien, ohne eigentliche Anziehung blieben." (KUNTZE 1892:24)

Fechner erinnert sich im Alter, er habe schon damals und im Unterschied zum zeichnerisch begabten Bruder Neigungen verfolgt, „ohne Anleitung zu studieren" (F. in KUNTZE 1892:25). Seiner Einschätzung nach lagen seine Fähigkeiten auf Seiten der Wissenschaft, nicht der schönen Künste – auch nicht der Dichtung, ungeachtet seiner zahlreichen „belletristischen" Werke (vgl. F. in KUNTZE 1892:50 u. 66).

Theodor schloß 1816 seine Schulzeit im Dresdener Kreuzgymnasium ab, besuchte ein halbes Jahr die „medicinisch-chirurgische Akademie" und setzte dann in Leipzig das Medizinstudium fort. Abgesehen von gelegentlichen Reisen blieb er bis zu seinem Tod in der sächsischen Universitätsstadt.

Noch während der Studienzeit veröffentlichte er erste belletristische Schriften unter dem Pseudonym „Dr. Mises". 1822 bestand er das Arztexamen, ohne jedoch einfachste medizinisch- praktische Verrichtungen – „Ader schlagen, ... Verband anlegen, ... einfachste geburtshilfliche Operation machen" (F. zit. in KUNTZE 1892:38) – gelernt zu haben. Er fühlte sich jedes „praktischen Talentes baar".

„Über meinem medicinischen Studium ... war ich zum völligen Atheisten geworden, religiösen Ideen war ich entfremdet; ich sah in der Welt nur ein mechanisches Getriebe. Da gerieth mir OKENS Naturphilosophie in die Hände (im Februar 1820, d. Verf.) ... Ein neues Licht schien mir auf einmal die ganze Welt und Wissenschaft von der Welt zu erleuchten; ich war wie geblendet davon." (F. zit. in KUNTZE 1892:39)

In der Habilitationsschrift, die Fechner zusammen mit M. W. DROBISCH verfaßte, „Praemissae ad theoriam organismi generalem" (Leipzig 1823), äußerte der spätere Begründer der Psychophysik bereits den Gedanken eines Parallelismus' von Materie und Geist bzw. Seele.

„Parallelismus strictus existit inter animam et corpus, ita ut ex uno ... alterum construi possit." (1823:23)

Die frühen Schriften des Dr. Mises belegen, daß Fechner sich von der dürftigen Medizin seiner Zeit und von der spekulativen Naturphilosophie sehr schnell distanzierte. Er durchschaute die Argumentationsformen, mit denen Beliebiges bewiesen werden kann. Das schlug sich 1823 im „Katechismus der Logik oder Denklehre" nieder. Logische (psycho-logische) Muster, denen das Denken folgt, galten Fechner als bloßes Werkzeug.

> „... ich beweise Alles, nachdem ich durch sorgfältiges Sammeln und Vergleichen der Theorien und ihrer Beweise ... gelernt habe, wie man dabei zu Werke zu gehen hat." (1875:155)

1824 begann Fechner mit umfangreichen Übersetzungen naturwissenschaftlicher Lehrbücher aus dem Französischen, abzüglich eigenständig erarbeiteter Repetitorien und unter Berücksichtigung eines Druckfehlers in der Bibliographie von R. MÜLLER bis 1831 ca. 5000 Seiten (E. G. BORING 1950, S. 277: "for by 1830 ... nearly 9,000 pages"). Er leistete diese Arbeiten, um seinen Unterhalt zu bestreiten und sich akademisch zu profilieren, ohne sich mit ihnen zu identifizieren. So machte er sich als Naturwissenschaftler einen Namen. Sein Bekanntenkreis wurde „seriöser", er verkehrte in der akademisch etablierten Gesellschaft. Bekanntschaften der Studentenzeit liefen aus, darunter eine Freundschaft mit dem „unheimlichen", „dämonischen" M. G. SCHULZE, die Fechner später als einer geordneten bürgerlichen Existenz nicht förderlich beurteilte (vgl. F. in KUNTZE 1892:50). Fechner kam den üblichen gesellschaftlichen Verpflichtungen nach, ohne seinerseits Initiative zur Kontaktaufnahme und -pflege zu ergreifen (vgl. KUNTZE 1892:319f., 316 u. 325).

Seine Forschungen bewegten sich im Anschluß an die Übersetzungen zunächst größtenteils im jungen Gebiet der Elektrophysik, einer damals stark aufstrebenden Modedisziplin. Nach zehn Jahren außerordentlicher Lehrtätigkeit wurde er 1834 ordentlicher Professor – gemäß eigenen Angaben mit Bedenken, da er ein Nachlassen der Geisteskräfte infolge Überanstrengung konstatierte (vgl. F. in KUNTZE 1892:107). Bereits einundhalb Jahre zuvor glaubte er sich mit der Übernahme der Redaktion eines Hauslexikons materiell längerfristig gesichert (vgl. KUNTZE 1892:83), so daß einer Heirat mit der ihm seit 1830 in Verlobung verbundenen CLARA VOLKMANN nichts mehr im Wege stand. Die Ehe blieb kinderlos in einer kinderreichen Zeit. Mit Theodors Tod endet die männliche Linie der Familie Fechner (vgl. KUNTZE 1892:309).

Im Fechnerschen Hause lebten das Ehepaar, Fechners Mutter, sowie seit 1834 der Sohn einer verwitweten Schwester (J. E. KUNTZE). Ob und wie sie sich verstanden, wie sie miteinander umgingen, wie die Kinderlosigkeit psychisch verarbeitet wurde – all das ist nicht bekannt. KUNTZE erwähnt, daß Fechner auf „völlige Ungebundenheit literarischen Arbeitens" Wert legte (KUNTZE 1892:82). Als er in Ehe, Beruf, Haus, Gesellschaft fest eingerichtet war, begann er zu kränkeln, ohne eine bestimmte Krankheit zu haben.

1840 wurden latente psychische Störungen organisch manifest. Eine mehrjährige Leidenszeit brach an. „Die Krisis" ist das spektakulärste, rätselhafteste, einschneidenste Ereignis des ansonsten ruhig und geregelt verlaufenden Lebens voller geistiger Arbeit. Fechner nennt in seiner „Krankheitsgeschichte" (in KUNTZE 1892:105-126) weit zurückliegende Ursachen :

• ergebnislose „Grübeleien in der Philosophie" (20 Jahre zuvor !)

• das Studium der „schwersten Sachen" in der Mathematik, zu der ihm jedes Talent fehle (vgl. KUNTZE 1892:106 u. 314).

Die „Mißhandlungen des Kopfes" durch „übermäßige Anstrengungen" hätten schließlich um die Zeit der Eheschließung zu einem „schlimmen Zustand des Kopfes" geführt. Er habe schlecht geschlafen und unter „Anfällen gänzlicher Abspannung" gelitten. Dieser Umschreibung gegenüber sind jedoch Zweifel angebracht, denn „Abspannung" äußert sich nicht in „Anfällen". Fechner zieht die vermeintliche Ursache (Überanstrengung) zugleich zur Beschreibung des „Nervenleidens" und „Kopfübels" heran.

Eine weitere mögliche Ursache wird ebenfalls als Folge dargestellt: „völliger Lebensüberdruß" im Zuge der „Anfälle",

> „... gänzliche Unfähigkeit, es zu froher Stimmung zu bringen, ein Gefühl völlig mangelnder Lebenskraft ... So schleppte ich mich einige Jahre fort." (F. zit. in KUNTZE 1892:107)

Möglich, daß zwei „Reifungskrisen" (E. ERIKSON) zusammentrafen: eine verspätete Reifungskrise des frühen Erwachsenenalters und die Reifungskrise, welche man "midlife crisis" nennt. Durch nicht bewältigte Erlebnisse (vielleicht sexueller Art: „schlechter Schlaf" neben seiner Frau? Bedeutet „mangelnde Lebenskraft" mangelnde Zeugungsfähigkeit?), könnte die Krise verstärkt und erhalten worden sein. Bei den erwähnten „Anfällen" muß es sich im weitesten Sinne um „Nervenzusammenbrüche" gehandelt haben: psychosomatische Anomalien mit Kopfschmerz, labilem Kreislauf, Übelkeit, Schweißausbruch, Tränenstürzen, depressiven Gedanken, Gefühlen der Verlassenheit und Selbstmordabsichten – Zuspitzungen einer andauernden Krise, Sinnkrise des eigenen Tuns, der Lebensform, Sinnkrise des „Ich".

1840 kam ein Augenleiden hinzu, das Fechner wiederum auf „Überanstrengung" zurückführte. Tatsächlich hatte er in wahrnehmungspsy-
chologischen Selbstversuchen seinen Augen Außergewöhnliches zugemu-
tet. Das Augenleiden äußerte sich in „beständigem Lichtflackern" und
erhöhter Reizempfindlichkeit, „Lichtscheu und Unfähigkeit, das Auge
zum Lesen und Schreiben zu gebrauchen ... " (F. zit. in KUNTZE
1892:108). Die genannte „Unfähigkeit" lastete er allerdings auch mehrfach dem „Kopf" an, dessen Konzentrations- und Denkvermögen überhaupt herabgesetzt gewesen sei. Die psychische Krise wurde in der Erkrankung der Sehorgane physisch manifest. Das kranke Auge stand für
die kranke Seele, das kranke Ich, den kranken Menschen: „... das Auge
verlor sein Selbstvertrauen und hiermit seine Energie ... ." (F. zit. in
KUNTZE 1892:123). Die in ihrer Ungewöhnlichkeit nicht legitimierte
und in ihren Gründen dunkle psychische Erkrankung wurde durch die
organische Dysfunktion verdeckt und legitimierbar.

Fechner mied also das Licht, trug Augenbinden, zog sich aus dem
offiziellen Leben zurück ins Dämmerlicht seines Zimmers. Ab Dezember
1841 streikte das Verdauungssystem. Wochenlang nahm er kaum etwas
zu sich und magerte völlig ab. Eine entfernte Bekannte gab vor, sie
habe das Rezept einer Diät geträumt. Und Fechner glaubte an eine
wunderbare Fügung, und aß, was sie ihm zubereitet hatte. Es bekam
ihm, und er kam allmählich wieder zu Kräften. Während seine Augen
nach wie vor kein ungedämpftes Tageslicht vertrugen, verlangte er nach
„stark reizenden und gewürzten Fleischsachen": „nur nichts Reizloses
und Mildes" (F. zit. in KUNTZE 1892:111).

Im November 1842 verschlimmerte sich die „Schwäche seines Kopfes".
Weder Gedanken noch Gesprächen wollte er mehr folgen, weil das „lästige
Gefühle im oder am Kopf" bewirkte (ebd., S.112). Die Reizempfindlichkeit der Augen „nahm aufs Neue zu", so daß er völlige Dunkelheit
forderte. Ein „älteres Kopfübel", das ihm bereits die „letzten 10 Jahre
seines Lebens verbittert" hätte, trat hinzu (ebd., S.113). Wieder konnte
und wollte er „nur höchst wenig Speise genießen". Der Lauf seiner Gedanken habe sich seinem Willen entzogen. Offenbar hatte sich die Sinnkrise in eine Spaltung ausgewachsen.

> „Es schied sich mein Inneres gewissermaßen in zwei Teile, in
> mein Ich und in die Gedanken. Beide kämpften mit einander; die
> Gedanken suchten mein Ich zu überwältigen ... " (ebd., S.114).

1843 erreichte die Krise ihren Höhepunkt. Fechner wünschte sich
„tausendmal den Tod": Ich hätte mir den Tod

„... gern gegeben, aber ich war überzeugt, daß ich ... in
einem künftigen Leben dann die Leiden nachholen müßte, denen
ich hier hatte entgehen wollen." (ebd., S.116; vgl. auch S.118)

Zu Beginn der Krise hatte er in „lyrischen Gedichten" und „Gegenständen von ästhetischem und philosophischem Interesse" ablenkende
Beschäftigung gesucht (ebd., S.110). Auf dem Höhepunkt der Krise hätten ihn religiöse Gedanken „vor dem Versinken in gänzliche Trostlosig-
keit" bewahrt (F. zit. in KUNTZE 1892:116).

Am fünften Oktober 1843 ereignete sich das ästhetisch-mystische
Gartenerlebnis, welches im letzten Kapitel von „Nanna" (1848) beschrieben wird. Es wird später noch ausführlich diskutiert und referiert werden. Fechner meinte, es sei dadurch möglich geworden, daß er ohne
besonderen Anlaß Mut faßte und Selbstvertrauen gewann. Auch sei er
dem „Licht mit den Augen (anders) ... begegnet" (ebd., S.122): Er
habe dem Strom der Reize von innen heraus etwas aktiv entgegengesetzt
und sich nicht länger gefürchtet, daß seine empfindlichen Sinnesorgane
wehrlos von grellen Lichtstrahlen affiziert, verletzt würden. Das Gartenerlebnis war der Wendepunkt der Krise oder schon ihre Überwindung.
Die anschließende Erholungsphase nahm Jahre in Anspruch.

Fechner gewann mit dem Gartenerlebnis einen Sinn, der ihn und seine
Welt erfüllte. Er ergriff die Aufgabe, diesen Sinn vernünftig zu deuten,
zu erklären, darzustellen und mitzuteilen. In „Nanna" (1848) wurden die
Pflanzen als beseelte Lebewesen beschrieben; im philosophischen Hauptwerk „Zend-Avesta" (1851) entwickelte Fechner eine durchgehende pantheistische Weltsicht unter Rückgriff auf die im „Büchlein vom Leben
nach dem Tode" (1836) erläuterte Jenseitslehre. Er nahm im „Zend-
Avesta" auch den Parallelismusgedanken wieder auf und integrierte ihn
in seine Religion.

In den fünfziger Jahren suchte er ein Bindeglied zwischen Glauben
und exakter Naturwissenschaft in einer Geist und Materie widerspruchslos verknüpfenden Atomistik. Anschließend, gegen 1860, unternahm er
einen zweiten Brückenschlag, indem er das metaphysische Konstrukt eines psychophysischen Parallelismus' empirisch wendete und operationa-
lisierte: Die Psychophysik als Naturwissenschaft entstand.

Fechner erfuhr die wechselseitige Abhängigkeit von Körper und Geist
in seiner psychosomatischen Erkrankung. Während der Krankheit beob-
achtete er sich eingehend, bestrebt, die Krankheit und sich, den Kranken,
objektiv, wissenschaftlich zu sehen, davon ausgehend, „... daß die un-
gewöhnlichen Zustände ... von allgemeinem psychologischem und phy-
siologischem Interesse seien" (KUNTZE 1892:126). Auf seine extreme

Scheu vor Reizen folgte Gier nach Reizen (vgl. ebd., S. 131, 121 u. 111);
die zentralen Begriffe seiner Psychophysik „Empfindung" und „Reiz",
werden in der „Krankheitsgeschichte" häufig genannt. Vermutlich wirkten diese Begriffe über die Reflexion auf die Krankheit, so daß sie mehr
als bloß Mittel der Beschreibung waren.
    Ab 1865 widmete er sich der Kunstkritik und Kunsttheorie. Am Ende
dieser Schaffensperiode stand die erste experimentelle Ästhetik (1876),
womit der Psychologe ein weiteres Gebiet aus der Metaphysik entfernte
und empirisch fundierte. Verhalten jeder Art galt ihm als empirisch-
experimentell verwertbar. Damit befand er sich im Gegensatz zu W.
WUNDTS dogmatischem, engem Experimentbegriff. Im hohen Alter
stand nochmals – ohne wesentliche Neuerungen, hauptsächlich in Form
von Verteidigungsschriften – die Psychophysik im Vordergrund.
    Der Blick schweift zurück über Jahrzehnte stetiger Arbeit, das Leben
wie ein Tag (vgl. KUNTZE 1892:324f.). Es währte ihm schon in jungen
Jahren lange, zu lange, und sollte im ganzen 86 Jahre dauern. Er hielt
es,

> „... wenn er nicht arbeitete, vor grausamer Langeweile nicht
> aus. Dieses Gefühl der Langeweile muß in seiner Seele eine ganz
> besondere Rolle gespielt haben; wenn er sie nannte, machte es
> den Eindruck, als habe sie etwas Peinvolles für ihn, er floh sie wie
> einen Schmerz." (KUNTZE 1892:312, vgl. auch 305 u. 109)

Manchem gerät das Leben hinter dem Schreibpult, manchem nicht.
Fechner zog die Bilanz, es sei größtenteils kein glückliches Leben gewesen (vgl. KUNTZE 1892:330f.). Es heißt, er sei zwölf Tage nach einem Schlaganfall friedlich schlafend gestorben, am 18.11.1887 (vgl. ebd.,
S. 1).

> „Sein Denken war sein Leben, viel Anderes gab's nicht für ihn,
> und folglich ist nicht viel zu berichten" (ebd., S.283).

Anmerkungen zu Fechners Krankheit

Soweit die Kurzbiographie, worin die Krankheit eine herausragende
Stellung einnimmt.

> „Nach der modernen Krankheitslehre würde man Fechners
> Krankheit als schwere neurotische Depression mit hypochondri-
> schen Symptomen bezeichnen, möglicherweise kompliziert durch

eine Schädigung der Netzhaut durch direktes Ansehen der Sonne. Man kann sie aber auch als einen Fall dessen betrachten, was Novalis eine „sublime Hypochondrie" nannte, d. h. als eine *schöpferische Krankheit*, aus der der Mensch mit einer neuen philosophischen Einsicht und mit gewandelter Persönlichkeit hervorgeht." (ELLENBERGER 1985:306, Hervorh. B.O.)

Fechners Krankheit wurde auch einer späten psychoanalytischen Ferndiagnose auf Grundlage der Biographie KUNTZES sowie der vorliegenden Werke unterzogen. Konsequenterweise suchte der Psychiater, I. HERMANN, überall die Ursachen und Zeichen der Krankheit.

Zusammengefaßt wie folgt: Im frühen Tod des Vaters sieht HERMANN die Erfüllung des ödipalen Todeswunsches. Der Knabe entwickelte unbewußt Schuldgefühle, die Jahrzehnte später zur Krise führten. Die Krise war der Raum für eine unbewußt vollzogene "rebirthing-therapy", ein das „intrauterine Leben darstellender Zustand" (HERMANN 1925:392). Einerseits floh Fechner vor dem Erwachsensein und Mannsein zurück in die (erdichtete) Geborgenheit der Mutter-Kind-Beziehung, andererseits zeigt seine Krankheit auch den Versuch der Identifikation mit dem (kranken) Vater und eine „Regression in den Urvater" (ebd., S.398). In der Einheit unbewußter Regressionsbestrebungen manifestierte sich Fechners „These von der Gleichsetzung von Mutter und Vater" als „Fixierung der Ödipus-Konstellation" (S.399). Tatsächlich sah Fechner seine abgeschiedene Existenz im dunklen Zimmer als „Puppenzustand", und er empfand die Genesung als Wiedergeburt.

Bereits im „Büchlein vom Leben nach dem Tode" (1836) suchte Fechner seinen Schuldkomplex zu wenden, indem er den Tod zum Beginn neuen Lebens umwertete (vgl. HERMANN 1925:396). Der Pantheismusgedanke diente ebenfalls der Bewältigung des Komplexes, sofern Fechner das (uterine) Eingebundensein in einen lebendigen Allzusammenhang betonte. Im Gartenerlebnis projizierte er „... die eigenen Gefühle auf die Außenwelt. ... Wie er als Neugeborener in die Welt blickte, so schauten ihn die Blumen neubeseelt, ihn freudig begrüßend an" (ebd., S.392). Weiterhin seien die beiden zentralen Denkformen (-figuren), deren Fechner sich bediente, Symptome der Krankheit bzw. Schritte zu ihrer Bewältigung:

1. Der „Dualschritt". HERMANN versteht darunter das Bestreben, zwei getrennte Dinge (Begriffe) zu verknüpfen, Paarbildungen im Denken überhaupt, jede Betonung zweier Seiten, die eine „doppelte Betrachtung" (Fechner) notwendig

mache, die Suche nach Gegenbegriffen und das Denken in
Dichotomien.

2. Der „Umkehrschritt", gewöhnliche Ansichten zu negieren,
Standpunkte zu wechseln (im Rahmen des „Dualschritts":
von innen nach außen, vom Subjekt zum Objekt und zurück,
vgl. S.403).

Die „Psychophysik", allgemein als wissenschaftliche Hauptlei-
stung Fechners gewürdigt, sei Produkt eines „Dualschritts" (vgl.
S.384f.) und stelle eine (verschlüsselte) Metapher der Geburt dar,
was durch Begriffe wie „Wachstumsgesetz" und „Schwelle" angezeigt werde (vgl. S.388f.).

Lassen wir beiseite, was noch einen Kastrationskomplex
(S.399), eine homosexuelle Liebe (S.373), den „ambivalenten
Wunsch, ... ein Kind zu bekommen"(S.377), „gehemmte Libi-
doentwicklung" (S.372), einen „sadistisch-masochistischen Trieb"
(S.416) und andere Psychoanalysmen bedeuten soll, und übergehen wir die Ableitung der „Begabungsgrundlagen" des Dichters,
Schriftstellers und Denkers Fechner aus einer erhöhten „Eroge-
nität der Mundzone" sowie einem „temporär erhöhten Libidoto-
nus des Gehirns" (S.407ff.).

Man mag HERMANNS Deutung der Krise als „intrauterine Regression" einige Plausibilität zuerkennen. Was aber die Projektion und die
beiden Denkschritte anbelangt, beschreibt HERMANN nur, was im Denken jedes Gesunden tagtäglich häufig vorkommt und für das Denken unverzichtbar ist; mithin hat dergleichen nicht das geringste mit Krankheit
zu tun. Und es wäre ebenso völlig verfehlt, Inhalte als „pathologisch"
bewerten zu wollen, die in fremden Kulturen mehrheitlich geglaubt bzw.
gedacht werden, wie es bei der Wiedergeburt und der Allbeseelung der
Fall ist.

Auch ohne fragwürdige Konstrukte, Modelle, Schemata der Psychoanalyse lassen sich die vorliegenden Aussagen Fechners und KUNTZES
sinnvoll zusammenfügen und deuten. Ich ziehe – sofern eine Ferndiagnose überhaupt statthaft ist – etwa folgende Deutung vor:

Fechner hatte nach eigenem Bekunden Gedanken, die er ausschalten
wollte, weil sie ihm unangenehm waren, aber nicht ausschalten konnte.
Er müßte sich vergeblich, anderes zu denken, zu vergessen, und versuchte, sich in Arbeit zu flüchten. Das mißlang, denn die unerwünschten
Gedanken (bzw. Vorstellungen) gaben keine Ruhe und lähmten die Arbeit (die Gedanken, die er wollte). Die von ihm erwähnte Spaltung in
das Ich und die Gedanken brach auf. Als ein objektiver Anlaß vorlag

(die Verletzung des Auges) und der innere Konflikt sich zuspitzte, erdichtete Fechner die Krankheit, deren Geschichte er später schrieb. Um
der Krankheit zu begegnen, schuf er sich einen Rückzugsraum, angeblich, weil seine Augen kein Licht und sein Kopf keine Gespräche ertru-
gen; er wollte niemanden sehen, mit niemandem sprechen, nicht einmal
mit seiner Frau (oder gerade nicht mit seiner Frau?). Während seines
Eremitendaseins, der extensiven Fastenkur und der totalen Askese gelang es ihm, die unangenehmen Gedanken so zu wenden, daß er sich
von ihnen lösen konnte. Damit begann die Genesung, unterstützt von
dem gewiß nicht erdichteten, überraschenden Gartenerlebnis und seinen
Folgen. Fechner, alles andere als der Mystiker, zu welchem viele ihn
erklären, hatte eine extreme Lebensform gewählt, die außergewöhnliche
Wahrnehmungen nach sich zog. Und er machte sich – keinesfalls nach
Art eines Mystikers – daran, das Gartenerlebnis rational zu erklären.
Er entwarf eine Deutung im Einklang mit seiner Wissenschaft, denn er
war Wissenschaftler und – wie er glaubte – nur für die Wissenschaft
begabt, und baute darauf sein pantheistisches System. Er unternahm
diese Arbeit wieder als Flucht bzw. Ablenkung, weil die Krankheit nicht
völlig überwunden war. Zu Zeiten der Ruhe fürchtete er nach wie vor
die „grausame Langeweile": unangenehme Gedanken, denn Langeweile
und Nicht-Denken haben nichts, wovor man sich fürchten kann. Wie er
schrieb, fand er Trost in seiner Religion, Trost, der ihm half, zu leben.

Zu dieser Krankheitsgeschichte mag man sich noch denken, was zuvor
über „Reifungskrisen", Kinderlosigkeit und die Projektion des seelischen
Leidens in die Augen angedeutet wurde. Für weitergehende Deutungen
geben die Fakten weder Anlaß noch tragfähigen Grund.

Wie ist die Krankheit im Leben und Werk Fechners zu bewerten? Als
wichtige Erfahrung jedenfalls. Verwandelt ihn diese Erfahrung völlig, so
daß von einer Spaltung im Leben und Lebenswerk die Rede sein kann?
Die nachweisbare Phase philosophischer Arbeit, das Gartenerlebnis und
der Gedanke des Pantheismus' im Anschluß an die Krankheit sprechen
dafür. Andererseits liegen zahlreiche Kontinuitätsmomente vor, und
ebenso kann gefunden werden, daß sich nach der Krise in Grundzügen
wiederholt, was die schriftstellerische Tätigkeit zu Beginn kennzeichnete.

> „Auch will mir dünken, als wäre Fechner nach der einschnei-
> denden Krisis gewissermaßen in seinen ursprünglichen Indifferenz-
> zustand zurückgefallen, aus welchem er sich nach der Pariser Reise
> (1827, B.O.) so schwer losgerungen, und wo er lange zwischen
> ästhetisierendem Literatenthum und exakter Forschung hin und
> her geschwankt hatte. Jetzt, nach der Krankheit, wiederholt sich

das in neuer und höherer Form." (KUNTZE 1892:143)

Die philosophischen Schriften nach 1843 können einem Bewußtseins-
wandel im Zusammenhang mit der Krankheit entsprungen sein; möglich
wurden sie aber auch dadurch, daß Fechner jeder Lehrverpflichtung enthoben war. Er bezog ein „Ruhegeld", und sein Lehrstuhl war anderweitig
besetzt worden. Fechner betrachtete sich „fortan nur als einen Beiläufer
der Universität" (F. in KUNTZE 1892:140); und er verfolgte mit der
im Juni 1846 wiederaufgenommenen Vorlesungstätigkeit – „die ersten
(Vorlesungen) über ‚das höchste Gut', über ‚die letzten Dinge', über Anthropologie, über den Sitz der Seele, über die Beziehungen von Leib und
Seele, über Psychophysik und über Aesthetik" (KUNTZE 1892:139) –
seine wissenschaftlichen Neigungen parallel zu seiner Schriftstellerarbeit.
Er, der jegliche Zwänge und Verpflichtungen floh, nutzte den seit der Erkrankung gewonnenen Freiraum. Daher (auch) das „neue Leben", von
welchem KUNTZE spricht (KUNTZE 1892:140).

Die religiösen Inhalte, die sich in einigen tausend Buchseiten bis 1879
niederschlagen, gehen auf das Krankheitserlebnis zurück. Soll man das
Gartenerlebnis zur Krankheit zählen und als krankhaft bezeichnen, wie
es mit allen mystischen Erfahrungen immer wieder versucht wurde? Ich
meine nicht, denn das Gartenerlebnis, zwar durch die krankheitsbedingte
Askese ermöglicht, ist eigenständig zu sehen – wenn auf die Krankheit
bezogen, dann als Gesundes und Gesund-Machendes.

Das Werk in Daten, Übersichten und Erläuterungen

Im folgenden gilt es, Fechners Lebenswerk zu erfassen, zu gliedern,
zu datieren, zu periodisieren und quantitativ zu gewichten. Es soll eine
Gesamtschau vermittelt werden, ergänzt durch Kurzdarstellungen der
Themenbereiche, so daß auch der Ort der unter dem Thema dieser Arbeit behandelten Schriften im Rahmen des Gesamtwerks anschließend
deutlich wird.

Eine schnelle Orientierung fällt schwer, liest man die 178 von Fechner
zu Lebzeiten veröffentlichten Titel in der Bibliographie von R. MÜLLER
(in FECHNER 1889 und in KUNTZE 1892). Von 1821 bis zum Tode
erscheinen fast jedes Jahr Drucksachen, darunter 33 Bücher mit jeweils
mehr als 90 Seiten Umfang sowie neun kleine Bücher mit jeweils weniger als 70 Seiten Umfang, z.T. in Kleinstauflagen, bei einem Dutzend
verschiedener Verlage der Verlagsmetropole Leipzig, hauptsächlich bei

L. VOß sowie bei BREITKOPF & HÄRTEL. In Leipzig, das um 1830 ca. 40.000 Einwohner hatte, verkehrten Universitätslehrer und Verleger in den gleichen Kreisen; Fechner hatte beste Beziehungen und war der benachbarten Familie HÄRTEL und der Familie GRIMMER freundschaftlich verbunden.

Er konnte sicher sein, daß alles, was er – worüber auch immer – schrieb, von einem Verlag angenommen wurde, wenn er es nur wollte. Dies war eine Bedingung für die Flut von Veröffentlichungen in den verschiedensten Themengebieten und literarischen Gattungen. Die andere, grundlegende Bedingung schuf er in unermüdlich emsiger Schreibtätigkeit. „Mir machte sein Arbeitsbetrieb und seine Arbeitsgewohnheit zuweilen den Eindruck einer Arbeitsmaschine"(KUNTZE 1892:313).

Erste Schriftstellerarbeiten sind Reaktionen auf die einfachen Argumentations- und Erklärungsmuster der medizinischen Theorie. Der „Beweis, daß der Mond aus Jodine (Jod) bestehe" (1821) und der „Panegyrikus (: Lobredeschrift) der jetzigen Medicin und Naturgeschichte" (1822) erscheinen unter dem Pseudonym „Dr. Mises". Weitere Veröffentlichungen des „Dr. Mises" schließen sich an, nach der Bibliographie MÜLLERS noch 12 bis 1850: 1824 und 1825 folgen zwei Bücher, eine Aufsatzsammlung „Stapelia mixta" und eine Schrift, die vorläufig als „Satire" auf die damalige spekulative Naturphilosophie bezeichnet werden kann. 1832 erscheint das umfangreiche „Schutzmittel *für* die Cholera"; 1835 äußert sich „Dr. Mises" über HEINE und RÜCKERT; 1836 wird ein besonderer jenseitsorientierter Glaube im „Büchlein vom Leben nach dem Tode" grundgelegt; 1839 geht es um „Einige Bilder der zweiten Leipziger Kunstausstellung" ein Vorbote des späteren Interesses an Kunstkritik und -theorie, welches sich nach 1865 in zahlreichen Aufsätzen niederschlägt. 1841 liegen „Gedichte" vor, die Fechner in seiner Krise verfaßte und zusammenstellte; 1846 wieder eine im weitesten Sinne „satirische" Schrift, 1847 zwei kurze Beiträge über „Die Bohnenpflanze" und „Die aufblühende Blume", 1850 die letzte Tat des „Dr. Mises" das „Räthselbüchlein". 1875 erscheint eine Zusammenstellung „Kleine Schriften des Dr. Mises" mit nachgeschriebenen Aufsätzen unter dem schon 1824 benutzten Titel „Stapelia mixta", dessen intendierte Bedeutung entsprechend der naheliegenden Assoziation: „Gesammeltes, Vermischtes" damit offenliegt (vgl. 1875:VI) (man findet in der Sekundärliteratur meistens die von Fechner angegebene Bedeutung in der botanischen Fachterminologie zitiert). Der kleinste gemeinsame Nenner aller Mises-Schriften ist, daß es sich um leichte, „belletristische" Arbeiten handelt, die von Texten strenger Wissenschaft deutlich unterschieden sind. Aber diese

Schriften sind dennoch der Beachtung wert. Selbst in den sogenannten „Satiren" steckt noch genug Ernstes, wie – laut WUNDT – Fechner mit Blick auf die „Vergleichende Anatomie der Engel" (1825) bemerkt hat. Das Pseudonym eröffnete Fechner die Freiheit, ohne Rücksicht auf die vermutlich angestrebte akademische Laufbahn leichte Kost zu servieren. Die Wahl des Pseudonyms wird nur mit Blick auf die Schriften und die Lebensspanne zwischen 1821 und 1825 verständlich.

Der bereits erwähnte Psychoanalytiker HERMANN versuchte sich an der Entschlüsselung des Pseudonyms:

> „Was kann dieses Pseudonym bedeuten? Als Pseudonym überhaupt ist es ein Ausfluß der Dual-Einstellung ... gerade dieses Pseudonym erinnert an den Familiennamen der Mutter (Fischer) und durch die Vokale an die Namen der Schwestern (Emilie, Mathilde, Clementine – der Bruder hieß Eduard). Auch der Konsonant M ist ein gemeinsamer Bestandteil der drei Mädchennamen. Inhaltlich will es vielleicht der gedrückten Stimmung Ausdruck verschaffen." (HERMANN 1925:373)

Ich ziehe folgende, einfachere Erklärung vor: Man orientiere sich am Wortfeld des lateinischen „miseria" (Elend, Unglück, Leid) mit dem Stamm und Adjektiv „miser"; das deutsche Adjektiv „mies" mit der ursprünglichen Bedeutung „häßlich" von jiddisch „mi(er)", „misnick(er)": „schlecht, miserabel, widerlich" (KLUGE 1975:478), war um 1820 noch nicht in allgemeinem Gebrauch. Da vermutlich im Raum Sachsen der Name „Miser" nicht vorkam, wohl aber der Name „Mises" oder „Mieses" (es gab in Leipzig später einen berühmten Schachspieler dieses Namens), scheint die Wahl erklärlich.

Mit „gedrückter Stimmung", wie HERMANN von den depressiven Zügen der Krankheit her vermutet, hat „Dr. Mises" in der Sinngebung Fechners direkt nichts zu tun. Die Wahl des Pseudonyms liegt fast zwei Jahrzehnte vor dem Ausbruch der Krise.

Fechner mochte die Theorien der dürftigen Medizin und beschränkten Naturphilosophie „miserabilis": beklagenswert, jämmerlich gefunden haben, so daß er voller Mitgefühl („misericordia") sich zu einem rührenden Vortrag („miseratio") bemüßigte. Weil man sich aber nur eines vom Schicksal Geschlagenen erbarmen kann („misereor"), bleiben für eine hoch angesehene Wissenschaft, die nicht nur ihr Elend nicht erkennt, sondern Großes auf sich hält, bloß Lächerlichkeit und Spott. Ein geistreicher Spötter ist „Dr. Mises" zweifellos. Sein Spott trifft eine Wissenschaft, die noch nicht zu empirischer, positiver Forschung vorgedrungen ist.

In den dreißiger und vierziger Jahren findet das Pseudonym mit zwei Ausnahmen (1832 und 1846) des ursprünglichen Sinns entledigt Anwendung, um verschiedene literarische Erzeugnisse zu veröffentlichen, die unter dem Namen des Wissenschaftlers Fechner deplaziert erscheinen. Die wissenschaftliche Profilierung des Magisters Fechner – es gab wohl nur einen „Dr. Mises", nicht aber einen *Dr*. Fechner, wenn die Promotion auch nur eine Formalität war (vgl. KUNTZE 1892:38) – begann 1823 mit dem „... Examinatorium über die Physiologie des Menschen" und wurde ab 1824 fortgesetzt durch umfangreiche Übersetzungen aus dem Französischen, zunächst im Gebiet der Medizin und Physiologie, dann in den Gebieten der Physik (BIOT'S „Lehrbuch") und Chemie (THENARD'S „Lehrbuch"), die letzteren in jeweils mehreren Teilbänden bis 1831, BIOT'S „Lehrbuch der Physik" noch in einer zweiten Auflage als „Lehrbuch der Experimental-Physik" (sämtliche Angaben aufgrund der Bibliographie von R. MÜLLER), viele tausend Seiten, darunter von Fechner selbst verfaßte „Repetitorien" in THENARD'S „Lehrbuch der Chemie".

Die positiven, exakten (Natur-) Wissenschaften waren zu Beginn ihres Siegeszuges institutionell noch kaum differenziert und in ihren Ergebnissen durchaus überschaubar. Das belegt Fechners Auflistung der von ihm besuchten Vorlesungen (in KUNTZE 1892:37). Das Medizinstudium mündete damals häufig in naturwissenschaftliche Laufbahnen in den Fächern, die heute als „Naturwissenschaften" (im Unterschied zu Geistes- und Sozialwissenschaften) bezeichnet werden. Fechner verfaßt nicht nur fünf Repetitorien der *Chemie*, sondern auch ein dreibändiges „Repetitorium der Experimental*physik*" (1832) sowie im Rahmen der (physiologischen) *Biologie* ein umfangreiches Kompendium der „Resultate der bis jetzt unternommenen Pflanzenanalysen" (1829). In diesen Disziplinen verfügt Fechner über umfassende Kenntnisse. Seine großen wissenschaftlichen Veröffentlichungen bis 1832 haben überwiegend reproduktiven Charakter und können als *naturwissenschaftliche* Schriften (dem heutigen Begriff nach) zusammengefaßt werden.

Daneben leistet Fechner auch produktive naturwissenschaftliche Arbeiten in der damaligen Mode- und Wachstumsdisziplin *Elektrophysik*. „Mit dem Jahre 1820 ... begann eine neue Periode der Physik ... " (LAßWITZ 1896:17). Schlag auf Schlag folgten Entdeckungen, die mit auch heute noch wohlbekannten Namen verbunden sind: OERSTED und AMPERE (Elektromagnetismus), STURGEON (Elektromagnet), FARADAY (Induktionsstrom), OHM (Ohmsches Gesetz), DANIELL (Batterie) (vgl. LAßWITZ 1896:17ff.). Ab 1828 treibt Fechner die Forschung in diesem Gebiet aktiv voran. Nach seiner Ernennung zum ordentlichen Professor für Physik (1834) liefert er mit zahlreichen kleinen Aufsätzen Beiträge zur Elektrophysik; die Phase der großen Veröffentlichungen (ca. 1300 Buchseiten pro Jahr ab 1823) geht 1832 zu Ende. Vermutlich will Fechner mit den kleinen Aufsätzen bis 1840 nur den (vermeintlichen) Forschungspflichten seines Amtes genügen, denn der Eifer und das Interesse für dererlei Arbeiten sind erlahmt.

Nach der Krankheit erscheinen 1846 zwei kleine Bücher: „Vier Paradoxa" und „Über das höchste Gut". Das höchste Gut ist für Fechner (hier) nicht Gott, sondern

> „die vollkommenste und allgemeinste Lust in der Welt. Allem Leben sei der Trieb nach Lust eingepflanzt, alle Philosophen haben mit Recht nach einem obersten Lustprinzip gesucht, und nur darin gefehlt, daß sie ein zu enges aufstellten. Berechtigt und befriedigend sei nur das Prinzip, welches die Lust des Einen von der Lust Aller nicht trenne (das haben LAßWITZ 1896:50 und HALL 1914:73 nicht bemerkt, B.O.), jeder Lust überhaupt gleiches Recht gebe, und zwar dadurch, daß es ihr Recht nach ihrem Beitrage zum Größten der Lust im Ganzen abmesse." (KUNTZE 1892:148)

Das Lustprinzip wird induktiv und physikalistisch gedacht zum Weltgesetz erhoben. Nicht tote, kalte Kräfte treiben die Planeten durch den leeren Raum, sondern in letzter Konsequenz Lust. 1848 folgt in FICHTES „Zeitschrift für Philosophie" ein sechzigseitiger Artikel „Über das Lustprinzip des Handelns". Der universelle Hedonismus schlägt sich im Pantheismus des philosophischen Hauptwerks „Zend-Avesta, oder über die Dinge des Himmels und des Jenseits" (1851) nieder und ist für Fechners Ästhetik von zentraler Bedeutung.

Bemerkenswert, daß Fechner der Lust – Lust zwar sehr allgemein gefaßt, aber doch erfahrene Lebensfreude einschließend – einen derart hohen Stellenwert zuerkennt, da er selbst doch erklärtermaßen lange Zeit unter „völligem Lebensüberdruß" litt und in seiner Lebensführung alles andere als ein Jäger nach Lustgewinn war. Nicht einmal seine Hauptbeschäftigung hinter dem Schreibpult stellte ihn zufrieden: „Eigentliche Schaffens*freudigkeit* war nicht leicht an ihm wahrzunehmen" (KUNTZE 1892:314). Fechner erklärte aus einem an sich selbst festgestellten Mangel an Lebenslust heraus die Lust zur Hauptsache, erfüllt von Sehnsüchten und Hoffnungen auf „Lustausgleich" und ein lustvolleres Leben nach dem Tode.

1848 erscheint „Nanna, oder über das Seelenleben der Pflanzen". Der dort entwickelte Ansatz wird zur pantheistischen Kosmologie ausgebaut im „Zend-Avesta" (1851), ergänzt um die Jenseitslehre des „Büchleins vom Leben nach dem Tode" (1836). 1856 erwidert Fechner eine Kritik an „Nanna" mit „Professor Schleiden und der Mond". „Über die Seelenfrage" (1861) stellt eine Zusammenfassung der schon 1848 und 1851 dargelegten philosophisch-religiösen Inhalte dar; „Die drei Motive und Gründe des Glaubens" (1863) enthalten eine Ergänzung und Metatheorie dieser Gedanken. Sofern der dreifach fundierte Glaube dem Wissen entgegengesetzt wird, weist dieses „Schriftchen" (1863:IV) von immerhin mehr als 250 Seiten Umfang voraus auf die zentrale Antithetik des Spätwerks „Die Tagesansicht gegenüber der Nachtansicht" (1879). Man kann die *Hauptphase philosophischer Arbeiten zwischen 1846 und 1863* ansetzen, betrachtet man das „Büchlein" von 1836 als Vorläufer und die „Tagesansicht" von 1879 als Nachzügler.

In diesen Zeitraum fallen außerdem vier Schriften zur Atomistik ab 1854. Fechner versucht in „Über die physikalische und philosophische Atomenlehre" (1855), seinen Pantheismus durch eine (nicht materialistische) Theorie der Materie zu stützen, und stößt dabei auf die Kontroverse zwischen Protagonisten der exakten (Natur-) Wissenschaft und Protagonisten spekulativer Naturphilosophie. Er schaltet sich in die Diskussion ein mit der Absicht, Glaube und Wissen auch im Gebiet der Atomistik zusammenzubringen. Jede Philosophie, die „von oben" der Naturwissenschaft Wahrheiten aufnötigt, lehnt er ab.

> „Wenn die Naturwissenschaft der Atome nicht entraten kann, so muß sich ... auch die Philosophie zur Anerkennung derselben bequemen. Solange man sich freilich unter Atomen ausgedehnte Massen nur in kleinerem Maßstabe vorstellt, können sie den Philosophen nicht befriedigen, wie auch Fechner zugeben muß, allein die Ausdehnung ist ihnen eben nicht wesentlich und kann, wenn nur die Raumbestimmtheit festgehalten wird, fallen gelassen werden. Atome sind demnach einfache Wesen, die nur einen Ort, aber keine Ausdehnung mehr besitzen." (SIEGEL 1913:315).

Seine Atomistik trug weniger zur Ergänzung seiner pantheistischen Religion bei, als er erwartet haben mochte. Der Gedanke eines durchgehenden parallelistischen Weltgesetzes – unabhängig vom Streit um Monaden, Atome und Zellen – versprach mehr Erfolg. 1858 nahm Fechner den 1823 erwähnten und 1851 ausführlicher grundgelegten Gedanken des psychophysischen Parallelismus' wieder auf und wendete ihn unter Einbezug wahrnehmungspsychologischer Erkenntnisse aus den Jahren 1838

und 1840 empirisch. Die Psychophysik entsteht, deren bahnbrechendes
Hauptwerk „Elemente der Psychophysik" (1860) gemeinhin als Fechners
größte wissenschaftliche Leistung bewertet wird. HERBART hatte die
empirische Psychologie mathematisiert, ohne sie für Messungen und Experimente einzurichten. Fechner gelingt die Operationalisierung. Seine
Methoden

- der eben merklichen Unterschiede (heute: „Grenzverfahren") Der
  Versuchsleiter variiert einen Reiz, bis die Versuchsperson (Vp) ihn
  wahrnimmt oder eine Änderung spürt.

- der richtigen und falschen Fälle (heute: „Konstanzverfahren") Der
  Vp wird eine Reihe von Reizen dargeboten. Sie vergleicht jeden
  dieser Reize mit einem gleichbleibenden Normalreiz und urteilt,
  welche Reize sie als größer, kleiner oder gleich empfindet.

- der mittleren Fehler (heute: „Herstellungsverfahren") Die Vp variiert einen Reiz, „... bis dieser einer vorgegebenen Reizgröße gleich
  erscheint" (Zitat und Gesamtdarstellung aus WEHNER 1980:48).

finden unverändert auch heute noch Anwendung. Diese Methoden
sollen nach Fechner die Aufstellung und Bestätigung des psychophysischen Grundgesetzes ermöglichen:

> „Die Empfindung ist proportional dem Logarithmus des Rei-
> zes. Mit anderen Worten: Wächst der Reiz in geometrischem Ver-
> hältnis, so wächst die Empfindung in arithmetischem Verhältnis,
> d.h. während die Reize durch Multiplikation mit derselben Zahl
> wachsen, nehmen die Empfindungen durch Addition der Empfin-
> dungseinheit zu." (LAßWITZ 1896: 81)

Heute verwendete Maßstäbe der Reizintensitäten beruhen auf dieser
Logarithmisierung. Es ist nicht so wichtig, ob Reiz und Empfindung sich
wirklich so zueinander verhalten, wie Fechner meinte (sie verhalten sich
nicht so, und die angenommene einfache Beziehung der beiden Variablen
existiert in Wirklichkeit nicht); wichtig und äußerst folgenreich war der
Gedanke, daß sich Seelisches exakt messen ließe und Gesetze (auch) der
Psyche dadurch gewonnen werden könnten, und die Demonstration, wie
dies zu verfolgen sei.

> „Wundert man sich aber, daß der ‚Zendavesta' und ‚Die Ele-
> mente der Psychophysik' aus demselben Menschen gekommen, so

ist es dasselbe Wundern, als daß Gezweig und Wurzel aus demselben Keime gekommen und sich zur selben Pflanze zusammengefunden haben." (1873:108) „Im Gebiete des Erfahrbaren auf Erfahrung fußen, wie die Psychophysik tut, und darüber hinaus immer noch darauf fußen, nur mit der erforderlichen Verallgemeinerung, Erweiterung, Steigerung der Gesichtspunkte, wie die Tagesansicht (des ‚Zend-Avesta' B.O.) theoretischerseits tut, sind doch nicht gar zu verschiedene Dinge" (1879:73).

Ab 1865 widmet Fechner sich der Kunstkritik und Ästhetik. In diesem Themenbereich erscheinen 16 Drucksachen mit insgesamt mehr als 1300 Seiten, darunter vier Bücher.

„Fechners Stellung zur Aesthetik entwickelte sich konsequent aus der charakteristischen Richtung seines Geistes. Alle Erkenntnis muß empirisch und induktiv sein, und alles Geschehen hat seinen innern Sinn in dem Streben nach einem Maximum des allgemeinen Lustgefühls ... Diesem empirischen Ausgangspunkte gemäß will er eine ‚Aesthetik von unten'. Sie soll die Gesetze aufsuchen, warum etwas gefällt oder mißfällt ... selbst das Experiment und die Messung können als Hilfsmittel herbeigezogen werden; es gibt auch eine experimentelle Aesthetik." (LAßWITZ 1896:93f.)

Fechner bemüht sich zunächst um den „goldenen Schnitt", die klassische Proportionalisierungsregel, welche auf intersubjektiv und interkulturell einheitliche Urteilsstrukturen bezüglich des (empirisch) Schönen verweist, die experimentell ermittelt und bestätigt werden können. Zur Beantwortung der „... Aechtheitsfrage der Holbeinschen Madonna" (1871) führt er eine Publikumsbefragung durch – mangels Beteiligung zwar ein Fehlschlag, doch ein Beweis für seine Kreativität, Vielseitigkeit und Offenheit auf der Suche nach neuen Mitteln und Wegen der Forschung.

„Ihren Abschluß fanden seine Arbeiten zur Aesthetik in dem umfassenden Werke: ‚Vorschule der Aesthetik', ... Leipzig 1876. Das Buch soll kein System der Aesthetik sein – denn die ‚Aesthetik von unten' kann ja erst die Bausteine zu einem solchen zusammentragen – sondern eine ‚rhapsodische' Behandlung der verschiedensten Fragen aus ästhetischem Gebiete ... . Die bleibende Bedeutung des Werkes liegt in der Aufstellung einer Reihe von Gesetzen ... des aesthetischen Gefallens, welche Fechner aus einer umfassenden ... psychologischen Analyse des aesthetischen

Eindrucks und Genusses der Kunstwerke gewinnt." (LAßWITZ
1896:97f.) „Mit dem Erscheinen der ‚Vorschule der Aesthetik' endet die Episode intensiver Beschäftigung mit der Aesthetik und
Fechner wendet sich wieder hauptsächlich psychophysischen Arbeiten zu." (LAßWITZ 1896:103)

1878 zieht Fechner Bilanz, bezüglich der bleibenden Wirkung seiner
Schriften pessimistisch geworden, die experimentelle Ästhetik sei gescheitert.

Mit „In Sachen Psychophysik" (1877) verteidigt Fechner, wie die juristische Titelformulierung andeutet, seine Wissenschaft gegen verschiedenste Vorwürfe, um sie vor dem (vermeintlichen) Schicksal der experimentellen Ästhetik zu bewahren. Er bemüht sich bis zuletzt darum, doch
seine Zeit ist vorbei, die Psychophysik wirkt fort, wenn vielleicht auch
nicht in seinem Sinne. Die dominierende Persönlichkeit ist nun WIL-
HELM WUNDT, der in Leipzig 1879 das erste kontinuierlich arbeitende
Institut für „experimentelle Psychologie" gründet; und neben WUNDT
hat er keinen Platz, weder in Leipzig, wo WUNDT alle Fäden in Händen
hält und Anhänger seiner Forschung um sich sammelt, noch anderenorts.
WUNDT erntet den Ruhm anstelle von Fechner, die Psychologie als positive, empirische Wissenschaft begründet zu haben. WUNDT ist der
Epigone, der den Namen seines Vorbildes seltener nennt, als er es redli-
cherweise hätte tun müssen.

Es läßt sich streiten, was an Fechners Psychophysik im Einzelnen
originell ist: Das Gesetz und die Maßformel gehen, wie Fechner auch
stets hervorhob, auf E. H. WEBER zurück; zwei der drei Methoden findet man bei WEBER und K. v. VIERORDT; der Begriff „Schwelle"
stammt von HERBART, die Anregung zur Mathematisierung ebenfalls;
der Parallelismusgedanke hat als Lösungsversuch einiger Probleme des
Cartesischen Dualismus' Tradition; Psychologie als Naturwissenschaft
begründen zu wollen war um 1860 keine außergewöhnliche Absicht – es
lagen bereits mehrere derartige Versuche vor (z.B. von BENEKE 1833
und von LOTZE 1852). Auch an der Originalität seiner philosophischen
Theorien kann man zu Recht zweifeln. Mit Blick auf seinerzeit in Aka-
demikerkreisen aktuelle Themen sowie auf Werke ihm auch persönlich
wohlbekannter Zeitgenossen (z.B. R. H. LOTZE) bleibt kaum Einzigar-
tiges. Und doch sind Fechners Synthesen vorgedachter Auffassungen und
die Synthese seines eigenen Glaubens und Wissens durchaus der Beachtung wert. Das besondere Bemühen, die Welt ganz zu denken und das
eigene Denken bewußt zusammenzuhalten, stiftet die originelle Einheit
seiner Werke über aller thematischen und z.T. epigonalen Vielfalt. Er

sei einer, schreibt Fechner am 6.10.1825 an JEAN PAUL, der

> „... vielleicht manchmal nicht recht weiß, was er will, es sei denn, was ich mir in der That bewußt bin, daß ich überall im Einzelnen gern ein Ganzes finden oder es dazu verarbeiten möchte ... " (KUNTZE 1892:66)

Die hier in der Gesamtschau gewonnenen Schaffensperioden sind in den thematischen Abgrenzungen und Datierungen grundsätzlich nicht umstritten. Zu Verwirrungen führen lediglich Mischperiodisierungen, die biographische Daten einbeziehen, und Versuche, die den jeweiligen gliederungspraktischen Absichten der Biographen folgen. Z.B. die Kapiteleinteilung der Biographie KUNTZES und eine zusammenfassende Periodisierung des Psychologiehistorikers E. G. BORING:

Kap.:	KUNTZE (1892):		BORING (1950:283):	
III	Der Belletrist Dr. Mises	(1822-32)	a physiologist	(1817-24)
IV	Der Physiker Fechner	(1833-39);	a physicist	(1824-39)
V	Die Krise	(1840-43);	an invalid	(1839-51)
VI	Der Philosoph F.	(1844-52);	recurrently and persistently a philosopher	(1836-79)
VII	Der Naturforscher F.	(1853-64);	a psychophysicist	(1851-65)
VIII	Der Aesthetiker F.	(1865-76);	an experimental estheticist	(1865-76)
IX	Der Psychophysiker F.	(1877-87);	acclaim and criticism to psychophysics	(1876-87)

In den maßgebenden Biographien wird außerdem noch ein Themenbereich „Spiritismus" erwähnt (vgl. KUNTZE 1892: 272-278; 298ff.; LAßWITZ 1896:105ff.; HALL 1914:113f.). Mir ist nur ein Versuch bekannt, daraus eine Periode abzuleiten. Im Anschluß an das folgenreiche

abschätzige Urteil, welches W. JAMES über Fechner fällte, schreibt W.
G. BRINGMANN:

> "American psychologists know little about Fechners interest
> in parapsychological phenomena between 1868 and 1879, which
> was concurrent with his research in psychophysics and experi-
> mental aesthetics ... It is not known, why Boring, as well as all
> other historians of psychology, omitted this episode from Fechner's
> portrait. His interest in paranormal phenomena was quite well
> known in the nineteenth century (genereller Verweis auf Laßwitz,
> B.O.). Perhaps this is an example of a reputable psychologist's
> life being edited to conform with our scientific biases." (BRING-
> MANN 1977:57f.)

Daß Fechner sich *u.a.* auch für „parapsychologische Phänomene"
interessierte, steht außer Frage. Im „Büchlein" (1836), worauf BRING-
MANN hinweist, sowie im „Zend-Avesta" (1851) gibt es Bezüge in dieser Richtung; 1853 schreibt Fechner über das „Tischerücken" in seinem „Centralblatt für Naturwissenschaften und Anthropologie" (vgl.
KUNTZE 1892:273), 1856 im zweiten Teil des „Mondbuches" über
v.REICHENBACHS „Od", eine nach dem Vorbild der Elektrizität und
des Magnetismus erdichtete Kraft, 1876 zu derselben Sache; von Ende
1877 bis Anfang 1878 soll Fechner Aufzeichnungen über Seancen im
ZÖLLNERschen Kreise mit dem Medium HENRY SLADE angefertigt
haben (vgl. KUNTZE 1892:275); 1879 äußert sich Fechner in der „Tagesansicht" kritisch zum Problem „Spiritismus" (vgl. 1879:252-272).
Seine Haltung zu „parapsychologischen Phänomenen" kann als grundsätzlich offen, dabei aber doch distanziert und skeptisch bezeichnet werden. Diese Einschätzung teilt auch der von BRINGMANN zitierte LAß-
WITZ. BRINGMANNS Datierung des Beginns der „spiritistischen Periode" geht vermutlich auf KUNTZE 1892:277 zurück: Im Juli 1868
kommt v. REICHENBACH nach Leipzig und wird mehrmals bei Fechner vorstellig. Fechner führt Buch über gemeinsame Versuche (veröffentlicht 1876). Sein Urteil: „eine Art subjectiver Phantasmagorie".

Das Obenstehende berücksichtigend, scheint es gewagt, auch nur von
einer nebenher laufenden „spiritistischen Periode" zu reden. Kaum 100
Buchseiten zu diesem Thema im von BRINGMANN umrissenen Zeitraum liefern dazu keine ausreichende Basis. Will man dennoch von einer solchen Periode sprechen, muß ihr (geringer) Stellenwert im Vergleich
mit Arbeiten zu anderen Themen erwähnt werden.

BORING und andere mir bekannte Psychologiehistoriker registrier-
ten übrigens sehr wohl Fechners *philosophische* Arbeiten und bemerkten

z.T. auch, daß aus ihnen die Psychophysik hervorging, so daß BRING-
MANNS Vorwurf, man hätte Fechners Biographie (verkürzend) in Übereinstimmung mit den Standards der modernen Psychologie gebracht (vgl.
den letzten Satz des obenstehenden Zitats), so nicht stichhaltig ist.

Nun die Gewichtung der Themengebiete nach dem Umfang der Veröffentlichungen:

Naturwissenschaft	Elektrophysik u.-chemie	1456 S.	
	Chemie	3022 S.	
	Physik	ca. 1200 S.	
	Biologie u. Physiologie	<u>565 *S.*</u>	
		6243 S.	ca. 40,8 %
Philosophie	Ethik	128 S.	
	Logik	205 S.	
	Naturphilosophie u. Religion	<u>3148</u> S.	
		3481 S.	ca. 22,8 %
Atomistik		**332** S.	ca. 2,2 %
Psychophysik	Psychophysik	2301 S	
	Wahrnehmungspsy.	<u>443 *S.*</u>	
		2744 S.	ca. 17,9 %
Ästhetik, Kunst, Kunstkritik		**1337** S.	ca. 8,7 %
Sonstige	„Dr. Mises" (ohne 1836 u. 39)	**970** S.	ca. 6,3 %
	Diverses	**182** S.	ca. 1,2 %
	Total:	<u>**15.289**</u> S.	(99,9 %)

(Zu Lebzeiten veröffentlichte Schriften; Mehrfachveröffentlichungen, reine Übersetzungen und Herausgeberarbeiten nicht gezählt)

In dieser Aufstellung nicht enthalten ist das von Fechner herausgegebene „Hauslexikon", erschienen 1834 bis 1838, mit 7.038 S. in acht Bänden. Ein Drittel der Artikel soll, so KUNTZE, Fechner selbst verfaßt haben (vgl. KUNTZE 1892:83). Ebenfalls nicht berücksichtigt wurden reine Übersetzungsarbeiten naturwissenschaftlicher Schriften im Umfang von mehr als 5.000 Buchseiten.

Die oben als „naturwissenschaftlich" zusammengefaßten Werke machen ein Großteil der Veröffentlichungen aus, doch ist zu bedenken, daß es sich dabei hauptsächlich um „Repetitorien" und „Lehrbücher" – Schriften reproduktiven Charakters also – handelt, geschrieben um des Erwerbs und der akademischen Profilierung willen (vgl. F. in KUNTZE 1892:106). Sein Herz hing nicht an diesen Arbeiten (vgl. F. ebd. S.332), denn als sich ihm nach der Krankheit die Möglichkeit selbstbestimmter Arbeit ohne Rücksicht auf Karriereerfordernisse bot, ergriff er sie, ließ die frühere naturwissenschaftliche Arbeit ruhen und wendete sich Themen seiner Neigung zu. Die Ideale der jungen positiven Wissenschaft – Erfahrungsorientierung, Experiment, Induktion und mathematische Exaktheit – hielt Fechner aber unverändert hoch. Seine Philosophie meinte er auf diese Grundsätze bauen zu können. Die Kenntnisse experimenteller Methoden waren ihm in der Psychophysik und Ästhetik von Nutzen.

Zusammen gesehen hat Fechner ein umfangreiches Lebenswerk hinterlassen, worin er, was er sich vornahm, im wesentlichen zu einem ihn befriedigenden Abschluß brachte. Allerdings:

> „Ganze Stöße unvollendeter Arbeiten hat er hinterlassen, Einiges so, daß es für möglich und werth gehalten wird, als posthume Schriften veröffentlicht zu werden. Von anderem hat er selbst ausgesprochen, daß es Bruchstück bleibe und nicht zur Veröffentlichung bestimmt sei." (KUNTZE 1892:308)
> „In seinem schriftlichen Nachlaß fanden sich zahlreiche Haufen von Rechnungstabellen, Entwürfen und Ausarbeitungen, welche ohne Resultat liegen geblieben und theilweise von ihm selbst ausdrücklich als aufgegebene Projekte bezeichnet sind." (ebd. S.313)

Ein Großteil der Papiere von Relevanz für die exakten Wissenschaften wurden W. WUNDT übergeben (vgl. HALL 1914:116). WUNDT besorgte die zweite Auflage der „Elemente der Psychophysik" (1889) und beschränkte sich ansonsten auf die Verwahrung des ihm Anvertrauten. Aufgrund seines Nekrologs (in KUNTZE 1892) sowie einer späten Würdigung (WUNDT 1901) hegte niemand den Verdacht, WUNDT habe einer systematischen Sichtung des Nachlasses im Wege gestanden. Es gibt aber

Gründe für diesen Verdacht, denn Fechners breit angelegte psychologische Wissenschaft steht WUNDTS enger Psychologie, deren dogmatische Fassung für die „Krise der Psychologie" (K.BÜHLER) mitverantwortlich gemacht wird, in vielem entgegen, so daß WUNDT zumindest kein besonderes Interesse am Nachlaß gehabt haben dürfte, vielleicht die ihm vorliegenden Texte einfach keiner Veröffentlichung wert achtete, zumal die Psychophysik als geschlossener Entwurf vorlag, ohne wesentlicher Ergänzung zu bedürfen. Liest man WUNDTS Lobschriften auf Fechner genauer, stößt man auf viele doppeldeutige und zurückhaltend formulierte Wertungen. Es wäre interessant zu erfahren, warum die „Kollektivmaßlehre", die abzuschließen Fechner keine Zeit blieb, nicht unter der Schirmherrschaft WUNDTS, sondern (erst!) 1897 im Auftrag der „Kgl. sächsischen Akademie der Wissenschaften" von G. LIPPS herausgegeben wurde. Außer der knapp 500 Seiten umfassenden „Kollektivmaßlehre" erschienen posthum noch „Wissenschaftliche Briefe" an W. PREYER und K. v. VIERORDT (1890).

Auswahl und Ort der berücksichtigten Schriften

Die im Hauptteil näher erörterten Werke fallen in die oben umrissene Kategorie der philosophischen Schriften.

Allerdings wollte Fechner die betreffenden Schriften nicht als „philosophische" bezeichnet wissen. Wiederholt versuchte er, teilweise in scharfer Form, sich von der seiner Meinung nach deduktiv verfahrenden, „spekulativen" Philosophie seiner Zeit zu distanzieren; er äußerte sich dabei aber auch pauschal gegen *die* Philosophie überhaupt. Nur einige wenige Textstellen verweisen auf einen positiven Philosophiebegriff hinter aller Kritik (vgl. 1856:50; 1861:VI; 1879:17,19).

Die Ideale positiver, empirischer, exakter, induktiv arbeitender Forschung waren historisch immer Antithesen zu einer theologisierenden Philosophie „von oben", und sie sind es auch für Fechner.

Die proklamierte Gegenstellung zur Philosophie hatte schon zu seinen Lebzeiten die Vereinnahmung seiner Schriften in den Kontext dieses Faches nicht verhindern können – Fechner registrierte es zähneknirschend. Nach seinem Tod wurden Teile seines Lebenswerks von nahezu allen Bearbeitern als „philosophisch" etikettiert. KUNTZE, der Fechners Leben als „ächtes Philosophenleben" auffaßte (KUNTZE 1892:337), machte den Anfang.

Zweifellos geschieht diese Vereinnahmung von einem weiten Philosophiebegriff aus, dessen allgemeine Geltung Fechner mit seiner Philoso-
phiekritik nicht außer Kraft zu setzen vermochte. Es liegt in der Eigenart
dieses Faches, daß es auch die erklärten Gegner integriert, so daß noch
die Negationen als Teile einer positiven Fachgeschichte erscheinen.
Im ersten Kapitel des „Mondbuches" (1856) blickt Fechner auf einige seiner Veröffentlichungen zurück, die er als verschiedene, einander
ergänzende Beiträge zu einer neuen Weltsicht begreift, und faßt sie zusammen. Es handelt sich um diese größeren Schriften:

- „Das Büchlein vom Leben nach dem Tode" (1836) (vgl. 1856:27-
  33)

- „Über das höchste Gut" (1846) (vgl. 1856:35-40)

- „Nanna oder über das Seelenleben der Pflanzen" (1848) (vgl. 1856:
  3-13)

- „Zend-Avesta oder über die Dinge des Himmels und des Jenseits"
  (1851) (vgl. 1856:13-34)

- „Über die physikalische und philosophische *Atomenlehre*" (1855)(vgl.
  1856: 40f.)

In „Über die Seelenfrage" (1861) erinnert er sich eingangs eines mor-
genmüden Zimmergenossen, mit welchem er zur Studentenzeit sein Zimmer teilte. Fechner mühte sich, ihn mit wiederholten Aufforderungen,
aufzustehen, aus dem Bett zu scheuchen (erstmals bereits an B. v. AR-
NIM am 6.11.1836, zit. in KUNTZE 1892:93).

> „So habe ich ein erstesmal zu einem Publikum, das sich nicht
> aus dem Bette alter Ansichten finden kann, mit dem ‚Büchlein
> vom Leben nach dem Tode' gesprochen: ‚Steh auf!'; ich sprach
> zum zweitenmal mit der ‚Nanna': ‚Steh auf!'; ich sprach ein drit-
> tesmal mit dem ‚Zend-Avesta': ‚Steh auf!' Ich sprach ein viertes-
> mal mit dem Mondbuche: ‚Steh auf!' Ich spreche jetzt ein fünftes-
> mal: ‚Steh auf!' und, wenn ich lebe, werde ich noch ein sechstes
> und siebentesmal ‚Steh auf!' rufen, und immer wird es nur das-
> selbe ‚Steh auf!' sein." (1861:V)

E. B. TITCHENER hält „Die drei Motive ... " (1863) und „Die
Tagesansicht ... " (1879) – was nahe liegt – für den sechsten und siebten
Ruf (vgl. BORING 1950:279).

Auf der letzten Seite der zweiten Auflage des „Büchleins vom Leben nach dem Tode" findet man ein „Verzeichnis von Schriften" Fechners, welche mit dem „Büchlein" „in der Weltanschauung zusammenhängen oder sich ergänzen" ([2]1866:85). Es sind:

1. „Über das höchste Gut" (1846)

2. „Nanna" (1848)

3. „Zend-Avesta" (1851)

4. „Über die Seelenfrage" (1861)

5. „Die drei Motive und Gründe des Glaubens" (1863)

Weiterhin werden dort, als „wissenschaftliche Ergänzungen" abgetrennt, die „Elemente der Psychophysik" von 1860 und die „Atomenlehre" von 1855 genannt; und mit der Charakterisierung „polemisch" wird auch das „Mondbuch" von 1856 erwähnt.

Sollte der Verleger L. VOß dieses Verzeichnis angefügt haben, so kann man doch vermuten, daß Fechner diese Ergänzung zur Kenntnis nahm und damit einverstanden war, denn 1879 liefert er eine sehr ähnliche Klassifikation.

Schließlich gibt Fechner in „Die Tagesansicht gegenüber der Nachtansicht" einen Überblick über „frühere Schriften", die seine Weltanschauung „teils ergänzen, teils aus verschiedenen Gesichtspunkten zusammentreffen" (1879:74):

1. „Das Büchlein vom Leben nach dem Tode" (1836)

2. „Über das höchste Gut" (1846)

3. „Nanna" (1848)

4. „Zend-Avesta" (1851)

5. „Über die Seelenfrage" (1861)

6. „Die drei Motive und Gründe des Glaubens" (1863)

7. „Einige Ideen zur Schöpfungs- und Entwicklungsgeschichte der Organismen" (1873)

Und wieder wird zusätzlich und im Textsatz abgehoben auf die „Elemente", die „Atomenlehre" sowie das „Mondbuch" verwiesen. Außerdem hebt Fechner hervor, daß der „Zend-Avesta" die umfassendste Darstellung seiner Lehre vermittelt, daß „Über die Seelenfrage" und „Die drei Motive ... " am ehesten „zur Einführung geeignet" seien, und daß die Schrift „Über das höchste Gut" einen speziellen ethischen Aspekt behandelt (1879:75).

Die Bücher, welche von allen späteren Übersichten als thematisch ohne Einschränkungen verbundene erwähnt werden, sind also diese:

1. *„Das Büchlein vom Leben nach dem Tode"* (1836)

2. *„Nanna"* (1848)

3. *„Zend-Avesta"* (1851)

4. *„Über die Seelenfrage"* (1861)

5. *„Die drei Motive und Gründe des Glaubens"* (1863)

Dazu nehme man

6. *„Die Tagesansicht gegenüber der Nachtansicht"* (1879),

denn es liegen keine späteren Schriften vor, die das Spätwerk hätten würdigen können. Auch das

7. *„Mondbuch"*

wird 1861, 1866 und 1879 ausdrücklich genannt, aber 1866 und 1879 doch unter „ferner liefen". „Über das höchste Gut" zählt nicht zu den „Steh-auf-Schriften" (1861:V) und wurde thematisch mehrfach ausgegrenzt. Dasselbe gilt für die „Elemente" und die „Atomenlehre", deren Sonderstellungen aber noch stärker herausgestrichen werden.

Die 1879 angeführte Schrift „Einige Ideen zur Schöpfungs- und Entwicklungsgeschichte der Organismen" widmet sich, wie der Titel unmißverständlich bedeutet, einem speziellen Thema im Horizont der Diskussion um DARWINS Deszendenztheorie.

Es bleiben im Kern also die sechs oben genannten Schriften, welche für Fechner ein ihm wichtiges Themengebiet abstecken und einen wesentlichen Gegenstand seines Interesses bedeuten. Dieser Gegenstand und dieses Thema sind nach meiner Überzeugung am treffendsten mit den leitenden Begriffen des Themas dieser Dissertation umschrieben: „Seele und Beseelung". Ob das tatsächlich zutrifft, kann erst in der Textarbeit erwiesen werden.

Die oben genannten Werke sind, nochmals kurz skizziert, so miteinander verbunden:

Die populär gefaßten Hauptthesen des „Büchleins" (1836) werden im zweiten Teil des „Zend-Avesta" (1851) detaillierter ausgeführt; die Gedanken „Über das höchste Gut" (1846) und „Über das Lustprinzip des Handelns" (1848) finden ebenfalls im „Zend-Avesta" Eingang; „Nanna" (1848) ist aus Fechners Sicht der erste Schritt zu einer Weltanschauung, deren konsequente Fortführung das Hauptwerk „Zend-Avesta" bildet. „Professor Schleiden und der Mond" (1856) widmet sich teilweise der Zusammenfassung und Verteidigung seiner Lehre; die „Seelenfrage" (1861), zu einem Drittel wiederum eine Verteidigung der Pflanzenbeseelungsthese und darüber hinaus eine leicht lesbare Kurzfassung der im „Zend-Avesta" dargelegten Gedanken, schließt laut Fechner inhaltlich an das „Mondbuch" an (vgl. 1856:XI). Die „Drei Motive" (1863) enthalten, wie bereits erwähnt, metatheoretische Ausführungen, mit ausdrücklichem Hinweis auf die „Seelenfrage" und „Zend-Avesta" (vgl. 1863:135) sowie zwei Dutzend Querverweisen auf diese Bücher. Die „Drei Motive" können als Fußnote zum ersten Zusatz der Vorrede des „Zend-Avesta" (1851:XVff.) betrachtet werden. Die „Tagesansicht" (1879) schließlich stellt das Wichtigste aus den derart verbundenen Schriften zusammen und verklammert die genannten Werke zu einer Weltsicht.

Die nachfolgend referierten und interpretierten Texte sollen ein Gesamtbild dieser Weltsicht entstehen lassen, orientiert am zentralen Seelenbegriff, der in zwei Titeln genannt wird und ausdrücklich überall enthalten ist, wo es um den Glauben und ein Jenseits geht. Dabei wurde das „Büchlein" (1836), um Redundanzen zu vermeiden, und „Über das höchste Gut" (1846), weil Fechners Eudaimonismus, wo er nicht in andere hier behandelte Schriften einfließt, als thematisch eigenständig betrachtet werden kann, nicht berücksichtigt. Aufgrund von Redundanzen und verglichen mit den anderen Werken mangelnder Originalität wurde auch „Über die Seelenfrage" (1861) nicht gesondert behandelt, obwohl der Titel dieses Buches für das Thema dieser Arbeit besondere Aufschlüsse verspricht. Tatsächlich aber kommt „Über die Seelenfrage" über das in „Nanna" und „Zend-Avesta" Dargelegte kaum hinaus.

Dieses läßt auch eine lobende Anmerkung FRIEDRICH PAULSENS erkennen: „Ich möchte den Leser hier auf eine kleine Schrift Fechners aufmerksam machen: ‚Über die Seelenfrage‘ (1861). Fechner nennt das Schriftchen auf dem Titel: einen Gang

durch die sichtbare Welt, die unsichtbare zu finden. Dieser oft an-
getretene Gang ist nie mit größerer Sicherheit angetreten worden.
In erstaunlicher Weise vereinigt Fechner die Besonnenheit des Naturforschers mit der allseitigen Umsicht des Philosophen und der
beweglichen Phantasie des Dichters. Die Ausdehnung des Seelen-
lebens ist das zentrale Problem seiner Philosophie Er behandelt
es besonders in Nanna, oder über das Seelenleben der Pflanze
(1848), in Zend-Avesta oder über die Dinge des Himmels und des
Jenseits (3 Bde., 1851); er berührt es in den Elementen der Psychophysik (2 Bde., 1860) und gibt eine zusammenfassende, sehr
faßliche und bündige Darlegung seiner Ansicht im dem genannten
Büchlein über die Seelenfrage." (PAULSEN 1892:98)

Hinzugenommen wird eine Schrift des „Dr. Mises", die „Vergleichende Anatomie der Engel" (1825). Es geht in diesem allgemein als
„humoristisch" oder „satirisch" bezeichneten Text um lebendige, beseelte
Planeten – mehr als zwei Jahrzehnte vor seinen „pantheistischen" Werken. Fechner selbst wies 1856 auf die „Vergleichende Anatomie" zurück
(vgl. 1856:13f.). Daher liegt nahe, mit Hilfe dieses Textes die Verbindung zu den Schriften des „Dr. Mises" herzustellen und nach Belegen für eine Kontinuität der Denkmuster und Hauptthesen zu suchen.
Die thematische Nähe der „Vergleichenden Anatomie" zu den „philosophischen Werken" wurde dementsprechend häufig bemerkt (vgl. z.B.
LAßWITZ 1896:30ff.; HALL 1914:69f.; KUNTZE 1892:30ff.), ohne daß
die vermeintliche Antithese von Spaß und Ernst gelöst wurde.

Dazugenommen noch aus dem „Mondbuch" (1856) das Kapitel „Die
Natur als Symbol des Geistes", welches die im „Zend-Avesta" aufgeworfene erkenntnistheoretische Problematik ergänzt und erläutert, erhält
man die sechs Texte, die nachfolgend referiert und interpretiert werden:

„*Vergleichende Anatomie der Engel*" (1825)

„*Nanna oder über das Seelenleben der Pflanzen*" (1848)

„*Zend-Avesta oder über die Dinge des Himmels und des
Jenseits*" (1851)

„*Die Natur als Symbol des Geistes*" (1856)

„*Die Drei Motive und Gründe des Glaubens*" (1863)

„*Die Tagesansicht gegenüber der Nachtansicht*" (1879)

Damit ist eine Zeitspanne von mehr als fünfzig Jahren schriftstelleri-
scher Arbeit hinreichend abgedeckt; und der thematische Rahmen, den
Fechner mit den Zusammenfassungen und Übersichten von 1856, 1861,
1866 und 1879 vorzeichnete, bleibt ohne Abstriche gewahrt.

Verfolgt man die sechs hier behandelten Texte bzw. Werke, so begegnet man zunächst zwei ganz verschiedenen Schritten (1825 und 1848)
auf dem Weg zu einer umfassenden religiösen Weltanschauung (1851),
dann Überarbeitungen und Verbesserungen des erkenntnistheoretischen
Fundaments dieser Weltanschauung (1856 und 1879) sowie deren „Metatheorie" (1863).

Da die „Tagesansicht" von 1879, nach dem „Zend-Avesta" die zweite
umfassende Darstellung seiner philosophisch-theologischen Lehren, bereits 1851 erörterte Gedanken wiederholt und spezielle Probleme behandelt, konzentriert sich die Bearbeitung des Spätwerks überwiegend auf
eine wichtige Passage, das Kapitel: „Was veranlaßt und berechtigt uns,
eine Außenwelt anzunehmen, und wiefern ist eine Erkenntnis ihrer Beschaffenheit möglich".

Fragen von speziellem philosophischem Interesse, soweit sie vom Thema „Seele und Beseelung" wegführen, werden im folgenden nicht gesondert untersucht. Ausgeschlossen oder nur mittelbar angesprochen sind
zudem die Bereiche Ethik, Atomistik, Naturwissenschaft, Psychophysik,
Ästhetik und Kunst (entsprechend der obenstehenden Klassifikation) sowie – von der erwähnten Ausnahme abgesehen – die Schriften des „Dr.
Mises".

Etwa drei Viertel der folgenden Textreferate und -analysen entfallen
auf das nahezu vollständig bearbeitete Hauptwerk „Zend-Avesta".

Die Bearbeitungen sind so angelegt, daß es im Falle eines besonderen
Interesses an einem der sechs Texte oder an besonderen Aspekten des
„Zend-Avesta" nicht zwingend erforderlich ist, auch alle übrigen Inter-
pretationen durchzugehen.

Zusatzinformationen, kleine Exkurse geringerer Wichtigkeit sowie Ausführungen, die über die werkimmanente Kritik hinausführen oder Fechner nicht mehr zugeschrieben werden können, findet man eingerückt und
kleingedruckt vom Haupttext abgehoben.

Kapitel 2

Vergleichende Anatomie der Engel (1825)

„Je genauer und ängstlicher Fechner die Aufgaben exakten
Forschens nahm, um so mehr war ihm Bedürfnis, im leichten
Spiel launiger Einfälle auszuruhen und im frischen Quell necki-
scher Empfindungen die ernsten Triebe von neuem in Fluß zu
bringen." (KUNTZE 1892:337)

Für die vierte „Satire" des „Dr. Mises" könnte zutreffen, was
KUNTZE vermutet, setzt man statt „exakte Forschung" allgemeiner die
lästigen „literarischen Arbeiten für den Erwerb" (F. zit. in KUNTZE
1892:332). Seit 1824 steht Fechner in aufwendigen Übersetzungsarbeiten. 1825 erscheint die „Skizze", die sich, wie bereits der Titel anzeigt, in
nicht ganz ernst zu nehmender Weise den Wesen zwischen Gott und den
Menschen widmet. Zunächst gibt es für den gelernten Anatomen und
Physiologen nichts zu vergleichen, denn die Gestalt der himmlischen Wesen liegt nicht sichtbar vor und kann nur erschlossen werden. Es geht also
zuerst um den Schluß vom Sichtbaren auf Unsichtbares, und darin unterscheidet sich diese „Satire" nicht von späteren philosophischen Schriften, z.b. dem Buch „Über die Seelenfrage" (1861), welches untertitelt
ist: „Ein Gang durch die sichtbare Welt, um die unsichtbare zu finden".
Fechner kommt es weniger auf den Gegenstand „Engel" an als auf die
Schlußmethoden, deren Fragwürdigkeit im Argumentationsgang deutlich
wird. Wohl wirft das Ergebnis ein Licht zurück auf die es konstituieren-
den Schlüsse, in welchem sie als das erscheinen, was sie sind: spitzfindige
Kunstgriffe, dienstbar jedem Zweck; Denkschemata, die losgelöst von der
erfahrenen Wirklichkeit die Errichtung phantastischer metaphysischer
Konstrukte ermöglichen. Der Angriff zielt hinter der fragwürdigen Methode auf die Wissenschaft, die sich derartiger Mittel und Wege bedient:
Theologie, theologisierende, spekulative Philosophie und Metaphysik,
und auf die Protagonisten solcher Wissenschaft. Fechners Position reflektiert das Ideal der Erfahrungsorientierung (Induktion, Empirie, Ex-

periment), das die Naturwissenschaften zu Beginn ihres beispiellosen Siegeszuges kennzeichnete und noch heute kennzeichnet. Gegen 1830 formulierte A. COMTE diese Position einer von Bevormundung seitens der Theologie und metaphysischen Philosophie freien Wissenschaft als „Positivismus". Das Pathos des Freien und radikal Neuen in der Sach- und Erfahrungsorientierung zog theologiemüde Akademiker an und stiftete das positive Selbstverständnis einer darin einigen Naturforschergemeinschaft, zu der sich Fechner am Anfang seiner wissenschaftlichen Laufbahn bekannte.

Die „Satiren" Fechners erwachsen also aus der historischen Frontstellung einer noch mächtigen alten und einer erstarkenden neuen Wissenschaft und entfalten erst im Kontext sich daran entzündender zeitgenössischer Debatten ihren intendierten Witz. Der Lachen erregende „Trick" des „Dr. Mises" besteht darin, die alte Metaphysik in ihren Verrichtungen geringfügig zu verfremden, so daß sie einerseits richtig dargestellt erkannt werden kann, andererseits ihre Aporien an sich selbst offenbart.

Am anfälligsten dafür, ausgelacht zu werden, waren stets Menschen, die Besonderes auf sich und ihre Taten hielten und höchsten Ansprüchen gerecht zu werden meinten. Sobald eine Gruppe solcher Menschen sich gesellschaftlich etabliert als besonders gelehrt, fromm, ehrwürdig und tugendhaft welcher Tugend auch immer und ihr Anspruch fester Bestandteil gesellschaftlichen Wissens wird, wird sie zum möglichen Gegenstand des Witzes. Je mächtiger die Gruppe und je höher ihre Ansprüche, desto tiefer die Kluft, wenn das Menschliche, Allzumenschliche gelegentlich durchscheint, und desto lauter das Lachen.

In der ersten Hälfte des vorigen Jahrhunderts kam an der Macht der Kirche niemand vorbei, was Fechner wohl u.a. zur Wahl seines Pseudonyms bewegte. Die Ansprüche theologisch beeinflußter Wissenschaft bestanden unverändert fort, obwohl die hohe Zeit solcher Wissenschaft längst vorüber war. Noch infolge des Materialismusstreits von 1854 wurden VOGT, MOLLESCHOTT und BÜCHNER ihrer „materialistischen" Ansichten wegen auf Antrag kirchentreuer Kollegen ihrer Ämter enthoben.

Die Schriften des „Dr. Mises" demaskieren die Ansprüche der theologisierenden Naturwissenschaft unter Rückführung auf ihre armseligen Verfahren als Fassade und Blendwerk.

Nun kurz einige Aspekte aus der „Vergleichende Anatomie der Engel", um eine Grundlage für weitere Erörterungen zu gewinnen:

Fechner beginnt damit, durch phantasierte Variation des menschlichen Körpers mit seinen „vielen Ecken, vorstehenden Knorren, Auswüchsen, Löchern, Höhlen" eine Gestalt zu bilden, die dem Ideal absoluter Schönheit gerecht wird. Um die Schönheit frei „vom Zweck oder Nutzen" zu schauen, müssen wir alles „unparteiisch" betrachten, „... indem wir das Gefühl, was dem Menschen als Menschen eingeboren ist, beiseite setzen. Wir stehen jetzt hoch über der Erde, erblicken sie zugleich mit den übrigen Weltkörpern, vergleichen ihre Geschöpfe ... " (1875: 198f.). Höchstwahrscheinlich war Fechner um 1825 der gegenteiligen Meinung: Man müsse etwas auf den „gesunden Menschenverstand" geben. Erst das von der Kontrolle durch Erfahrung freie Denken gelangt zu phantastischen Konstrukten wie einer „Anatomie der Engel".

Es geht Fechner in dieser „Satire" weder um eine Ironisierung des „Unparteiischen", noch um einen indirekten Verweis auf das (kirchlich) Parteiische im Gewande des Unparteiischen, da damals die Frage der „Wert(urteils)freiheit" kein Thema war. Das Bedürfnis der Wissenschaftler, sich durch den Anspruch der Wertfreiheit der Mitverantwortung für die politisch-ökonomische Entwicklung zu entziehen, sowie Versuche, sich selbst als einer „freischwebenden Intelligenz" zugehörig darzustellen, sind Erscheinungen unseres Jahrhunderts, die möglich wurden, nachdem die jungen Sozialwissenschaften das Thema der „Klasseninteressen" entdeckten.

Fechner modelliert den Menschen also in Richtung der idealen Gestalt, betätigt sich, schwebend im All, als Schöpfer – und erhält eine Kugel, nichts als eine *einfache* Kugel. Daran vermißt er jedoch die „Mannigfaltigkeit" des beseelten, geistigen Ausdrucks, die zur perfekten, lebendigen Harmonie gehöre (vgl.1875: 201f.). Doch ihm kommt ein rettender Gedanke: sind meines Liebchens blaue Augen nicht beseelte Kugeln? Auch eine Kugel kann also

> „... Seele haben und Seele äußern ... nur muß man sich keine Kegelkugel darunter denken. Mein Geschöpf war mir wieder lieb, es war ein wunderschönes Auge geworden. Der Mensch ist ein Mikrokosmus, d.i. eine Welt im Kleinen; Philosophie und Physiologie vereinigen sich, es zu zeigen. Sein edelstes Glied ist eine sich von Licht nährende Kugel, auch das edelste Glied der größern Welt wird ein solches Wesen sein, nur selbständig und unendlich ausgebildeter." (202)

Das Auge wird anschließend weiter personalisiert „als selbständiges Geschöpf in unserem Körper" (204), immer in Verbindung mit den Begriffen „Licht" und „Sonne". Wem der Vergleich von vollkommen gestalteten Wesen und Augen allzu überraschend kommt, dem will er „Thatsachen der Natur" zum Beweis liefern. Die haltlose Spekulation gibt vor, auf demselben sicheren Grund zu stehen, wie die exakte Naturforschung. Theologie und Metaphysik reagieren auf den Trend zur Naturwissenschaft mit spekulativer Naturphilosophie, die Fechner zunächst in den Schriften LORENZ OKENS achten und verachten lernte. Fechner zeigt in seiner „Vergleichenden Anatomie" nun, daß die Spekulation sich empirischer Ergebnisse und strenger Induktion bloß zeitweilig bedient, um Haltloses, Unerfahrbares zu begründen. Das willkürliche Aneignen, Interpretieren und unzulässige Verlängern der Ergebnisse exakter Forschung ist es, was Fechner kritisiert, indem er es lächerlich macht.

Die physiologisierende Spekulation belegt nun, daß das menschliche „Auge ... ein ganzer Organismus im Kleinen" ist (205), so daß folgende Parallelisierung möglich wird:

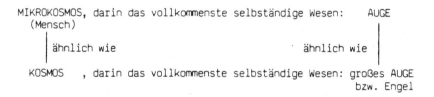

```
MIKROKOSMOS, darin das vollkommenste selbständige Wesen:    AUGE
  (Mensch)

  | ähnlich wie                           ähnlich wie |

KOSMOS    , darin das vollkommenste selbständige Wesen: großes AUGE
                                                        bzw. Engel
```

Daß das Große dem Kleinen ähnelt, belegt Fechner mit Illustrationen und Variationen der Formel „extrema sese tangunt" (latinisiert aus MERCIERS 1788, „Tableau de Paris" IV,348), die er bereits 1824 in „Stapelia mixta" erläuterte.

Entwicklung des Menschen beginnt mit dem kugeligen Ei und endete wieder in einem Kugelstadium, verhinderten es die Schwerkraft und die Unebenheiten unseres Planeten nicht. Tendenziell entwickelte sich das nach dem Auge kugelähnlichste Glied des Menschen, der Kopf, zu einer vollkommenen Kugel. Fechner beschreibt das, als vertrete er bereits die „Entwicklung der Arten", doch er nimmt diesen Gedanken nicht ernst, bleibt noch lange nach dem Darwinjahr (1859) der Deszendenztheorie abgeneigt, bis er sich 1873 in seinen „Ideen zur Schöpfungsgeschichte der Organismen" schließlich mit Einschränkungen zu ihr bekennt. Hier führt er eine Entwicklung der Arten ins Groteske fort: Die Augen rückten von den Seiten des Kopfes, wo sie sich bei weniger entwickelten Lebewesen noch befinden, mit der Höherentwicklung der Arten nach vorn und in Richtung auf die Nasenwurzel. Gleichzeitig wölbte sich die Stirn nach vorn, „... um sich von oben über die Augen hinzuschlagen" (209), und

der untere Teil des Schädels schlüge sich von unten herauf, so daß sich
der ganze Kopf um den Nasenwurzelpunkt kugele (vgl. 208). „Deutlich ergiebt sich dieß aus dem Vorrücken des Hinterhauptloches und der
kleinen Keilbeinflügel" (209). Am absehbaren Ende der Artentwicklung
verschmölzen die beiden Augen am Nasenwurzelpunkt zu einem einzigen, daß sich dann im Mittelpunkt eines es umhüllenden runden Gehirns
befände. Das Hirn müsse dann durchsichtig werden, damit „Licht bis ins
innerste dringe" (212). Und so ähnlich sähen die Engel aus, denkt man
sich noch den im schwerelosen Raum überflüssigen Leib fort: durchsich-
tige Kugeln.

Die Verständigung der Engel untereinander erschließe man aus dem
„Stufengang der Natur" (216): Pflanzen kommunizieren durch Düfte,
Tiere durch Schall, Menschen durch Schall und Schrift, Engel schließlich
„theilen einander ihre Gedanken durch das Licht mit" (214), „denn in
Farben und Zeichnungen giebt es unendlich mannichfaltigere Combina-
tionen als in den Lauten" (216). Die Engel verständen es, ihren gesamten
durchsichtigen Kugelleib als Ausdrucksfeld zur Kommunikation gezielt
einzusetzen: „Was ein Engel dem anderen sagen will, das malt er auf
seine Oberfläche; der andere sieht das Bild und weiß, was in jenes Seele
vorgeht" (218). Man könne diesen Verkehr am ehesten mit der „Augen-
sprache der Liebe" vergleichen. Fechner schmückt seine Ausführungen
noch mit einigen schief konstruierten Vergleichen, äußert sich wirr über
die Liebe, die für ihn „ungefähr wie ein leuchtender Meteorstein ... .
vom Himmel herabkommt" (217), läßt dem Blödsinn freien Lauf. Er
beendet das Kapitel über die „Sprache der Engel" mit einer physikalischen Erklärung, wie die Engel das Malen auf ihrer durchsichtigen Haut
anstellen, nämlich durch „Zusammenziehen und Ausdehnen" der Haut,
so daß sie schillern „gleich der Seifenblase" (220).

Die Frage, „Ob die Engel auch Beine haben", erübrigt sich fast, doch
läßt sich sehr schön zeigen, daß mit der Höherentwicklung der Arten
die Anzahl der Beine abnimmt, woraus man die Beinlosigkeit der voll-
kommensten Wesen erschließen kann. Mangels weiterer derartiger Belege wird nun ein Mythos gesponnen, der erklärt, wie die Extremitäten
des Menschen entstanden: Ein „Dämon" zog die Lebewesen „ins Reich
des Lichts" (223) der Sonne entgegen, doch die Erdenmutter gab ihre
Geschöpfe nicht frei. Dem Dämon gelang nur, zwei Gliedmaßen dem
Boden zu entreißen, und aus diesen formte er Flügel. Doch die Erde
hielt ihr Kind in der Gewalt ihrer Anziehung. Da bildete der Dämon
voller Zorn aus den Flügeln Hände, damit das Kind die Erdenmutter
schlage und ihr Schätze entreiße.

I. HERMANN meint, daß dieser Mythos das krankhafte Verhältnis
Fechners zu seiner Mutter offenbare: Einerseits der leiblichen Mutter eng
verbunden und zugetan, haßte er sie für ihre klammernde „Affenliebe"
(224) und „blinde Zärtlichkeit" (223), die verhinderte, daß er sich durch
Identifikation mit dem Vater (Dämon, Sonne) zum Manne emanzipierte.
HERMANNS Deutung scheint plausibel – auch wenn man den Mythos
nicht als eine vom „Unterbewußtsein" motivierte Parabel im psychoanalytischen Sinne begreift –, zumal die Loslösung von der Mutter für
Fechner zur Zeit der Abfassung durchaus ein drängendes Problem gewesen sein konnte, da er nach vielen Jahren der Trennung erst 1824 mit
seiner Mutter in Leipzig eine gemeinsame Wohnung bezogen hatte.

Andererseits erfüllt der Mythos innerhalb der „Vergleichenden Anatomie" Zwecke, aus denen heraus er erklärbar scheint. Der Gegensatz
von Erdenreich und Himmel wird aufgegriffen, und der wiederholte Verweis auf die Sonne, ihre Anziehungskraft und ein Himmelreich nahe der
Sonne bereitet das Kommende vor, so daß die These des vierten Kapitels nunmehr die Erfüllung der Erwartung des Lesers darstellt. Beseelte
Kugeln im Weltall nahe der Sonne, daraus ergibt sich schon: Die Kugeln
bzw. „Engel sind lebendige Planeten".

Sofern der Leser, geleitet durch geschickte Andeutungen, dem Text
in Gedanken vorauseilt, öffnet sich die Möglichkeit, die innere Logik
der Argumentation zu übersteigen. Die gewonnene kritische Position ist
diejenige, welche Fechner damals gegenüber der theologisierenden Wissenschaft vertrat. Wer seinen Standpunkt einnimmt, vermag die Argu-
mentationsmuster zu durchschauen. Das Lesen wird zum Spiel konkreter
und offener Erwartungen mit gewährten und verweigerten Erfüllungen,
das seinen vollen Reiz erst im Textverlauf entfaltet. Der Ort des Spiels
– das grundsätzlich ähnlich auch beim Lesen anders gearteter Texte ablaufen kann – ist hier von Anfang an, schon vom Titel her, als der Bereich des Nicht-immer-Ernsten ausgewiesen. Die verweigerten Erfüllungen fallen aber weder auf den Gegenstand noch auf den Leser zurück,
sondern auf den Text selbst und hinter dem Text auf den Autor, sofern sie das mangelhafte, sprunghafte Denken des „Dr. Mises" belegen.
„Mises" karikiert sich selbst als typischer Vertreter einer vom Boden der
Erfahrung „abgehobenen" Wissenschaft: Metaphysik im schlechtesten
Sinne des Wortes. Aufgrund ihres kritischen Bezugs wurde die „Vergleichende Anatomie der Engel" soweit zu Recht als „Wissenschaftssatire"
(GEBHARD 1984:166f.) und „gelehrte Satire" (ROSENCRANTZ 1933)
eingestuft.

Zurück zum Text: Die Engel sollen lebendige Planeten sein, aber wo im Sonnensystem sollen sie sich befinden? Zwischen Merkur und Sonne, unserem Zentralgestirn nahe, von dessen blendendem Glanz überstrahlt, ohnehin klein und durchsichtig (vgl. 1875:228), und daher für uns unsichtbar. Fechner führt die von JOHANNES KEPLER zitierte Regelmäßigkeit der Planetenentfernungen zur Sonne spekulierend in umgekehrter Richtung fort: Auf der Hälfte der Distanz Merkur-Sonne kreise ein Planetenengel, auf der Hälfte dessen Distanz zur Sonne ein weiterer usf., so daß in asymptotischer Annäherung unendlich viele Planetenengel die Sonne umrundeten – je näher man der Sonne kommt, desto mehr. So kreisen sie um die Sonne und umeinander in „unerschöpflicher Mannichfaltigkeit von Bewegungen" (230), jedoch genau die durch die kosmischen Gesetze „... vorgeschriebenen Wege bei noch größerer Freiheit noch strenger (einhaltend), als die besten Menschen" (229).

> „Zur nähern Aufklärung über dieß merkwürdige Verhältnis zwischen Freiheit und Nothwendigkeit ... verweise ich auf die Abhandlungen der Philosophen und Theologen darüber, die es besser wissen und keine Schwierigkeit darin finden." (230)

Während ihren freien Umläufen im Lichtraum nahe der Sonne bewegten sich die Planetenengel, veränderten ihre Form, die bloß der Grundgestalt nach eine Kugel sei (vgl. 232), zu Zwecken der Kommunikation. Als „Ausdruck der Liebe" erweiterten sie sich „scheibenmäßig nach dem Gegenstand derselben", ungefähr wie gespitzte Lippen bei einem Kuß; vor dem Gegenstand des Hasses weichen die normalerweise runden Wesen sich „stangenartig reckend" zurück (214). Man fühlt sich bei dieser Beschreibung an eine Amöbe erinnert, und die tatsächlichen Ähnlichkeiten einfachster irdischer Lebewesen und vollkommenster Weltallbewohner zeigen wieder einmal, wie die Gegensätze zusammenfallen bzw. die Extreme dich berühren (vgl. 207, 218f., 232, 238).

Unser Planet Erde sei zwar grundsätzlich auch einem Auge vergleichbar (vgl. 228f.), besitze jedoch aufgrund seiner Starre nicht die wunderbare Beweglichkeit der Augen-Planeten-Engel. Die Erde sei, weil wesentlich weiter von der lebenspendenden Sonne entfernt, eben unvollkommener – vollkommener aber noch als die „beeisten Klumpen", die in noch größerem Abstand die Sonne umkreisen.

Was zuvor von der „Sprache der Engel" gesagt wurde, bedarf noch einer Ergänzung. Die Planetenengel könnten nämlich alle erdenklichen Mittel zu Zwecken des Ausdrucks einsetzen, z.B. elektrische und magnetische (vgl. 236), und verfügten über einen Gravitationssinn „als Gefühl reiner Kraft".

„Die Gravitation verknüpft die fernsten Weltkörper auf unmittelbare Weise; die Engel empfinden auf diese Weise unmittelbar
wie sie zur ganzen Welt gestellt und die ganze Welt zu ihnen gestellt ist; ja die leiseste Veränderung im Weltenbau wird von ihnen
verspürt ... " (234f.).

Außerdem erzeugen die Planetenengel durch ihre schnellen Bewegungen Töne.

„Wenn also die Engel tanzen, so componirt sich das Musikstück
von selbst dazu; sie tanzen dessen Klangfiguren. Dieß ist die wahre
Harmonie der Sphären, der wunderschönen Augen, der Engel."
(237)

Fechner wagt noch eine „Schlußhypothese": Die Planetenengel be-
ständen aufgrund der „ungeheueren Hitze der Sonne" aus Luft und
Dunst, die männlichen aus Wasserstoff, die weiblichen aus Sauerstoff,
und in ihrer Vereinigung brächten sie das Sonnenlicht hervor (vgl. 239).

„Da nun also meine Geschöpfe, nachdem sie Engel, Augen,
Planeten gewesen sind, zuletzt sich in Dunstblasen verwandelt
haben, die, wie ich jetzt bemerke, blos durch die Anstrengung
meines Auges beim Sehen in die Sonne in der wäßrigen Feuch-
tigkeit meiner eignen Augenkammer entstanden, und mir nur den
optischen Schein erregten, ich sehe sie objectiv, und da dieselben so eben zerplatzt sind, so sehe ich hiermit den Faden meiner
Beobachtungen plötzlich abgerissen." (239f.)

Alles in allem hat „Dr. Mises" in seiner „Vergleichenden Anatomie der Engel" nicht mehr und nichts anderes geschrieben, was sich
nicht auch anderenorts finden ließe: Man schätzt die Kugel seit langem
schon als perfekteste Form; „Mises" beruft sich auf XENOPHANES,
und man könnte sich ebenso auf PLATONS „Timaios" berufen. Vermutungen über die „Anatomie der Engel" haben ebenfalls Tradition, z.B.
bei AUGUSTINUS, der folgerte, die Engel wiesen nur sieben Löcher
bzw. Körperöffnungen auf. Die Zahl „sieben" führt zu postpythagor-
eischen Zahlenspielen. „Mises" verweist auf KEPLER, der sich redlich
mühte, mit Rechenkunststücken seine „harmonia mundi" zu begründen.
Der Gedanke, daß Planeten Engel oder Götter seien, sowie überhaupt
das religiöse Interesse an den Wandelsternen und ihren Bewegungen läßt
sich in den Anfängen fast aller Kulturen nachweisen. Im „Zend-Avesta"
versucht Fechner zu belegen, daß dieser Gedanke auch eine christliche

Tradition hat (vgl. 1906 II:150ff.). Sonne und Erde sind Topoi zahlloser Mythen, so daß sich sämtliche Religionen nach ihren „Theophanien"
(M. ELIADE) in chthonische, tellurische einerseits und andererseits ura-
nische, zu denen auch „solarisierte" Gottesvorstellungen zählen, einteilen lassen (vgl. z.B. M. ELIADE 1986). Das Licht wird immer schon
mit Gott, Heiligem, Leben und mystischen Erlebnissen in Verbindung
gebracht, so daß man von einer kulturübergreifenden Lichtmetaphorik
sprechen kann. Über das Licht sind Sonnengottheit und Mensch verbunden, wobei dem Auge naturgemäß eine besondere vermittelnde Bedeutung zukommt.

„Dr Mises" bewegt sich im Raum religiöser Sinngebung, worin sämtliche von ihm kombinierten Elemente bereits enthalten sind, fest zum
Wissensbestand unserer Kultur gehörend, den allgemein menschlichen
Mustern religiösen Denkens unmittelbar entspringend. Welche Elemente
er verwendet und wie er sie verwendet, ist keinesfalls originell, sondern
unter Vorgabe der Themenstellung im Gegenteil naheliegend. Allerdings
bleibt auch nur Naheliegendes.

Als Fechner gegen 1850 seine pantheistische Religion entwirft, kann
er gar nicht anders, als sich derselben Elemente zu bedienen. Sofern
der Religionsstifter ein „tiefliegendes Bedürfnis" nach „Zwischenwesen
zwischen Gott und Menschen" befriedigen will (1906 I:155), stößt er
wieder auf die Vorstellung der Planetenengel. Die naiv-christliche Vorstellung von Engeln als beflügelten Menschen verwerfend und im Bestreben, den Engeln wirkliche Leiber zuzusprechen, ihnen einen materialen
Grund, den Phantasmagorien nicht besitzen, zu verleihen, kommt Fechner zwangsläufig auf Sterne und Planeten zurück.

„Als ich vor Jahren spielend auf (die) Idee ... ", daß „die Erde, ja
daß alle Weltkörper eine Seele haben", „... hingedeutet hatte, fand man
sie sehr ergötzlich", schreibt Fechner 1856 mit Bezug auf die „Vergleï-
chende Anatomie". Sobald er denselben Gedanken 1851 aber „im Ernst"
vortrug, sei er auf „Widerspruch und mehr noch ... (auf) Nichtachtung
und Nichtbeachtung" gestoßen (1856:13f.). Hier beginnen die Probleme
der Interpreten, Spiel und Ernst zusammenzubringen. Hat Fechner seinen einstigen Spaß schließlich ernst genommen? Jeder weiß, wie sich
ein Witz verändert, je häufiger man ihn hört oder erzählt, und daß man
glauben lernen kann, was man „bloß so" immer wieder daherredete. Ist
Fechner vielleicht einem solchen oder ähnlichen Effekt erlegen? Und in-
wieweit ist der Ernst Fechners überhaupt ernst zu nehmen, nachdem er
als „Dr. Mises" dieselbe Sache unernst behandelte? Fechner sieht dieses
Rezeptionsproblem durchaus und geht darauf ein. Die „Vergleichende

Anatomie" lag zur Zeit der Arbeit am „Zend-Avesta" lange zurück und konnte vielleicht als Erzeugnis jugendlichen Übermuts gelten, doch wesentlich später gab „Dr. Mises" vier geistreiche „Paradoxa" zum besten, das erste überschrieben: „Der Schatten ist lebendig" (1846), und grundsätzlich um dieselbe Sache – Beseelung und Lebendigkeit – ging es „im Ernst" bereits zwei Jahre später.

Halten wir fest, daß Fechner schon 1825 vieles (ähnlich) dachte, das später in seinen philosophischen Schriften Bedeutung gewann – belanglos, was Spiel war und was ernst, er dachte es jedenfalls.

> „Von Klein auf war er der fertige Denker, der im Spiel Ernst machte und in ernsten Dingen zu spielen schien. In der That mischten sich in ihm gern Ernst und Spiel, die er selbst nicht zu trennen liebte, vielleicht nicht zu trennen wußte." (KUNTZE 1892:314)

Und damit sind wir über den Gegensatz von Spiel und Ernst hinaus, der hier Verwirrung stiftet, sobald einige Texte als unernst, andere dagegen als ernst der Struktur und Absicht nach unverrückbar eingestuft werden. Es sind die in der Sekundärliteratur kritiklos auf sechs Bücher des „Dr. Mises" angewendeten Etikette der „Satire" und „Humoreske", welche, zwar nicht ganz falsch, den Grund der Sache letztlich verfehlen und somit das oben genannte Interpretationsproblem aufwerfen bei gleichzeitiger Zustellung des Lösungsweges. Die objektivierenden Gattungsbegriffe suggerieren, Spiele und Ernst lägen in den Texten, die Texte selbst seien ernst oder nicht. Dabei können doch dieselben Aussagen, Sätze, Texte einmal so, ein anderes mal so aufgefaßt werden. Spiel bzw. Spaß und Ernst liegen derart beisammen, daß von einem Augenblick zum anderen aus dem einen das andere werden kann. Zum Spaß oder Ernst wird ein Text immer erst im Kopf des Rezipienten. Und es ist, wie bereits angedeutet, in hohem Maße abhängig vom jeweiligen historisch-sozial gebundenen und vermittelten Wissen, worüber der Leser lachen kann und worüber nicht. Ein Beispiel: Es ist heute unmöglich, daß ein Mann einer begehrten Frau eine wohlgereimte Lobpreisung ihrer Schönheit im Stil eines Minnegesanges vorträgt, ohne daß dies komisch und lächerlich gefunden wird. Dieselbe einstmals ernste Sache ist zu einer anderen Zeit in einer anderen Gesellschaft unmöglich noch ernst zu nehmen. Und genau das ist um 1825 der Fall: bestimmte Texte metaphysisch-spekulativen Charakters konnten (in Fechners Kreisen) nicht mehr ernst genommen werden. Dergleichen ließ sich bloß noch augenzwinkernd äußern. Allerdings standen die religiösen Inhalte nicht in Frage. Es lag Fechner fern, sich über Engelsvorstellungen und Religion belustigen zu wollen. Das damals Lächerliche und von Fechner lächerlich Gemachte waren die wissenschaftliche Verkleidung und der wissenschaftliche Anspruch des Redens und Nachdenkens über Glaubenssachen. Denn der Begriff der Wissenschaft hatte sich gewandelt. Neue wissenschaftliche Standards im Zeichen von Experiment, mathematischer Exaktheit, Induktion und Empirie lösten die alten ab, unter denen „Spekulationen" und metaphysische Konstruktionen als wissenschaftlich gegolten hatten.

Der Wandel des Ernsten ausgangs des 18. Jahrhunderts initiiert einen von *Ironie* geprägten Diskurs im damaligen Bildungsbürgertum. Es war FRIEDRICH SCHLEGEL, der 1797 die *Sokratische* Ironie für die deutsche Romantik entdeckte. Das Ironische prägt und verbindet verschiedenste Texte romantisch bewegter Autoren. Dabei ist der gattungsüberschreitende Begriff der Ironie, schon bei SCHLEGEL mehrdeutig, „... nur durch Umschreibungen approximativ zu erfassen ... " (PRANG 1972:7).

Die Mitglieder der „heimlichen Kirche" verwarfen jede wissenschaftlich-systematische Konstruktion des Heiligen. Sie drückten, was sie glaubten, ironisch aus, näherten sich ironisch dichtend dem Heiligen an. Die „*romantische* Ironie", seit 1960 verstärkt Gegenstand philologischer Forschung, nimmt zwischen Spiel und Ernst eine mittlere Stellung ein: nicht mehr bloß Spiel und noch nicht ernst. Die romantische Ironie erzeugt und füllt einen Raum dichterischer Freiheit. „Man könnte romantische Ironie am besten mit Geistesfreiheit übersetzen" (HUCH 1985:255).

> „Sie ist die freyeste aller Licenzen, denn durch sie setzt man sich über sich selbst weg; und doch auch die gesetzlichste, denn sie ist unbedingt nothwendig. Es ist ein sehr gutes Zeichen, wenn die harmonisch Platten gar nicht wissen, wie sie diese stete Selbstparodie zu nehmen haben, immer wieder von neuem glauben und misglauben, bis sie schwindlig werden, den Scherz gerade für Ernst, und den Ernst für Scherz halten." (F. SCHLEGEL 1882 II:199)

Sie ist „steter Wechsel von Selbstschöpfung und Selbstvernichtung" (ebd., S.211). Der romantisch bewegte Dichter treibe Ironie als schöpferische Lebensform.

> „Da die klassische Ironie als *dissimulatio* oder Verstellung aufgefaßt wurde, können wir die romantische Ironie als *assimilatio* ansehen. Als Anverwandlung also. Die romantische Ironie-Konzeption kann deshalb als Anverwandlung angesehen werden,

weil sie nicht nur die Literatur und die Philosophie, sondern letztlich das gesamte Leben der Ironie subsumieren will. Die Anver-
wandlung steht im Dienst einer Idee des Ganzen, die Schlegel gegen das Trennende seiner Zeit geltend macht." (JAPP 1983:190)

Ihr „Sinn ... ist es, das Getrennte in einer höheren Einheit zu ve-
mitteln" (ebd.). Der Idee eines göttlichen Ganzen verpflichtet, stellt die
romantische Ironie jenseits der Theologie *die poetische Fortsetzung der
Religion* dar. Anverwandelt wird nicht nur das Leben, sondern im Spiel
mit dem Möglichen auch die Welt.

Der derart weit gefaßte Begriff der romantischen Ironie bezeichnet ein
Gemeinsames der „Vergleichenden Anatomie" und des „Zend-Avesta";
er liefert die verbindende Klammer der „satirischen" Schriften des „Dr.
Mises" mit der Philosophie Fechners. Denn die Frage nach dem Ernst
des pantheistischen Anliegens, wo es (noch) keine systematische Gestalt
besitzt, ist am ehesten auf der Grundlage dieses Begriffs zu beantworten.

Kapitel 3

Nanna oder über das Seelenleben der Pflanzen (1848)

Klausner, der Lautforscher, hatte einen Apparat konstruiert, der Schwingungen, die das menschliche Ohr nicht wahrnehmen kann, hörbar machen sollte. Er zog einen befreundeten Arzt ins Vertrauen:

> „Ich glaube‘, sagte er, ... ‚ich glaube, daß es eine ganze Welt von Lauten gibt, die wir nicht hören können. Vielleicht erklingt dort oben in den hohen, unhörbaren Regionen eine neue erregende Musik mit zarten Harmonien und wilden, schneidenden Dissonanzen ... ‘" (DAHL 1967:122).

An einem warmen Sommerabend erprobte Klausner seine Erfindung.

> „Der kleine Zeiger wanderte langsam über die Skala. Plötzlich hörte Klausner einen Schrei, einen entsetzlichen, durchdringenden Schrei. Er zuckte zusammen, und seine Hände krampften sich um den Rand des Tisches. Dann blickte er nach allen Seiten, als erwarte er, denjenigen zu sehen, der geschrien hatte. Aber er sah nur die Frau im Nachbargarten, und die war es bestimmt nicht gewesen. Sie stand über ein Beet gebückt, schnitt gelbe Rosen und legte sie in ihren Korb.
> Und wieder hörte Klausner diesen entsetzlichen, kehllosen Schrei, wieder genau in dem Augenblick, da der Rosenstiel durchgeschnitten wurde. Er nahm den Kopfhörer ab und lief an den Zaun, der die beiden Gärten trennte. „Halt!" rief er. „Das genügt. Nicht noch mehr. Bitte, nicht noch mehr."
> Die Frau hob erstaunt den Kopf, die gelbe Rose in der einen, die Gartenschere in der anderen Hand.
> „Ich will Ihnen etwas sagen, Mrs. Saunders", sprach er weiter. „Etwas so Merkwürdiges, daß Sie's vielleicht gar nicht glauben werden." Er legt die Hand auf den Zaun und sah sie eindringlich

durch seine dicken Brillengläser an. „Sie haben heute abend einen Korb voller Rosen geschnitten. Sie haben mit einer scharfen Schere die Stiele lebender Wesen durchtrennt, und jede Rose hat dabei entsetzlich geschrien. Haben Sie das gewußt, Mrs. Saunders?"

„Nein", antwortete sie. „Das habe ich wirklich nicht gewußt."

„So ist es aber", versicherte Klausner. Er atmete hastig, bemühte sich jedoch, seine Erregung zu unterdrücken. „Ich habe gehört, wie sie schrien. Jedesmal wenn Sie eine Rose abschnitten, hörte ich diesen Schmerzensschrei. Ziemlich hoch, ungefähr einhundertzweiunddreißigtausend Schwingungen in der Sekunde. Sie, Mrs. Saunders, konnten es natürlich nicht hören. Aber *ich* habe es gehört."

„Ist das wahr, Mr. Klausner?" Sie beschloß, bis fünf zu zählen und dann auf das Haus zuzurennen.

„Sie werden vielleicht einwenden", fuhr er fort, „daß ein Rosenstrauch kein Nervensystem hat, mit dem er etwas empfinden kann, und keine Kehle, die es ihm ermöglicht zu schreien. Das stimmt. Er hat beides nicht. Nicht so wie wir jedenfalls. Aber woher wissen Sie, Mrs. Saunders –" er lehnte sich weit über den Zaun und sprach in einem leidenschaftlichen Flüsterton – „*woher wissen Sie*, daß ein Rosenstrauch, von dem man eine Blüte abschneidet, nicht ebenso großen Schmerz empfindet wie Sie, wenn man Ihnen mit einer Gartenschere das Handgelenk durchschneidet. *Woher wissen Sie das?* Der Strauch *lebt* doch, nicht wahr?"

„Ja, Mr. Klausner. O ja ... Gute Nacht." Damit machte sie kehrt und lief wie gehetzt den Gartenweg entlang." (DAHL 1967:124f.)

Später versuchte Klausner den Arzt zu überzeugen, führte ihn zu einem Baum und trieb eine Axt in den Stamm. Der Arzt vernahm wohl kurz etwas über den Kopfhörer des Empfängers, vielleicht ein „Stöhnen" des Baumes. Dann mußte er ausweichen. Ein schwerer Ast stürzte nieder und zertrümmerte den Apparat. Als Klausner ihn nachdrücklich fragte, was er vernommen habe, wollte er das Stöhnen nicht wahrhaben, war sich des Gehörten auch nicht sicher. Klausner hatte die ethisch-praktischen Konsequenzen aus seiner Entdeckung, derenwegen der Arzt vermutlich so skeptisch reagierte, längst gezogen:

„„Halt!' befahl der kleine Mann, und sein weißes Gesicht rötete sich plötzlich. ,Halt, Sie müssen das hier erst nähen.' Er zeigte auf den klaffenden Riß, ... den die Axt in den Baumstamm geschlagen hatte. ,Nähen Sie das schnell'" (DAHL 1967:129f.)

Der Arzt glaubte zunächst an einen Scherz, zu weltfremd war die unmögliche Forderung. „Bepinseln Sie die Wunde mit Jod!" befahl der Lautforscher, und der Arzt tat es nach einigem Zögern, weil er Klausner, der die Hand fest um den Griff der drohend erhobenen Axt schloß, durchaus zutraute, daß er ihm zufügte, was dem Baum angetan wurde. Bis hierher die Kurzgeschichte "The Sound Machine" des Engländers ROALD DAHL. Von Klausner zu Fechner ist es nicht weit. Fechner argumentiert in seinem 1848 erschienenen Buch „Nanna" für die Annahme der Existenz einer Pflanzenseele. Äußere Anzeichen dafür, daß Pflanzen beseelt sind, nennt Fechner zur Genüge. Kein Zweifel, daß Pflanzen leben; es ist jederzeit beweisbar, daß sie auf Reize reagieren, also etwas „empfinden", schließt er. Ihr Empfinden äußere sich sichtbar. Auf diese Äußerungen kommt es an, denn zu fremden Seelen gelangt man laut Fechner nur mit (Analogie-) Schlüssen, die von äußeren Zeichen ausgehen.

Indem Fechner die Reaktion auf Reize stets mit dem Anthropinon „Empfindung" verbindet, gelangt er auf einfachem, schnellen Weg zu der Überzeugung, Pflanzen empfänden Lust wenigstens in einer dumpfen, rudimentären Form (vgl. 1848:92f.). Was die Schmerzempfänglichkeit beträfe, seien aber „die Verhältnisse ... überhaupt noch nicht aufgeklärt" (1848:94).

Dennoch äußert sich Fechner im Kontext so, daß er die Schmerzempfänglichkeit der Pflanzen als wahrscheinlich angesehen haben muß. Daß Pflanzen kein Nervensystem aus „Eiweißfasern" haben, gilt Fechner schon aus logischen Erwägungen ebensowenig wie dem Lautforscher als triftiger Einwand: Man braucht keine Saiteninstrumente, um Musik machen zu können (es geht z.B. auch mit Blasinstrumenten), keine Beine, um sich vorwärts bewegen zu können (es geht auch mit „Zusammenziehungen des Leibes"), und also auch keine Nerven, um Empfindungen haben zu können (1848:38ff.). Fechner bemüht sich in „Nanna", eine schöne, erbauliche Ansicht einer weiter als gewöhnlich angenommen beseelten Welt überzeugend begründet darzustellen. Der von ihm Überzeugte gewänne ein ganzes Seelenreich hinzu (vgl. 1848:21).

Dem Streben nach Schönem und Harmonischem, welches in allen hier behandelten Schriften als zentrales Merkmal vorliegt, liefen radikale praktische Konsequenzen, wie DAHLS Lautforscher sie zieht, entschieden zuwider. Daher wird ein möglicher Problemhorizont gar nicht aufgerissen, sondern, sofern das Problem unabweisbar ist, in aller Kürze geschlossen: Gerade sechs Seiten umfaßt das diesbezüglich relevante Kapitel VI „Pflanzentod und -leid".

Die moderaten ethisch-praktischen Konsequenzen sind die: „keine Blume aus bloßem Mutwillen abreißen", soll „einmal die Mutter zu ihrem Töchterchen sagen" (1848:31). Allgemeiner gesagt, sollte „. . . der Mensch . . . die Pflanzen etwas schonender behandeln, da wo kein *Zweck* gebietet, sie zu verletzen" (1848:96, Hervorh. B.O.). Den kritischen Zweckbegriff faßt Fechner zuvor indirekt derart weit, daß die Menschheit weitermachen darf, wie bisher.

„Krebse kochen; . . . Frösche zum Experimente schinden (Fechner tat das vielfach, B.O.); Maikäfer schütteln und zerstampfen . . . ", bei dergleichen sei Mitleid fehl am Platze (1848:95). Jeder tadele Handlungen an *Tieren* ohnehin nur, wenn er nichts „in dieser Beziehung zu tun . . . gewohnt sei" und „keinen Nutzen davon habe" (ebd.). Wenn die Menschen schon bei Tieren „nicht so sentimental" sind und zu sein brauchen (ebd.), darf man Sentimentalitäten angesichts alles Pflanzlichen, „das unter der Sichel, der Sense, der Axt fällt" (1848:91), beruhigt beiseite tun, meint Fechner. Und wenn es so sei, daß der Schnitt der Sense das Gras schmerze, so wisse es doch nichts vom Nahen des Schnitters. Das „Unbesorgtsein" der Pflanze gleiche aus, was sie wehrlos erdulden muß. Ein Ausgleich ist zu fordern, weil die ganze Natur gesetzmäßig die Lust und das Glück *jedes einzelnen* beseelten Wesens zum Ziel habe, also, wenn die Pflanzen bloß litten, ein Ungleichgewicht entstünde.

Was zu Zeiten Fechners noch kein Thema war, scheint heute vielen notwendiger denn je: die Parteinahme für das stimm- und rechtlose Leben; Lebewesen freundlich zu begegnen, die wir bislang verächtlich behandelten; die Selbstbewertung als „Krone der Schöpfung" zum Auftrag zu wenden, schützend das uns Anvertraute zu wahren.

Niemand braucht Gewissensbisse zu bekommen, wenn er Gras mäht oder Korn erntet. Die systematische Vernichtung tausender Arten aber ist qualitativ etwas völlig anderes. 1848 war dies noch nicht in Sicht, zu Beginn unseres Jahrhunderts schon (z.B. T. LESSING wandte sich gegen den bedenkenlosen Umgang mit artfremdem Leben); heute kann niemand sagen, er habe nichts gewußt und die Verwüstungen nicht mit eigenen Augen gesehen. Noch scheut man zurück, Vergehen gegen artfremdes Leben auf eine Stufe mit der Verfolgung ethnischer Minderheiten zu stellen, denn alle bisherigen Ethiken stellen ausschließlich den Menschen in den Mittelpunkt: nur gegenüber Mitmenschen und gegenüber sich selbst gelten Pflichten.

Die aktuelle Diskussion in Sachen Umwelt und Ökologie mag man bewerten, wie man will. Jede Zeit hat ihre Ängste, Hysterien, Utopien, Themen, Moden. Ökologische Ziele im Sinne einer Parteinahme für artfremdes Leben können jedoch als zeit-und kulturunabhängig gute gedacht werden, nicht dagegen Zielsetzungen aus vermeintlichen ökonomisch-technischen Sachzwängen heraus.

Bei aller Vorsicht, Fechner in der Interpretation seiner Schriften nicht fälschlicherweise „ökologisch" zu vereinnahmen, kann man in seinem Werk zahlreiche Parallelen zur aktuellen Argumentation z.b. einiger Protagonisten der „Grünen Partei" entdecken. Wenn Fechner auch kaum praktische Konsequenzen zieht und fordert, so liegt den das Positive, Harmonische als Forderung und Wirklichkeit herausstellenden Texten doch eine grundsätzliche *Kulturkritik* zugrunde, die heute ähnlich in ökologisch bewegten Kreisen anzutreffen ist. Ohne diese Kulturkritik entfiele ein wesentliches Motiv für seine hier behandelten Schriften. Daß Fechner keine weitergehenden praktischen Konsequenzen zieht und fordert (z.b. was den Umgang mit Haustieren betrifft), kann u. a. durch übertriebene Vorsicht bei der Argumentation aus Angst vor Ablehnung und durch „kopflastige" Orientierung in Leben und Werk erklärt werden.

Wie beweist Fechner nun – ohne Apparat – die Beseelung der Pflanzen? Klausners Erfindung lieferte lediglich *Zeichen*, von denen aus auf eine Pflanzenseele geschlossen werden kann – oder nicht. Aber auch ohne Hilfsmittel bieten sich der Beobachtung zahlreiche Zeichen dar. Fechner weiß, daß es letztlich Akte der sinngebenden Prädikation und des assoziativen Schließens sind, etwas als beseelt anzusehen. Seele wird einem Gegenstand zugesprochen (vgl. 1848:101f.) oder abgesprochen (vgl. 1848:90). Die Sinngebung sei allerdings keine Sache der Willkür.

> „Meint man, die Natur hat uns im aufbrechenden Auge und im ausbrechenden Schmetterling wirkliche Empfindung, in der auf- und ausbrechenden Blume bloß äußere Zeichen der Empfindung gegeben; wir seien es, die erst Empfindung dichtend dahineinlegten?" (1848:63)

Eine rhetorische Frage, nimmt man die folgende Passage hinzu, in welcher Fechner die Meinung äußert, unsere dichterische Phantasie erschöpfe nicht, was die „reicher und tiefer mit dichtender Kraft begabte" Natur tatsächlich geschaffen hat. So ist die Natur unserem Vermögen zur Sinngebung immer schon voraus. Demzufolge sind *Dichtung und Wahrheit, Phantasie und Wirklichkeit gleichgesetzt*; der Dichter ist Naturforscher, der Naturforscher (Nach-) Dichter, die Natur ein sich selbst dichtendes Werk, Buch im Sinne des Augustinischen Gleichnisses. Diese Gleichsetzung, typisch für das romantisch bewegte Denken, erfährt im obenstehenden Zitat nur eine Einschränkung: Der Dichter bzw. Naturforscher muß sich an die naturgegebenen Zeichen halten und sie deuten, d.h. dichtend nachvollziehen, was die Natur vorgedichtet hat.

Im zweiten Teil des „Zend-Avesta" (1851) räumt Fechner der Phantasie eine herausragende Stellung ein. Das Sich-an-Zeichen-halten wird nicht als einengende Selbstbeschränkung begriffen. Die Zeichen der Beseelung drängen sich dem Beobachter auf. Wer vorurteilslos offen die Schöpfung betrachte, dem offenbare sich ein blühender, lichter, freundlicher Paradiesgarten.

Natur und Gott sind gemäß dem pantheistischen Ausgangspunkt eins (vgl. 1848:1). Gott als Schöpfer dichtet Ideen (vgl. 1848:283f.), die allesamt mit der Dichtung schon materiale Wirklichkeit sind (parallelistisches Theorem). Der dichtende Mensch spürt den *Ideen* in der Natur nach. Lebewesen sind materialisierte Ideen Gottes. Allen Lebewesen ist die *Idee individuell-beseelten Lebens* gemeinsam. Dieser „Platonismus" Fechners wird im „Zend-Avesta" noch mehrfach deutlich.

Nun geht es Fechner aber nicht allein darum, ein Buch zu dichten, welches sich mit dem „Buch der Natur" weitestmöglich deckt bzw. es spiegelt, sondern um die „ernsthafte Begründung" einer solchen Dichtung (vgl. 1848:IX). Und es ist nur eines, die Begründung durch Explikation des in mystischer Schau Offenbaren zu liefern – das beginnt Fechner im angehängten achtzehnten Kapitel – , ein anderes aber, alle Zeichen, auch besonders die den Fachleuten bekannten, zur Begründung einer pantheistisch-panpsychistischen Weltanschauung heranzuziehen. Letzteres zu tun bemüht der Psychologe sich im größten Teil von „Nanna". Auf der Höhe der damaligen biologischen und botanischen Forschung, wenn er (taktisch motiviert?) auch einräumt, „nicht selbst Mann vom Fache" zu sein (1848:262), trägt er alles zusammen, worin Pflanzen und Tiere sich ähnlich sind.

Sämtliche heute bekannten „Tropismen" werden wenigstens mittelbar erwähnt (Photo-, Thermo-, Hapto-, Chemo-, Geotropismen), die von den Reizbewegungen unterschiedenen Wachstumsbewegungen aufgezeigt, Lebensrhythmen der Pflanzen dargestellt. Belege allesamt, daß Pflanzen vielfältig unterschiedlich und z. T. hochsensibel auf Reize reagieren, „empfinden", schließt der Psychologe, mithin beseelt sein müssen. Was die Strukturen bzw. die innere Organisation von Tieren und Pflanzen betrifft, liefert die Entdeckung der Zelle und die Zelltheorie von SCHWANN und SCHLEIDEN das verbindende Element.

Es ist müßig, die zahlreichen Belege aus den Biowissenschaften der ersten Hälfte des vorigen Jahrhunderts zu referieren und zu diskutieren, zumal Fechner im Vorwort zugesteht, „reicheres Material" als nötig gegeben zu haben (1848:XI), und die Belege für das Thema dieser Arbeit irrelevant sind. Auch die Kontroverse mit SCHLEIDEN, der als *die* Autorität seines Faches in „Nanna" häufig zitiert wird, braucht uns nicht zu interessieren. Die Reaktion SCHLEIDENS auf „Nanna" in seinen „Studien" und die Erwiderung Fechners in „Professor Schleiden und der Mond" (1856) (vgl. dazu KUNTZE 1892:226f. u. 231) sowie zeitgenössische Stimmen zu der Kontroverse, deren groteske Züge Fechner wohl begriff, klammere ich also aus.

Nachgewiesene Ähnlichkeiten zwischen Tieren und Pflanzen dienen einerseits dem direkten Schluß auf die Pflanzenseele, andererseits und hauptsächlich jedoch der indirekten Beweisführung, indem sie zur Kritik und Zerstörung des wissenschaftlichen Begriffssystems verwendet werden, das seit der LINNEschen Typologie die Forschung prägte. Die starren Kategorien des biologischen Klassifikationssystems, aber auch philosophische Begriffssysteme, täuschen „Scheidegrenzen" vor (vgl. 1848:18-22, 256-259), die in der ungeteilten Natur nirgends bestehen; mehr noch: Die Begriffe werden in Händen einer allenfalls die Existenz der Menschenseele anerkennenden Wissenschaft zu *Spaltungsinstrumenten*, um ganze Gebiete aus dem Horizont des Beseelten auszugrenzen. Philosophische und biologische Kategorien würden im Sinne eines (Treppen-) Stufenmodells interpretiert (vgl. z.B. 1848:345).

			Mensch
		Tier	Vernunft
	Pflanze	Seele	Seele
Kristall *	Lebenskraft	Lebenskraft	Lebenskraft
(Materie)	(Materie)	(Materie)	(Materie)

* bzw. (Ge) Stein

„Das Schema ist klar und nett und nimmt sich sehr gut aus, obwohl ich ... nicht sage, daß es das aller Philosophen ist ... (nur:) die Natur befolgt keins von allen (denkbaren Stufenmodellen) ... " (1848:21, Erg. B.O.)

Die Natur „schneidet nichts absolut ab" (1848:320). Die Stufen, Klassen, Begriffe der Biowissenschaftler und Philosophen seien

„bis zu gewissen Grenzen immer willkürlich ... Die wenigste Willkür wird dann stattfinden, wenn der Naturforscher von den

Begriffen Tier und Pflanze ausgeht, wie sie sich im lebendigen
Sprachgebrauche gebildet haben, und nur dessen Unbestimmtheit
zu fixieren sucht ... " (1848:257).

Fechner vermeidet es häufig, Gegenpositionen beim Namen der Protagonisten zu nennen, vermutlich aus Scheu vor Konfrontationen und aus
taktischen Erwägungen, vielleicht auch aus einer Problemorientierung
heraus, in der Argumentationen ad personam nicht angebracht erscheinen. Es geht allerdings auf Kosten der wünschenswerten Transparenz,
wenn Fechner dahinter doch an bestimmte Theorien bestimmter Personen denkt, was freilich kaum nachweisbar ist. Bezüglich der pauschalen
Argumentation gegen Stufenmodelle ist Fechner solches aber nicht vor-
zuwerfen, denn sofern Stufenbildung nicht als eine Eigenschaft menschlichen Denkens überhaupt gesehen wird, sind zahlreiche historisch folgenreiche Beispiele bekannt.

Es ist ein zentrales Prinzip und Motiv Fechners, gegen „künstliche" Spaltungen, die mittels starr definierter Begriffe erzeugt werden,
zu argumentieren und Gespaltenes in Richtung auf eine Weltsicht im
Zeichen *ungeteilter Ganzheit* und *universalen Zusammhangs* wieder zu
vereinen. Dabei geht er allerdings nicht so weit, alles begriffliche Denken zu kritisieren, weil es zerstörerisch spalte. Unterscheidung: ja, weil
ohne Unterscheidungen nichts erkannt werden kann – das ergibt sich hier
z.B. aus dem (prä-) „phänomenologischen" Beispiel: „Die Welt erscheint
... (dem) Auge anfangs nur wie eine marmorierte Farbtafel ... " usw.
(S. 316f.) –, aber Scheidung (Trennung, Spaltung): nein! heißt es später
im „Zend-Avesta".

Nachdem die Spaltung als unhaltbar erwiesen wurde, geht Fechner
deshalb daran, Tiere und Pflanzen positiv zu unterscheiden, denn was
beseelt ist, braucht noch nicht gleich und in gleichem Maße beseelt zu
sein. Schließlich sind zahlreiche Unterschiede offensichtlich, die jedoch,
so Fechner, nur eine Andersartigkeit von Pflanzen und Tieren betreffen,
nicht aber eine qualitative Scheidung in Unbeseeltes und Beseeltes. In
der Darstellung der differentiae specificae der Pflanzenseele (Kap. XIV)
entwickelt er seinerseits ein Stufenmodell. Dreht sich damit seine Argumentation nicht im Kreis, widerlegt er sich nicht selbst? Nein, denn
es geht um *einen* entscheidenden Akt der Sinngebung. Ist dieser getan,
„... ändert (sich) die ganze Naturanschauung ... Der ganze Horizont
der Naturbetrachtung erweitert sich ... " (1848:IX). Gäbe es die Pflanzenseele nicht, es bliebe „eine große unausgefüllte Lücke in der Natur"
(1848:10, vgl. auch 79); die Annahme einer durchgehenden Beseelung
des Weltalls wäre widerlegt.

„Wie spärlich würde überhaupt nach Wegfall der Pflanzen aus
dem Reich der Seelen die Empfindung in der Natur verstreut sein,
wie vereinzelt dann nur als Reh durch die Wälder streifen, als
Käfer um die Blumen fliegen; und sollten wir der Natur wirklich
zutrauen, daß sie eine solche Wüstenei ist, sie, durch die Gottes
lebendiger Odem weht?" (1848:58f.)

Durch den Sinngebungsakt steht der Weg zum Pantheismus offen.
HUSSERLS „Phänomenologische Methode" beruht der Form nach
auf einem ähnlichen scheinbaren Zirkel: Es geht in den Reduktionen,
Einklammerungen, (Urteils-) Enthaltungen u.a. darum, in eine besondere, der „normalen" Weltsicht gegenüber verfremdete Wahrnehmung
hineinzukommen, so daß der Sinn des Wahrgenommenen sich ändert.
Nachdem mit allem Bisherigen „radikal" gebrochen wurde, gewinnt man
auf der transzendentalen Ebene dieselbe Welt zurück – nur versehen
mit einem besonderen Akzent. Beim „Wegkürzen" des Akzents erhält
man dieselbe, naiv-objektivistisch gefaßte Welt. Und doch hat sich nach
Vollzug der Reduktionen etwas nachhaltig geändert ... . Fechner geht
es ebenso um eine Änderung des Sinns des Wahrgenommenen, um einen anderen Akzent. Dieser Akzent wird jedoch nicht durch Reduktion,
Abstraktion, Subtraktion gewonnen, sondern durch eine *Addition*. Alles
erhält etwas zugesprochen – ein „Vertrauensvorschuß", ein positives Vor-
urteil – : alles ist besselt oder wenigstens Teil eines beseelten Wesens.
Ein Echo bestätigt die Sinngebung: Die als beseelt aufgefaßte Natur
zeigt sich derart freundlich, licht und schön, daß die Sinngebung, ohne
gesellschaftlicher Zustimmung zu bedürfen, sich selbst erhält, vielleicht
sogar an sich selber wächst. Der Additionsakt soll keine besonderen
Reflexionsphasen einleiten, wie die Reduktionen, sondern wird *einmal*
vollzogen und wirkt fort.

HUSSERLS Reduktionen enthalten *auch* eine Addition und
können *auch* als Additionsakte interpretiert werden. Es bleibt
aber wenigstens *eine* vorgängige Subtraktion, die in der beseelen-
den Sinngebung nicht enthalten ist.

Fechner umschreibt, was sich im Additionsakt ereignet, nämlich die
Veränderung der Welt, mit Bildern aus dem Horizont mystischer Er-
lebnisse: „Lebendige Bäume des Waldes (leuchten) selber wie lebendige
Seelenfackeln gegen den Himmel" (1848:59).

Grün lodern die Zypressen VAN GOGHS. Dem Maler mag
sich die Natur auf ähnliche Weise offenbart haben.

„Licht wird Pflanze" (1848:73), Pflanze wird Licht und „gipfelt im Lichtleben" (1848:72). Die Lichtmetaphorik, so alt wie jede Überlieferung, durchzieht die hier erläuterten Schriften Fechners bis hin zum Alterswerk, dort mit besonderer Betonung des Tages (Tageslicht, Tagesansicht). In Dutzenden von Textstellen werden Licht, Helle und Augenlicht thematisiert, häufig unter Einfluß der Krankheitserfahrung. Wir

> „... können ... die Seelen ... mit Flammen vergleichen, weil ohne sie die Welt ganz dunkel wäre" (1848:42). „Die Sonne selber kann die Welt nicht hell machen, ohne Seelen, die ihr Leuchten spüren" (1848:59).
>
> „... eines Morgens stand er ... auf, trat vor die Sonne hin und sprach zu ihr also:" Du großes Gestirn! Was wäre dein Glück, wenn du nicht *Die* hättest, welchen du leuchtest!"

heißt es in NIETZSCHES „Zarathustra" (NIETZSCHE, KSA 4:11). Die obenstehenden Äußerungen NIETZSCHES und Fechners erwachsen aus der *anthropologisch gewendeten Theologie* bzw. aus der Hinwendung zum erkennenden Subjekt in der Philosophie, verraten dieselbe Anthropozentrik, welche in unserer Zeit zu extremer Ausprägung gelangt, und verlagern jenseits des PLOTINischen Satzes vom sonnengleichen Auge (wiederaufgenommen von GOETHE) den Mittelpunkt des Alls in das erkennende Ich. Fechner nimmt den anthropozentrischen Standpunkt aber nur kurzzeitig ein, wechselt von einem Standpunkt zum anderen; er weiß von der Vertauschbarkeit der Perspektiven und bringt sie ins kosmologische Bild (vgl. 1848:213f.).

Alle Seelen können gleichermaßen mit Flammen verglichen werden, doch besitzen sie Strukturen, die Gegenstand einer *Naturwissenschaft von der Seele* (Psychologie) werden können. Ihren Fähigkeiten (Vermögen) und dem sich äußernden Wesen nach läßt sich die Seele genauer und vielschichtiger beschreiben.

Es liegen zwei Gruppen von Seelenbegriffen vor:

1. Die Seele als einfache, unzerstörbare Ganzheit:

- als Punkt, Atom, Monade, und auch bildhaft: Flamme, Licht, Funke, homogenes Fluidum, Ätherfluidum, „unwägbares A-gens";
- als Postulat;
- als Residualgröße.

2. Die Seele als „Welt im Kopf"; die innere, nicht materiale Wirklichkeit, die Summe der Gefühle, Wünsche, Motive, Gedanken, Vorstellungen usw.; die Gesamtheit der inneren, geistigen Vollzüge.

Die zuletzt getroffene Bestimmung kann als Definition eines *empirischen Seelenbegriffs* bezeichnet werden. Sie ist Grundlage aller positiv
wissenschaftlichen Psychologie. Freilich ist die obenstehende Arbeitsdefinition problematisch. Zählt z.b. die Logik dazu? Faßt man „Logik"
im Sinne wirklich im Kopf sich vollziehender Akte bzw. Operationen,
gehört sie dazu; sieht man „Logik" als mathematische, normative Kunst-
lehre oder transzendentale Disziplin, fällt sie, weil unabhängig vom individuellen Denken, aus der empirischen Psychologie heraus. Das ist,
vereinfacht, das Psychologismusproblem, das HUSSERL sich stellt.

Die kurze Skizze der beiden Gruppen von Seelenbegriffen läßt einen
Hauptunterschied erkennen: Aus positivistischer Sicht – oder, will man
den Bezug auf A. COMTE vermeiden, aus der Sicht empirischer, exakter Forschung (ich komme um historisch-ideologisch belastete Termini
dennoch nicht herum) – ist die erste Gruppe von Definitionen untauglich für jede weiterführende, sachorientierte Wissenschaft: Monaden,
„unwägbare Agentien" (1848:45), Seelenflammen u.ä. sind Hilfshypo-
thesen bzw. Bilder innerhalb metaphysischer Konstrukte und als solche
häufig in religiöse Weltbilder integriert. Unter der oben (unter 2.) gegebenen Arbeitsdefinition haben dagegen verschiedenste Richtungen psychologischer Forschung Platz, von behavioristisch-experimentellen Ansätzen bis hin zu qualitativen und interpretativen Methoden.

HUSSERLS „Phänomenologie" kann – ungeachtet der zahlreichen Abgrenzungsversuche – unter der Arbeitsdefinition als psychologische Wissenschaft, vielleicht als die „psychologischste" aller
Wissenschaften gelten, sofern sie das Innere bereinigt von Vorur-
teilen und individuellen Besonderheiten zu fassen sucht. HUS-
SERLS Schritt von der psychologischen Logik zur transzendentalen Disziplin und der Schritt vom empirischen zum transzendentalen Ich entsprechen einander. Mit der transzendentalen Wendung
soll Empirie, die Orientierung an den erfahrenen „Sachen", nicht
hinfällig werden, ganz im Gegenteil: „reine" Empirie werde erst
möglich; mit der „Phänomenologie" werde die positivste aller positiven Forschungen methodisch und programmatisch begründet.
Daß die Wissenschaft des Phänomenologen ihrem Stil und Inhalt
nach einer empirischen Psychologie, wie sie Fechner en passant betreibt, verwandt ist, kann bei der Erörterung des „Zend-Avesta"
gezeigt werden, doch schon in „Nanna" gibt es „präphänomeno-
logische" Passagen bzw. empirische Psychologie.

Bei Fechner liegen Seelenbegriffe beider Gruppen vor, ein religiöser Seelenbegriff, z.b. im Bild der „Seelenflamme", und ein empirischer, operationalisierbarer Seelenbegriff, offen und versteckt, wo die Seele analysiert wird.

Welche besonderen Merkmale der Pflanzenseele unterscheidet Fechner? Die wichtigsten sind folgende:

1) Pflanzen haben einen „weiblichen Charakter den Tieren gegenüber" (1848:205) und können auch mit Kindern verglichen werden (vgl. 1848:336 u. 347f.), heißt es im Blick auf anthropomorphistische Metaphern in der Dichtung, wenn auch nicht mit letztem Ernst. Fechner greift ein Modethema der Romantik, die Charakterologie auf. Der Charakterausdruck ist beim Menschen, bei den Tieren und bei den Pflanzen „nichts Anderes als der äußere Ausdruck (eines) ... inneren Seelenwesens" (1848:82), denn alle sind gleichermaßen beseelte Geschöpfe Gottes (vgl. 1848:83). Jede Pflanzenart hat ihren eigenen Charakter. Gewöhnlich versucht man, Pflanzencharaktere mittels Vergleichen zu umschreiben: Rose und „blühendes Mädchen", Lilie und „reines, engelgleiches Mädchen", „eitle Dame und ... Tulpe", „starker Mann und Eiche". Solche Vergleiche gelten Fechner als fruchtbar, wenn auch „Blumen, Bäume ... eben keine Menschen" sind (1848:82).

Zahlreiche *Anthropomorphismen* finden sich in den hier behandelten Schriften. Man kann Fechners Eintreten für die Annahme einer *Allbeseelung als Versuch der Vermenschlichung des Kosmos* begreifen. Die Tatsache, daß man zahlreiche Anthropomorphisierungen bzw. „Projektionen" (HERMANN 1925:392) aufdecken kann, ist kein Argument, welches das pantheistische Anliegen hinfällig macht. Denn zu Ende gedacht ist die Anthropomorphisierung notwendiges Mittel der Erkenntnis. Der Mensch selbst ist ein Anthropomorphismus.

Man könnte Fechner allenfalls gelegentlich besonders „naive" Anthropomorphismen vorwerfen, aber was heißt „naiv"? Sagen wir statt „Anthropomorphisierung" lieber allgemeiner: Sinngebung. Interkulturelle Vergleiche zeigen, daß fast alle Gegenstände in verschiedenster Weise sinnhaft gedeutet (bzw. erzeugt) werden können. Jedes Beliebige kann zur „Hierophanie" (zur Objektivation des Heiligen) werden, schreibt M. ELIADE (vgl. ELIADE 1986:36). Ebenso kann jedes Beliebige zum Anthropomorphismus werden. Die Gegenstandsbildungen erfolgen in beiden Fällen durch Sinngebungen, die strukturell identisch und inhaltlich häufig ähnlich sind. Heiligung und Vermenschlichung von Gegenständen zielen gleichermaßen darauf, die Welt vertraut zu machen, sie mit Dingen anzufüllen, an die man sich halten kann, die Umgebung sich anzuverwandeln, so daß man in ihr heimisch wird. Bei Fechner gehen Heiligung und Vermenschlichung häufig Hand in Hand. Die Heiligung ist in seinen Schriften überwiegend eine besondere, bereicherte Variante der Vermenschlichung. Beide Sinngebungsakte ergänzen einander zwecks Errichtung einer Religion bzw. eines religiösen Weltbildes.

Kritiker mögen bedenken, daß Fechner den Prozeß der Anthropomorphisierung und seine Gefahren kennt, wie aus dem obenstehenden Zitat zu entnehmen ist. Und wer meint, Anthropomorphisierungen gehörten vergangenen Zeitaltern der Mythen an und hätten in der aufgeklärten Welt der Wissenschaften keinen Platz, dessen Augenmerk möchte ich auf das richten, was in den Köpfen vor den Monitoren moderner Rechenmaschinen stattfindet – ungeachtet etwaiger Beteuerungen, man wüßte ja, daß es eine Maschine sei, wie sie aufgebaut sei und funktioniere.

2) Die Pflanzenseele kennt keine „vor- und rückgreifende Reflexion" wie die Menschen- und die Tierseele, ist aber dennoch in der Zeit gespannt (1848:312). Das soll man sich so vorstellen:

> „Gesetzt, jemand schaukelt sich, so denkt er mit Bewußtsein weder an die vergangene noch an die kommende Bewegung, doch fühlt er die Bewegung des Schaukelns in einem unbewußten Bezuge vor und nach." (1848:311)

So lebt die Pflanze im „Anfangszustande des reinen Aufgehens im Flusse sinnlicher Empfindungen" dahin (1848:313, vgl. auch 79).

3) Insofern ist die Pflanze das „sinnlichste" aller Lebewesen, sinnlicher noch als das Tier.

Noch einige Worte zu Punkt 2): Es ist keine Fehlassoziation, an Ausführungen HUSSERLS „Zur Phänomenologie des inneren Zeitbewußtseins" zu denken. Die Begriffe „Retention" und „Protention" sind hier implizit tatsächlich enthalten, der Begriff des Erlebnisflusses fällt mehrfach, das Dahinleben im Erlebnisfluß wird vom Leben in „Reflexionen" geschieden.

> „Doch sehen wir, daß der Mensch sich jenem Zustande des reinen Aufgehens im Flusse sinnlicher Empfindungen und Triebe zeitweise sehr wieder nähern, auf kurze Zeit wohl ganz wieder darein zurücksinken kann ... " (1848:313f.)

An die mehrere Seiten lange, mit Recht als „präphänomenologisch" zu bezeichnende Passage schließt die bereits erwähnte Wahrnehmungsanalyse der „marmorierten Farbtafel" an, ebenfalls ein typisch phänomenologisches Beispiel, würde man sagen, datierten die ersten diesbezüglichen Äußerungen HUSSERLS nicht mehr als vierzig Jahre nach dem

Erscheinen von „Nanna". Fechner betreibt nach damaligem Begriff „empirische Psychologie", nicht „Phänomenologie".

Die stilistischen, begrifflichen und inhaltlichen Parallelen zur Phänomenologie EDMUND HUSSERLS sind in dieser charakteristischen Verbindung eine bemerkenswerte Tatsache; zu erklären dadurch, daß ein Komplex von Gedanken und Vorstellungen naheliegt, offenliegt, sobald sich die Aufmerksamkeit nach innen auf das eigene Erleben richtet. Die Besonderheit von HUSSERLS „Phänomenologie" bestünde dann in der verabsolutierenden Erhebung dieser Blickrichtung zur Methode einer Wissenschaft; eine Spezialisierung also. Fechner dagegen bedient sich empirischer Psychologie bloß zeitweilig als Mittel zu Zwecken, die anderswo liegen. Es bedarf keiner methodischen Reduktion, um Erkenntnisse zu gewinnen, die HUSSERL nur mittels Reduktionen für möglich und richtig hält. Wenn die Reduktionen sich als überflüssig erweisen, muß es „sachfremde" Gründe haben, daß HUSSERL sie derart hoch wertet, daß sie – womöglich im mehrstufigen Verlauf – genau vollzogen werden sollen. Diese „sachfremden" Gründe dürften in ihrer Funktion als scharfes Scheidungskriterium gegenüber anderen methodischen Ansätzen liegen, so daß das Bekennen und Vollziehen der Reduktion zu einem „Initiationsritus" wird.

4) Die Pflanzenseele geht nicht unterschiedslos in der Allbeseelung auf, sondern ist „individuell selbständig" (1848:318). Die Pflanze ist „ein für sich empfindendes Wesen" (1848:321).

5) Pflanzen können auf der Ebene eines „einfachen, sinnlichen Seelen-Wechselspiels" miteinander kommunizieren.

6) Die Gestalt der Pflanzen ist eine offene: „die ganze Oberfläche liegt der Empfindung frei offen", sie verhält sich „... in betreff der Aufnahme von außen wie ein umgewendetes Tier". Dieses nämlich ist geschlossen „wie ein Sack", nur mit den Sinnespforten nach außen gewandt (1848:332, vgl. auch 17f. u. 360f.).

Fechner hat damit die Unterscheidung einer „offenen" und einer „geschlossenen Lebensform", die durch H. DRIESCH und H. PLESSNER bekannt geworden ist, vorweggenommen.

Darüber hinaus kommt Fechner dem Umweltbegriff J. v. UEXKÜLLS nahe, er gebraucht den Begriff der Nahrungskette, spricht von Kreisläufen in der Natur, denkt das Aufeinanderangewiesensein der Lebewesen in großen Zusammenhängen, stets den Blick auf ein Ganzes gerichtet und nach Inhalten, Begriffen und Stil oft derart, wie es heute Mode ist. Die fachkundige Würdigung diesbezüglicher Leistungen Fechners kann und

soll hier nicht unternommen werden; solches möge einer biologiehistori-
schen Arbeit vorbehalten bleiben.

7) Die Pflanze empfindet ein Bedürfnis nach Licht und Luft (vgl.
1848:111), empfindet außerdem (dumpf) Freude (vgl. 1848:334) und
Lust (vgl. 1848:92).

> „Der Glanz und die Pracht, welche die beperlte Wiese äußerlich
> für uns hat, ist, denke ich, bloß ein äußerlicher Abglanz der See-
> lenfreude, welche sie innerlich hat" (1848:67).

Wo Freude empfunden wird, muß auch Leid empfunden werden können, falls NIETZSCHES Vermutung zutrifft, daß Freude bzw. Lust und
Leid wie mit einem Band verknüpft sind; doch Fechner tut sich, wie zu
sehen war, schwer mit diesem Problem.

Mehr als zwei Jahrtausende vor unserer Zeit erläuterte DSCHUANG
DSI (DSE) dem unbequemen Frager HUI DSI, woher er „Die Freude der
Fische" kennt:

> „Dschuang Dsi ging einst mit Hui Dsi spazieren am Ufer eines
> Flusses.
> Dschuang Dsi sprach: ‚Wie lustig die Forellen aus dem Wasser
> herausspringen! Das ist die Freude der Fische.'
> Hui Dsi sprach: ‚Ihr seid kein Fisch, wie wollt Ihr denn die
> Freude der Fische kennen?'
> Dschuang Dsi sprach: ‚Ihr seid nicht ich, wie könnt Ihr da
> wissen, daß ich die Freude der Fische nicht kenne?'
> Hui Dsi sprach: ‚Ich bin nicht Ihr, so kann ich Euch allerdings
> nicht erkennen. Nun seid Ihr aber sicher kein Fisch, und so ist es
> klar, daß Ihr nicht die Freude der Fische kennt.'
> Dschuang Dsi sprach: ‚Bitte laßt uns zum Ausgangspunkt
> zurückkehren! Ihr habt gesagt: Wie könnt Ihr denn die Freude
> der Fische erkennen? Dabei wußtet Ihr ganz gut, daß ich sie
> kenne, und fragtet mich dennoch. Ich erkenne die Freude der Fi-
> sche aus meiner Freude beim Wandern am Fluß.'" (DSCHUANG
> DSI 1969:192)

Auch Fechner könnte und würde nicht anders antworten als DSCHU-
ANG DSI, wenn man ihn fragte, woher er die Seelenfreude der beperlten
Wiese kennt.

Dieser Blick über die Grenzen unserer Zeit und Kultur hinaus bildete
einen schönen Abschluß der Darstellung und Interpretation von Fechners
„Nanna", wenn sich nur alle, wie HUI DSI, mit einer derartigen Argumentation zufrieden gäben.

Mit dem Ausklingen der Romantik und dem Fortschreiten der positiven, empirischen Wissenschaften sinkt die Bereitschaft, eine Sinngebung, wie Fechner sie vorstellt, zu leisten, nachzuvollziehen und überhaupt zu diskutieren. Fechners Anliegen befindet sich bereits zur Zeit der Veröffentlichung am Rande des als wissenschaftlich Geltenden, rückt im Laufe der Zeit immer weiter in die Peripherie und gilt schließlich nur noch als Kuriosität, als Spekulation eines Phantasten (so sehen es die Psychologiehistoriker fast ausnahmslos). Heute, mit zunehmendem inneren Widerstand gegen eine sich selbst immunisierende Naturwissenschaft, wächst wieder ein Interesse an „Exoten" wie Fechner.

Nun zu der Wissenschaft, die von Sinngebungen nichts wissen will. Fechner wendet sich von den Schriften des „Dr. Mises" bis hin zu seiner „Tagesansicht" (1879) gegen den *Behaviorismus*. Zwar ist der Behaviorismus der Namensgebung nach eine Errungenschaft unseres Jahrhunderts, doch gab es prinzipiell die für diese Richtung typischen Denkmuster als *Materialismus in der Psychologie* lange vor den maßgebenden Werken eines J. B. WATSON. Fechner bezeichnet es generell als „*den* Standpunkt des Naturforschers", „bloß den Ausdruck des Leiblichen zu verfolgen" und Leibliches stets wieder auf Leibliches zurückführen. Anderes als äußere Zeichen ist dem Beobachter auch nicht gegeben. Nur müsse man die (angezeigte) Seele „nicht leugnen wollen". Es sei zwar möglich, eine lückenlose Kette materialer Folgewirkungen bis zum Gehirn zu zeichnen, doch habe der Mensch „... noch eine andere Seite ... (und) warum nicht ebenso die Pflanze?" (1848:108f.) Es sei ein „Grundfehler unsrer ganzen jetzigen Naturbetrachtung", z.B. den Willensakt, der eine Armbewegung begleiten kann, und überhaupt „psychische Gründe" auszuklammern (ebd.). Zuvor kritisierte Fechner diesen „Grundfehler" als „Aberglauben in umgekehrter Richtung": nicht wahrhaben zu wollen, was sich leibhaftig zeige (die Seele) (1848:19).

Der oben referierten Wissenschaftskritik folgt eine der ersten Andeutungen, wenn nicht die erste Andeutung des Gedankens des Psychophysischen Parallelismus nach 1823: man glaube fälschlicherweise, „... das Geistige könne nur immer vor oder hinter dem Leiblichen, aber nicht unmittelbar in seinen Schuhen (parallel, B.O.) einhertreten ... " (1848:109). Fechners Parallelismusthese erwächst hier also aus einer Wissenschaftskritik und ist des weiteren eingebunden in eine pantheistische Weltanschauung, für deren methodische, erkenntnistheoretische Rechtfertigung sie notwendig ist. Die Parallelismusthese ermöglicht, Wissenschaft und Religion zu versöhnen, ein Hauptanliegen Fechners seit „Nanna". Ausgestaltet wird diese These im folgenden großen Werk

„Zend-Avesta" (1851), vollständig mathematisch operationalisiert erst gegen 1860. Vieles im Hauptwerk „Zend-Avesta" eingehend Erörterte wird in „Nanna" bereits angeschnitten, es scheint zum Teil auch zurückgehalten für das größere Projekt oder ein anderes, an welches Fechner um 1848 schon gedacht haben mochte. Jedenfalls stehen sich beide Werke nahe, und „Nanna" ist der erste Schritt zur pantheistischen Religion.

Das Buch endet mit einer kleinen „Plauderei vor der Tür". Fechner schildert sein *Gartenerlebnis*, ohne das „dies Buch schwerlich geschrieben worden wäre" (1848:393). Das Gartenerlebnis wird in der Sekundärliteratur häufig zitiert. Hier ein Eindruck, worin es besteht: Fechner verläßt „nach mehrjähriger Augenkrankheit" morgens das „dunkle Zimmer" und tritt hinaus „in den blühenden Garten".

> „Das schien mir ein Anblick, schön über das Menschliche hinaus, jede Blume leuchtete mir entgegen in eigentümlicher Klarheit, als wenn sie ins äußre Licht etwas von eigenem Lichte wärfe. Der ganze Garten schien mir selbst wie verklärt, als wenn nicht ich, sondern die Natur neu entstanden wäre (...) Damals zweifelte ich nicht, daß ich das eigene Seelenleuchten der Blumen sähe ... "
> (1848:391f.).

Eingangs des vierten und ausgangs des fünften Kapitels findet man ein „Wasserlilienerlebnis". Es ist bei weitem nicht so dicht und folgenreich wie das Gartenerlebnis und steckt voller Rationalisierungen. Der Blick ist dort der eines naturliebenden Forschers und ermangelt des „interesselosen Wohlgefallens", ohne welches es laut KANT keine ästhetische Erfahrung geben kann. Das authentische Gartenerlebnis dagegen ergriff Fechner derart, daß es seine Weltanschauung veränderte und ihn bewegte, sechs Bücher mit zusammen mehr als 2500 Seiten Umfang zu verfassen.

Wie ist dies Erlebnis einzuordnen und wie kam es zustande?

Zunächst ist daran zu erinnern, daß Fechner sich in den dreißiger Jahren bereits mit religiösen Themen beschäftigte. Davon zeugt das „Büchlein" von 1836. Im „Zend-Avesta" gibt Fechner eine autobiographisch zu wendende Skizze der Entwicklung eines religiösen Weltbildes:

> „Mancherlei Gedanken steigen im Menschengeiste auf (...)
> (bis nach der ersten Jugend) *ein* Gedanke erwacht, ... eine
> das Leben beherrschende Idee, ... oft (kommt) die Erleuchtung
> scheinbar plötzlich (in Wirklichkeit aber nicht unvorbereitet) ...
> (es braucht) Zeit, ehe sich das ganze Leben der Herrschaft dieses
> Gedankens fügt ... " (1851 I:328, Erg. u. Hervorh. B.O.)

Mit dem religiösen Interesse ist der Boden für das Mystische bereit. Zur Zeit der Krankheit beschäftigt Fechner sich eingehender als sonst mit sich selbst und durch sich selbst mit Religion. „Das unvorhergesehene Ereignis" (1851 I:328), nämlich das Gartenerlebnis, erweckt den einen Gedanken – die Allbeseelung – , dessen rationale Verarbeitung Jahre in Anspruch nimmt.

Fechners Gartenerlebnis kann als ästhetische Erfahrung begriffen werden, doch prägt es ungleich stärker, als es etwa bei den ruhigen, kontrollierten Gefühlen der Lust an Übereinstimmung, an die KANT in der „Analytik des Schönen" dachte, der Fall sein kann. Es handelt sich also um eine besonders intensive ästhetische und zugleich mystische Erfahrung.

Ein Schüler des Zen (-Buddhismus) würde Fechners Gartenerlebnis leicht einordnen können, denn er erlernt Meditationstechniken, die ähnliche Erlebnisse zur Folge haben können. Solche Erlebnisse können durch Konzentration bzw. Meditation gezielt erzeugt werden.

> Zen als Technikschulungsinstitution zwecks Erlangung besonderer Erlebnisse zu begreifen, hieße allerdings, Zen gründlich mißzuverstehen.

Viele Meditationstechniken arbeiten darüber hinaus mit dem Entzug von Reizen. Auch Fechner wählte – infolge seines Augenleidens – eine reizarme Lebensform. So extrem die Bedingungen waren – Dunkelheit im Zimmer, Ruhe, erst Fasten, dann einseitige Ernährung, Kontaktarmut – mußte es zu einer außergewöhnlichen Wahrnehmung kommen.

Der Licht-Dunkel-Gegensatz ist kulturübergreifend Bestandteil zahlreicher metaphorischer Umschreibungen mystischer Erlebnisse – ins Bild gebracht z.B. in PLATONS „Höhlengleichnis". Fechner lebte tatsächlich im Dunkel und kam ans Licht, erfuhr die Wirklichkeit gewordene Metapher.

Nach allen Informationen über das Gartenerlebnis und die begleitenden Umstände kann es nicht die *eine* Erleuchtung gewesen sein, die in allen Mystiken bekannt ist, sondern lediglich eine mystische Erfahrung weit niederer Art. Fechner hatte kein Satori, keine höchste Erleuchtung, sondern eine intensive Wahrnehmung, die Atem und Puls geringfügig beschleunigt, ein Schritt zur *UNIO MYSTICA*, nicht mehr, doch genug, ein Leben zu verändern.

Fechner versucht, kaum gesundet, sein ästhetisch-mystisches Erlebnis intellektuell zu verarbeiten. Die Folge davon:

„Jenes helle Bild verblaßte, wie so manches, was in jener ersten Zeit mein äußeres und inneres Auge mit einer Art Schauern
rührte" (1848:392).

In der rationalen Deutung erscheint ihm sein Erlebnis als etwas ganz
anderes: als ein *Gedanke!* Dabei enthält es keinen einzigen. Selbst mystische Erfahrungen niederer Art sind vollkommen sprach-und begriffslos.

Aus diesem Grund ist das (zweite) Gartenerlebnis AUGU-
STINS („tolle, lege ... ", Conf. VIII) erdichtet. Es gibt keine
Verbalinspiration, es sei denn als Konstrukt zu Rechtfertigungs-
zwecken des Grundlosen. Die mystische Erfahrung hat weder
Wort noch Zweck.

Fechners Gartenerlebnis wirkt als Paradigma der Begegnung mit dem
Heiligen (M. ELIADE: „primordiales Urereignis"). Alle folgenden Offen-
barungserlebnisse sowie das im Text vorhergehende Wasserlilienerlebnis
sind daran orientiert.

Im „Zend-Avesta" dichtet Fechner ein „Bergerlebnis" (vgl. 1851
I:315). Es handelt sich um einen Versuch, das Gartenerlebnis phantasierend ins Christliche hinein zu verlängern. Kurz darauf folgt, wieder
in der ersten Person beschrieben, ein frei erfundenes „Hüttenerlebnis" als
Einrahmung des Hüttengleichnisses: Eine Hütte als Sinnbild der Bibel
überdauert alle Prunkbauten einer Stadt. Man kann im „Hüttenerlebnis" einen Ausdruck des Wunsches sehen, das Primat des Christlichen
möge durch eine ursprüngliche Erfahrung fundiert und bestätigt werden.
Ein unerfüllbarer Wunsch, sofern keine ästhetisch-mystische Erfahrung
jemals Lehrsätze vermittelt.

Das philosophische Spätwerk „Die Tagesansicht gegenüber der Nachtansicht" beginnt mit einer Schilderung eines Erlebnisses „im Leipziger
Rosental" (1879:3). Wenige Seiten später erinnert sich Fechner an ein Erlebnis „in Staßnitz am Meere" (1879:8). Beides waren höchstwahrscheinlich authentische Ereignisse. Möglicherweise wurden Fechners Bemühungen in Sachen Beseelung durch wiederholte Erlebnisse der Art des Gar-
tenerlebnisses entscheidend motiviert.

Kapitel 4

Zend-Avesta (1851)

„Zend-Avesta. Oder über die Dinge des Himmels und des Jenseits." Der
Titel des philosophischen Hauptwerks von G. T. FECHNER gibt Rätsel
auf. In der Vorrede wird erklärt, was „Zend-Avesta" heißen soll:

> „ ‚Lebendiges Wort'. Ich möchte, daß auch diese Schrift ein
> lebendiges, ja die Natur lebendig machendes Wort sei. Der alte
> Zend-Avesta enthält ... den Inhalt einer uralten, fast verscholle-
> nen, durch Zoroaster nur neu reformierten Naturreligion." (I:VIII)[1]

Sein neuer „Zend-Avesta" sei „nichts als ein Versuch", der Ansicht,
„... daß die ganze Natur lebendig und göttlich beseelt sei ... wieder
Geltung zu verschaffen" (I:VI).

Sofern „Himmel" und „Jenseits" im allgemeinen Sprachgebrauch häufig dasselbe bedeuten, stellt sich die Frage: Warum die Doppelung:
„Dinge des Himmels und des Jenseits"? Ich nehme vorweg, was erst die
spätere Lektüre erbringt: „Himmel" wird von Fechner mit dem diesseitigen Weltall, Kosmos, Universum gleichgesetzt, worin die Erde schwebt,
von unzähligen Lebewesen bewohnt. Der Mensch kommt nicht erst –
wenn er sich wohl verhält – in den Himmel, er ist als Passagier des
„Raumschiffs Erde" bereits mitten darin. Dem Begriff des Himmels,
wie Fechner ihn gebraucht, haftet der lichte Glanz des Paradieses un-
vermindert an. Sein (Paradies-) Gartenerlebnis wirkt fort: Schätzt euch
glücklich, daß ihr auf der Welt schon im Himmel seid. Seht diese wunderbare Welt voller Leben und Seele! – Das „Jenseits" liegt jenseits des
„finsteren Hiebes, der jeden fällt" (E. BLOCH). Fechner rückt das himm-
lisch verklärte Diesseits unmittelbar zu Gott, so daß das Jenseits als Ort

---

[1] Im Folgenden wird ohne Jahreszahl aus der zweibändigen dritten Ausgabe von
1906 zitiert, in römischen Ziffern vorangestellt die Bandangabe. Denn die dreibändige
Erstausgabe (1000er Auflage) ist kaum erhältlich. Die Texte sind – bis auf Übertra-
gungsfehler und die angepaßte Rechtschreibung – identisch.

des eigentlich „wahren Lebens" (AUGUSTINUS) nicht länger bestehen
kann.
   Auf dem sogenannten Wischzettel ist dem Titel angefügt: „Vom
Standpunkt der Naturbetrachtung". Diejenige „Natur*betrachtung*", die
Fechner hier üben will, ist der exakten „Natur*forschung*" entgegengesetzt
(vgl. I:VII). Die reine Kontemplation steht im Zeichen „interesselosen
Wohlgefallens" (KANT). Obwohl Fechner mit seiner „Betrachtung" aus
der exakten Naturforschung hinaus und in die Naturphilosophie hinüber-
tritt, beansprucht er gleichermaßen empirische Orientierung und induk-
tives Vorgehen.
   Die Naturphilosophie des neuen „Zend-Avesta" zielt auf die Wieder-
errichtung einer Naturreligion, Naturreligion im Sinne einer die Natur
heiligenden Religion, nicht im Sinne einer „primitiven" Religion, wenn
Fechner auch die Nähe zur „ursprünglichen Naturansicht der Völker",
zum „Kinderglauben der Menschheit", häufig betont. Die zu erneuernde
Naturreligion soll laut Fechner nicht mit dem Christentum konkurrieren;
sie liege nur scheinbar weit ab von der christlichen Religion, sei dieser in
Geschichte und Inhalt aber verbunden (vgl. I:VII u. X).
   Stets strebt Fechner nach Ausgleich und Versöhnung der Gegensätze,
will Entzweites zusammenfügen. So bemüht er sich hier, sicherlich auch
aus taktischen Erwägungen, die zahlenstärkste, mächtigste Ziel- bzw.
Lesergruppe nicht gleich eingangs vor den Kopf zu stoßen. Aber im
Textverlauf wird schon bald deutlich, daß ungeachtet der Bibelzitate
eine pantheistische Religion vorliegt (vgl. I:X), die jeder katholischen
und protestantischen Amtsposition widerspricht. Ganz ähnlicher Überlegungen wegen wurde ein bekannter Nolaner im Jahre 1600 öffentlich
verbrannt. Und Fechner benennt seine Position später in einer Weise
(vgl. I: 152f.) und bekennt die Nähe zu den Ansichten GIORDANO
BRUNOS (vgl. I:356), so daß kein Zweifel sein kann, daß gegenüber der
„geläuterten religiösen Ansicht" des Christentums nicht bloß – wie im
ersten Absatz der Vorrede geschrieben – ein scheinbarer Widerspruch
besteht.
   Andererseits will er das Wohlwollen der „Männer strenger Wissenschaft" nicht verlieren (vgl. I:XIV). Ihm seien exakte Gesichtspunkte
und Interessen keineswegs fremd geworden. Allerdings betreibe er im
„Zend-Avesta" keine exakte Forschung und wetteifere nicht mit dieser.
Die exakte Forschung habe es mit der „äußeren, sichtbaren Seite der
Natur" zu tun, seine Wissenschaft hier dagegen mit der unsichtbaren
„inneren, ... bloß der Selbsterscheinung (sich selbst, d. Verf.) zugänglichen Seite" (I:XIV).

Um die Mitte des vorigen Jahrhunderts vertiefte sich die Kluft zwischen „geläuterter Religion" und „exakter Naturwissenschaft" am sogenannten Materialismusstreit und der antimodernistischen Strömung der katholischen Kirche. Fechner stellt sich mit seinem „Zend-Avesta" die Aufgabe, zwischen Naturwissenschaft und Religion eine einheitliche Weltansicht zu stiften, die, wie immer wieder betont, beiden Seiten gerecht werden will. Diese Vermittlungsaufgabe obliege der Naturphilosophie, sei von dieser bislang aber nicht gelöst worden.

Die Naturphilosophie, konstatiert Fechner eingangs, „... hat ihr Ansehen verloren oder ihre Bedeutung geändert" (I:VI) und vermag deshalb nicht, Bindeglied des mächtig Auseinanderstrebenden zu sein. Im Gegensatz zur bisherigen Naturphilosophie will Fechner *induktiv* von der individuellen Beseelung zur Allgemeinbeseelung fortschreiten, also nach derjenigen Methode, die für ihn – und auch heute noch häufig – als einzig exakte Forschungsmethode gilt. Seine Induktion nehme „Ausgang von der erfahrbaren Wirklichkeit", unmittelbar von der sinnlichen *Erfahrung* bzw. Wahrnehmung, und stoße vor in Gebiete, worin eine direkte empirische Bewährung unmöglich sei und exakte Forschungsmethoden versagten (vgl. I:IXf.). Damit sucht er sich offenbar von den Deduktionen der „spekulativen" Naturphilosophie, die nicht bis zum Individuellen und direkt Erfahrbaren hinabreichen (vgl. I:VIIIf.), entschieden zu distanzieren. Die Protagonisten „spekulativer" Naturphilosophie wollten aus den (Allgemein-) Begriffen mehr Sachliches ableiten, als nach deren Entstehung „von unten" darinnen stecke (vgl. I:XII).

Anders als gewöhnlich üblich, wolle er sofort zur Sache gehen:

> „Im Grunde ist's doch nur das Kleinere, an die großen Personen der Natur über den unsern glauben, gegen den Glauben, daß der in der ganzen Natur lebendig waltende Gott eine Person über allen Personen sei, und das Höhere von dem, daß wir an unsre eigenen Personen noch glauben, trotzdem, daß eine Person über uns allen ist." (I:IX)

Zum rechten Verständnis dieses Satzes stelle man sich eine Hierarchie der Wesen vor, pyramidenförmig geordnet:

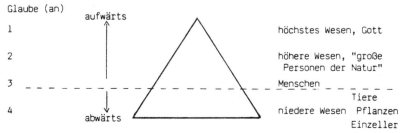

Von „niederen Wesen" schreibt Fechner hier nichts. Zu Anfang der
Vorrede verweist er darauf, in „Nanna" bereits die „Beseelung über die
gewöhnlich angenommene Grenzen hinaus ... in abwärts gehender ...
Richtung" erweitert zu haben. Hier gelte es nun, dasselbe „aufwärts"
zu betreiben (I:VI). Zwischen Gott und den Menschen befinden sich
die höheren Wesen, „Engel", dem christlichen Glauben nach. Der Naturphilosoph gebraucht die merkwürdige Wendung „große Personen der
Natur": offensichtlich eine Fehlcharakterisierung der „Engel", wie sie
gemeinhin gedacht werden. Fechner denkt dabei an eine besondere Art
von „Engeln", nämlich an – Planeten! Auf allen im Bild dargestellten
Ebenen sieht Fechner „Personen". „Person" meint: beseeltes Wesen.

Nutzen wir das Bild, um kurz eine Typologie religiöser Weltanschauungen zu entwickeln:

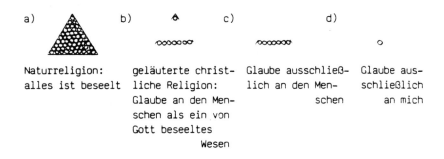

a)	b)	c)	d)
Naturreligion:	geläuterte christ-	Glaube ausschließ-	Glaube aus-
alles ist beseelt	liche Religion:	lich an den Men-	schließlich
	Glaube an den Men-	schen	an mich
	schen als ein von		
	Gott beseeltes		
	Wesen		

Die grobe Vereinfachung und die dürftigen Erläuterungen nehme man
einmal hin. Nun deute man es historisch, als gebe es eine lineare Entwicklung von a) bis d). Stadium b) ist zu Fechners Lebzeiten längst
erreicht, die späteren Stadien kündigen sich im Autoritätszerfall der
Kirchen und den allgemeinen Säkularisierungstendenzen an. Fechners
Bestrebungen sind im Modell als restaurative, rückwärtsgewendete zu
identifizieren. Sie laufen gegen den Zug der Zeit. Man setze (wieder
grob vereinfachend) K. MARX als Protagonist einer Position c) und M.
STIRNER als Protagonist einer Position d). Es dürfte dann in obenstehender Darstellung deutlich werden, daß Fechners Versuch schon damals
unzeitgemäß war und den meisten heute noch weit ferner liegt, so fern
und fremd, daß er kaum mehr verstanden wird bzw. verstanden werden
kann.

Der kleinen Typologie ist ein zweiter Hauptbeweggrund zu entnehmen (der erste: das Versöhnungsmotiv), da Glaube als Glaube, daß es

beseelte Wesen, verwandte, lebendige, potentiell freundliche Wesen gibt, gefaßt wird. Die alte Religion beinhaltet die Anschauung einer durch und durch beseelten, lebendigen Welt; Fechner würde hinzufügen: einer lichten, warmen, freundlichen Welt. Das letzte Stadium versinnbildlicht als krasses Gegenteil die völlige Vereinsamung in einer für tot erachteten Welt.

Der zweite Hauptbeweggrund ergibt sich für Fechner aus der vergleichenden Gesamtschau von a) und b), vielleicht zuweilen auch von c), und der Vergleich fällt so aus, daß er die Anschauung einer völlig beseelten, lebendigen Welt auf allen Ebenen des Verstandes und des Gefühls überlegen findet.

> „Ich gebe aber etwas auf den ursprünglichen Naturinstinkt der Menschen und glaube, daß nichts wahr sein kann, was nicht auch gut ist zu glauben, am wahrsten aber das, was am besten." (I:XI)

Man nehme zum Wahren und Guten noch das *Schöne*, so erhält man den Maßstab, den Fechner an die Weltanschauungen bzw. Religionen legt. Diejenige Weltansicht, welche das Maß erfüllt, sei schon „roh in den rohsten Ansichten der Völker" enthalten (I:IX). Fechners Interesse für die „Religion der Naturvölker" liegt im Trend einer im Bildungsbürgertum seiner Zeit modisch verbreiteten Neigung zur Beschäftigung mit Fernem, Fremdem, Exotischem. Nach dem Scheitern der bürgerlichen Revolution von 1848 wächst rasch das ethnographische Interesse, welches bereits in den dreißiger Jahren des vorigen Jahrhunderts zur Gründung entsprechender Vereine führte.

Die „rohen Ansichten" seien in den pantheistischen Lehren des Mittelalters fortgeführt worden (vgl. I:356). Fechner bekennt sich, wenn auch nur widerstrebend, zum Pantheismus, widerstrebend, weil er seine Lehre von einem verbreiteten zeitgenössischen Pantheismus der „Nachtseite" unterschieden wissen will (vgl. I:X). Sein „Zend-Avesta" sei „... ein wesentliches Moment und ein notwendiger Fortschritt in der gedeihlichen Entwicklung der pantheistischen Weltansicht" (ebd.).

„Im Hintergrund der ganzen Schrift liegt eine Grundansicht über die Beziehung von Leib und Seele oder Körper und Geist ... " – der sogenannte „psychophysische Parallelismus" – eine Grundansicht, die man „philosophisch" nennen könne, sofern man nicht verlange, daß Philosophie „hinter das Erkennbare zurückführe" (I:XII). Hiermit gibt Fechner selbst Anlaß für Bearbeitungen seitens der akademischen Philosophie, deren Aufmerksamkeitszuwendung die Rezeptionsgeschichte der meisten seiner Schriften prägte, obwohl er es nicht wollte (vgl. 1861:6).

Der „Zusatz über die formalen Gesichtspunkte ... " (I:XVff.) infor-
miert über die drei Wege, die zu seiner Ansicht führen sollen – ich werde
sie im Rahmen der „Drei Motive und Gründe des Glaubens" (1863) referieren –, und weiterhin spezieller über die Methode, die er in seinem Werk
anzuwenden gedenkt bzw. angewendet zu haben glaubt. Von konkreten
Einzelbeobachtungen aus könne mittels Induktion und *Analogie* verallgemeinert werden, und so gewonnene Erkenntnisse ließen sich vernünftig
kombinieren zu einer umfassenden Weltansicht. Innere Erfahrung im
Gebiet des Geistes und äußere Erfahrung im Gebiet des Körperlichen
müßten miteinander verknüpft werden, wenn es „um Beziehungen, des
Geistigen und Körperlichen" geht (I:XV).

Zum Abschluß der Vorrede erörtert Fechner auch seinen Gebrauch
zentraler Begriffe. Die Schwächen zwar exakter, aber, wie er meint, deshalb notwendig enger und willkürlicher Begriffsbestimmungen möchte er
vermeiden, indem er „... die Worte sich so zu sagen überall sachlich
selbst auslegen ... " läßt (I:XIX). Dieses Verfahren berge viel weniger
Unbestimmtheit als jenes exakte, welches Worte aus Worten ableitet und
mit Worten erklärt. Sinngemäß sind die Dilemmata eines definitorischen
regressus ad infinitum und der Zirkeldefinition angesprochen. Fechner
geht es dabei nicht um eine wissenschaftstheoretische Kontroverse, sondern darum, sein Einfach-dahin-Schreiben gegen Vorwürfe zu schützen,
die seinem Buch mit der Wissenschaftlichkeit den Geist von vornherein
absprechen. Wenn exakte Definitionen für strenge Wissenschaft Voraussetzung seien, wolle er auf einen solchen wissenschaftlichen Anspruch
gern verzichten (vgl. I:XIX). Die Rede vom Verzicht auf strenge Wissenschaftlichkeit entbehrt in Anbetracht der vorhergehenden Wissenschaftskritik nicht einer gewissen Ironie, die den Maßstab der Strenge als leer
entlarvt. Blickt man zurück auf die Texte des „Dr. Mises" und andererseits auf die Wertschätzungsbezeugungen gegenüber der neuen Exaktheit
einer „positiven" empirischen Wissenschaft, läßt sich Fechner aber weder
ausschließlich als ironischer Kritiker noch ausschließlich als Befürworter
wissenschaftlicher Strenge bezeichnen.

Seinen „weiteren Sprachgebrauch" im Rahmen des Leib-Seele-Problems legt Fechner folgendermaßen dar: Seele und Geist seien in dieser
Schrift ebensowenig unterschieden wie Körper und Leib. Die Exten-
sion des Seelenbegriffes umfaßt ein Ganzes, welches aus sämtlichen See-
lenvermögen (Denken, Begehren, Fühlen, sinnliche Wahrnehmung) und
„allen Bewußtseinsphänomenen überhaupt" besteht, kurz „im *weitesten
Sinne* des Wortes Bewußtsein" ist (I:XIX). Der Gleichung Seele-Geist
zufolge umfaßt „Geist" auch das sinnliche Empfinden (vgl. I:XIX). Viel-

leicht versteht er unter einer „streng wissenschaftlichen" Definition, gegen die er wenige Sätze zuvor argumentierte, etwas anderes. Meines Erachtens genügt seine kurze und treffende Definition den Anforderungen vollkommen.

Weiterhin definiert Fechner als das Leibliche und Körperliche, was alles „... als *Objekt* äußerer sinnlicher Wahrnehmung faßbar ist oder einem solchen Objekt zukommt ... " (I:XIX). Es stehen sich insgesamt zwei Begriffsgruppen gegenüber,

SUBJETIVES	Seele Geist Psychisches Ideelles	Leib Körper Physisches Materielles	OBJEKTIVES

deren Begriffe, jeweils eng verbunden, nahezu synonym verwendet würden.

Abstrakta, seien sie Ideelles in Form von Zahlen oder allgemeine Gesetze, gehörten als Gedachte zwar der geistigen Welt zu, verbunden mit auf Real-Gegenständliches bezogenen Begriffen aber seien sie der materiellen Welt verhaftet. „Fünf Steine" und die „Schwerkreft der Erde" seien nicht der geistigen Welt zuzurechnen, obgleich sie als Erkanntes bzw. Gedachtes Bewußtseinsleistungen darstellen (vgl. I:V).

Man kann „fünf Steine" und die „Schwerkraft der Erde" objektivistisch als äußere, bewußtseinsunabhängige Tatsachen begreifen; oder aber das Äußere als eine ausgezeichnete Sphäre des Bewußten betrachten, deren Inhalte mit dem Sinn des Äußeren, Bewußtseinsunabhängigen versehen sind. Das ungeteilte bewußtseinsimanente Weltmodell, wie E. HUSSERL es vorstellt, erfährt so doch wieder eine innere Differenziermg, die die Strukturen der „natürlichen Weltanschauung" nachzeichnet.

Fechner deutet an, daß er von der Möglichkeit weiß, das Äußere als Bewußtseinsimmanentes zu fassen.

Er bezieht also weder eine rein „objektivistische" noch eine rein „subjektivistische" Position, sondern nimmt einen doppelten Standpunkt ein. Sofern er allerdings von der „natürlichen Einstellung" und „normalen Sprache" ausgeht, bleibt er einem selbstverständlichen (vortheoretischen) Objektivismus verhaftet.

Am Ende des Zusatzes bezeichnet er seine Begriffsbestimmung des Ideellen als „Restriktion", soweit man „... unter ideell auch oft etwas (versteht), was nach ... (seiner) Auffassung nur eine Idee im Körperlichen sein würde ... " (I:XXI). Das bezieht sich auf Allgemeines in der materiellen Welt, welches, weil mittels Abstraktion gewonnen, häufig als Ideelles gilt. „Idee im Körperlichen" meint ein Abstraktum der materiellen Welt.

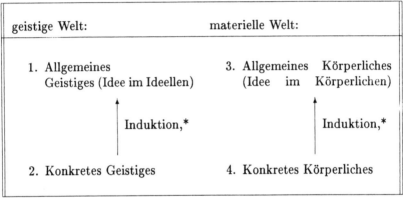

geistige Welt: materielle Welt:

1. Allgemeines   3. Allgemeines   Körperliches
   Geistiges (Idee im Ideellen)   (Idee   im   Körperlichen)

            Induktion,*   Induktion,*

2. Konkretes Geistiges   4. Konkretes Körperliches

*Verallgemeinerung und Abstraktion

Fechners Definition der geistigen Welt umschließt nur 1) und 2). Das gewöhnliche weitere Verständnis nimmt 3) mit hinein. Sein Modell hat keinen idealistischen und keinen materialistischen Überhang, sondern hält zwischen beiden Welten die Waage.

Einige Seiten zuvor ist von Naturwissenschaftlern die Rede, deren Tätigkeit sich mit dem, was er im „Zend-Avesta" betreibt „überhaupt nicht begegnen könne". Keineswegs aber will Fechner die Naturwissenschaften auf die materielle Welt beschränken und sich deneben der geistigen Welt widmen. Seine Grundlegung der Psychophysik soll später eine Möglichkeit der naturwissenschaftlichen Erforschung der geistigen Welt eröffnen. Von dem hier vorliegenden dualen Weltmodell darf nicht auf eine durchgehend gespaltene Weltsicht geschlossen werden, denn Fechner will eine „ganzheitliche" Weltanschauung entwickeln, und sein Bekenntnis zum Pantheismus (vgl. I:X) weckt Erwartungen auf eine notwendig monistische Theorie. Es wird zu sehen sein, wie er das hier verfahrenstechnisch zunächst geforderte duale Weltmodell schließlich aufzulösen gedenkt. Er muß auf der Grundlage des dualen Modells dieses übersteigen, so daß es überflüssig wird.

Eben das ist der Weg der Mystik, wie er von L. WITTGENSTEIN im Rückgriff auf ein BUDDHA-Wort beschrieben wird (vgl. Trectatus 6.54), nur geht Fechner davon aus, die Weltansicht des Erleuchteten trotz aller Probleme adäquaten Ausdrucks (vgl. I:XIV) darstellen zu können. Die alles verbindende Ebene will Fechner im Durchlaufen der Vernunft (via rationalis) unter Zuhilfenahme aller verfügbaren Erfahrung erreichen.

Nehmen wir nun noch das Eingangskapitel des ersten Hauptteils als Ergänzung der in der Vorrede angeschnittenen Probleme hinzu:

Die Widersprüche wissenschaftlicher Theorien über Materie und Geist und deren Verhältnis zueinander würden in die Meinungen der Alltagswelt getragen. „Ansichten des gemeinen Lebens" spiegelten daher das Ungenügen gelehrter Welterklärungen (vgl. I:2). Die Wissenschaften hätten die ursprüngliche „natürliche" Anschauung der Völker, denen die Gestirne als selbstverständlich beseelt galten, verändert und zu einer allgemeinen Vermaterialisierung der Weltanschauung geführt. Die Vorstellung einer durch und durch beseelten Welt sei einer „weltverödenden Ansicht" gewichen.

Eine wissenschaftskritische Haltung wird deutlich, die sowohl der Erkenntnis des Unvermögens der exakten Wissenschaften, eine „ganzheitliche" Weltsicht zu vermitteln, als auch der Erkenntnis negativer Folgen der exakten Wissenschaften entspringt. Die Verwissenschaftlichung der Neuzeit, die mit den Begriffen der „Aufklärung" und des „Fortschritts" verbunden wird, offenbart ihre Dialektik nicht erst den kritischen Sozialwissenschaften unseres Jahrhunderts.

Zu anderen Zeiten und zu anderen Anlässen ist von einer Wissenschaftskritik Fechners allerdings nicht nur nichts zu spüren, vielmehr setzen seine naturwissenschaftlich-experimentellen Arbeiten eine positive Grundhaltung gegenüber den Methoden strenger Wissenschaft und wissenschaftlichen Fortschrittsoptimismus voraus. Zu den Methoden exakter Wissenschaft sieht er erklärtermaßen auch jenseits des empirisch Bewährbaren keine fruchtbare Alternative, so daß er selbst Gott noch mittels Induktion erschließen will. „Wer nicht von unten aufsteigt, schwindelt auf der Höhe" (I:6).

Seine Wissenschaftskritik zielt auf eine enge Wissenschaft, die gekennzeichnet ist

1. durch Spezialisierung,

2. durch Verabsolutierung einer Methode,

3. durch die Gleichsetzung von Beobachtbarem und Wahrem und vor allem

4. durch einen überzogenen Anspruch auf Erklärung des Ganzen.

Die gegen die „verödende Ansicht" einer nahezu entseelten Welt gerichtete Antithese, welche die Notwendigkeit seines reformatorischen Anliegens begründet, projiziert Fechner in die Frühgeschichte der Menschheit (diachron), deren naturverbundene Ursprünglichkeit er seinerzeit noch bei „primitiven" Völkern vorhanden glaubt (synchron). Tabellarisch geordnet ergibt sich diese Dichotomie:

Anfänge der Menschheit	*derzeitiger Entwicklungsstand*
„ursprüngliche Lehre der Natur" (I:4)	„späte Lehre des Menschen" (I:4)
„Kinderglaube der Menschheit", „natürliche Ansicht", „Naturansicht der Völker" (I:3), geleitet vom „Naturinstinkt", „Instinkt" (I:3), fußt auf „Realgründen in der unbeirrbaren eingeborenen Natur des Menschen" (I:3)	„weltverödende Ansicht" im Zeitalter der Wissenschaft, geleitet vom „gemeinen Verstand", der sich vom gesunden Instinkt entfernt (I:3)
„Heidnische Religion" (I:6)	„geläutertes" Christentum, aufgeklärte Religion
(ganzheitliche Welterklärung)	Verlust zusammenhängender (ganzheitlicher) Erklärung (vgl. I:2)
(Einheit von Wissen und Glauben)	Widerspruch zwischen Wissen und Glauben (vgl. I:2 u. 5), ein „Meer von Widersprüchen und Unklarheiten" (I:2)
erkennt Gott in tausenderlei Einzelnem, aber ermangelt eines umfassenden Gottesbegriffs	hat den großen Gottesbegriff, aber erkennt Gott nicht im Einzelnen

tet, nach der Jahrhundertwende willkommener Stoff für Dissertationen „idealistischer" Richtung, ist heute nahezu vergessen.

Über die Dinge des Himmels

Das erste Kapitel wurde bereits erörtert, da es allgemeine, einleitende Informationen enthält. Dreizehn weitere Kapitel nebst umfangreichen Anhängen im zweiten Band handeln „über die Dinge des Himmels". Die Gliederung der heterogenen Fülle des Materials läßt zu wünschen übrig. Einige Kapitelüberschriften habe ich übernommen, andere fortgelassen und neue hinzugefügt.

Von allem, was sich im Himmel bewegt, widmet Fechner dem Planeten Erde mit Abstand die meiste Aufmerksamkeit. Es geht um die vernünftige Grundlegung einer chthonischen Religion, die gegen Ende des ersten Bandes in Richtung der christlichen Religion und Gottesvorstellung erweitert wird. Auch die der Religionsphilosophie zuzuordnenden Passagen werden nachfolgend wenigstens kurz referiert, um den Argumentationsgang lückenlos wiederzugeben und die Seelenfrage nicht aus dem Kontext zu reißen, in welchen Fechner sie stellte.

Zunächst aber entwickelt Fechner eine „Metaphorologie der Erde":

Metaphorologie der Erde

Man kann sich – abstrahierend, verallgemeinernd – den Planeten Erde als einen „trockenen Erdklumpen" oder „toten Stein" vorstellen. Diese Analogie aber versage, denn unser Planet berge eine Fülle wunderbarster Erscheinungen, welche er „durch ein Walten selbsteigener Kräfte" hervorbringe (I:9). Ungeachtet der unübersehbaren quantitativen und qualitativen Differenzen will Fechner „für die ganze Erde nicht um ein Haar größere oder andere Ansprüche ... " anerkennen, „... als für ihre Teilchen, die Scholle(n) ... " (I:9).

Fechner faßt die Erde als „System" auf (I:10), in welchem alles zusammenwirkt, wie in einem lebendigen Organismus. Man kann die „Scholle" demgegenüber als Mikrosystem begreifen.

Der Erfinder des Mikroskops, A. VAN LEEUWENHOEK, mußte ähnlich gedacht haben, als sich unter den Gläsern ein Wassertropfen als reich belebtes Meer im Kleinen offenbarte. Prinzipiell sind der Tropfen vom Weltmeer und der Erdklumpen vom Planeten Erde nicht geschieden.

Ein zweiter Vergleich, dessen sich der „gemeine Verstand" bedient, ist der Globus als Modell unseres Planeten. Wenn wir das künstliche Abbild für das natürliche Vorbild (Fechner: „Urbild") nähmen, so *töteten* wir das lebendige Vorbild. „Du sollst dir kein Bild machen!" mahnt Fechner im Sinne des jüdischen Bilderverbots und kritisiert, man verehre im Globus ein goldenes Kalb, einen Götzen, nämlich „unsere eigne Kunst und Wissenschaft, die ihn verfertigte" (I:10).

Die Raumfahrt, deren Realisation gegen Ende des vorigen Jahrhunderts von den Pionieren der Science-Fiction-Literatur (J. VERNE in Frankreich, H. G. WELLS in Großbritannien, K. LAßWITZ im Deutschen Reich – derselbe LAßWITZ übrigens, der über Fechner schrieb und einige Werke Fechners in neuen Auflagen herausgab) erwogen wurde, hat heute Standpunkte eröffnet, von denen die Erde von außen angeschaut erscheint wie ein vollendeter Globus, in leuchtendem Blau, ein perfekter „Leuchtglobus". Man forderte unlängst, einen Journalisten hinaufzusenden, der den überwältigenden Anblick des „Liveschauspiels" einer Erdumrundung angemessen in Worte fassen sollte. Was Fechner heiligen wollte, wird heute als besonders erregendes Gefühlserlebnis begriffen.

Der wohlverstandene Sinn von Fechners Kritik: Im Globus erscheint die Erde uns überschaubar und handhabbar wie ein Spielball. Wir vergessen darüber das Unergründliche unseres Planeten. Zu groß sei der Leib der Erde, „... als daß wir mit unserm Blick sie auf einmal umspannen, mit unsern Maßstäben auf einmal messen könnten" (I:11).

Nach der Behauptung der Unmöglichkeit einer Totalanschauung argumentiert Fechner gegen die „zerstückelte Betrachtungsweise", die die spezialisierten wissenschaftlichen Disziplinen üben. Die „zerstückelte Betrachtung" erwecke den Eindruck einer *„zersplitterten Natur"* (I:12) und ziehe, so spinnt Fechner am Präfix der Adjektive fort, die Zerfleischung des Erdenleibes nach sich, der derart aufgelöst keinen Gedanken an seine Beseeltheit aufkommen läßt.

Der Begriff „Analyse", den Wissenschaftler oft zur Bezeichnung ihrer Tätigkeit verwenden, weist in seiner ursprünglichen Bedeutung auf einen gewaltsmen Umgang mit dem analysierten Gegenstand hin: ή ἀνάλυσις heißt „Auflösung" und auch „Tod". Es mangelt nicht an Beispielen in diesem Sinne tödlicher Folgen wissenschaftlicher Tätigkeit.

Es gilt, zwei Einstellungen zur Welt zu unterscheiden:

1. „natürliche", ursprüngliche Wahrnehmung:

   Menschen „*fühlen*, stehen *in* der Natur die Natur" (I:11)

   Ganzheitliche Wahrnehmung der Natur spiegelt sich in der einfachen, einstimmigen Benennung alles Natürlichen

2. moderne, wissenschaftliche Einstellung:

   Menschen „*reflektieren* stehend *über* der Natur" (I:11)

   Zerstückelte Wahrnehmung der Natur spiegelt sich in einem dualen, gespaltenen Begriffssystem

   > Die Darstellung der ursprünglichen Wahrnehmung bedeutet – phänomenologisch gesprochen – die Welterfahrung des alltäglichen, selbstverständlichen Dahinlebens im Erlebnisstrom. Reflektierend tritt der Mensch aus der „natürlichen Einstellung" heraus. Eine Reflexion, die das „natürliche" Dahinleben unterbricht, kann „Entfremdung" und Verlust unbefangener Natürlichkeit zur Folge haben. Fechner scheint zwischen den Zeilen zu fordern, das Reflektieren zu lassen. Doch erst auf die Reflexion reflektierend kann das Bewußtsein ihren Unwert denken. Dies ist Voraussetzung für die Überwindung der einmal zur Gewohnheit gewordenen Reflexion, aber nicht der Weg dazu, denn zum Nicht-Denken gelangt man nicht denkend.

Fechner erkennt, mit den wissenschaftsfeindlichen Konsequenzen seiner Argumentation über das Ziel hinausgeschossen zu sein, und gesteht zu, die „Zerstückelung" sei eine unverzichtbare Tätigkeit der erkennenden Vernunft. Aber nachfolgend wird erneut die Aporie deutlich, als er auch die ganzheitliche (Erd-) Anschauungsweise der Astronomie aufgrund ihrer groben Vereinfachungen – die wohl der Betrachtungsmaßstab notwendig mit sich bringt – für untauglich erklärt, das Wunder der uns tragenden Erde zu begreifen:

- angemessene Totalanschauung: unmöglich (I:11)

- jede analytische Betrachtung: verfälschend, zerstörend etc.

- Pseudo-Totalanschauung der Astronomie: „nur das andere Extrem zu jener zerstückelnden Betrachtungsweise ... " (I:13).

Jede Vernunfttätigkeit scheint hier von Übel. Es bliebe nur, jener
Empfehlung Fechners zu folgen: „Tritt hinaus an das Meeresufer, höre,
sieh die Welle, wie sie an das Ufer schlägt ... " (I:10), und sich ganz dem
sprachlosen Empfinden hinzugeben, worin sich das Heilige auf einmal
offenbart. Damit wäre der Vernunftweg bereits zu einem frühen Ende
gekommen.

Nun aber fragt Fechner, ob es nicht zwischen Analyse und verkürzen-
der (Pseudo-) Totalanschauung eine Verbindung gibt, die eine *befriedi-
gendere Anschauung* ermöglicht, und er will beweisen, daß es sie gibt,
indem er sich mit Vergleichen bzw. Metaphern dem Unfaßbaren anzunähern sucht:

Zunächst die *Uhrmetapher* des Weltganzen, eines der meistdiskutier-
ten Bilder der Philosophie der Neuzeit:

Alle Teile müssen bekannt sein und nach Funktion und Zweck bestimmt, sonst kann das Ganze (die Uhr) nicht begriffen werden. Der
Hauptzweck der Uhr sei die Zeitanzeige und alle Teile folgten bloß un-
tergeordneten Teilzwecken. Hinkt die Erde-Uhr-Analogie, weil eine Uhr
ein totes Ganzes mit einem toten Zweck, die Erde aber ein durch und
durch Lebendiges ist? Nein. Denn Totes, Unorganisches und Lebendiges, Organisches seien keinesfalls grundverschieden und verbindungslos.
Lebendiges und sogenanntes „Totes" bildeten gemeinsam das Funktions-
ganze der Erde. Menschen und Tiere sind durch ihren Stoffwechsel auch
mit Anorganischem verbunden und auf dieses angewiesen. Allenfalls,
wenn man die Erde ohne Tiere, Pflanzen, Menschen denkt, ließe sich unser Planet als tot bezeichnen, aber er ist unlösbar verbunden mit allem
gewöhnlich als lebendig Bezeichneten, wie „tote" Knochen und Fleisch
im lebendigen Menschen miteinander verwachsen sind, ja sogar stärker
noch, denn Fleisch könne man vom Knochen trennen, nicht aber irdi-
sches Leben von der Erde (vgl. I:16). *Organisches und Unorganisches
sind untrennbar verbunden zu einer lebendigen Einheit.*

Die Selbsteinschätzung des Menschen als eines kraft seiner Vernunft
freien, selbständigen Wesens, das seine Umwelt bewußt gestaltet und
sich dabei seines Planeten als Ressource bedient, wie es will, vergißt
die vielfältigen Abhängigkeiten, in denen der Mensch wie kein anderes
Lebewesen steht. Die Abhängigkeiten werden nicht durch die Versuche
gemindert, durch die Errichtung einer Kultur von der Natur loszukom-
men, im Gegenteil entstehen dadurch nur neue Abhängigkeiten. Gegen
die anthropozentrische Sichtweise, die Erde und Umwelt als Summe der
dem Menschen verfügbaren Gegenstände nur auf der instrumentellen
Ebene begreift, steht Fechners Auffassung, die er in der *Netzmetapher*

verdeutlicht:
Ein Knoten, in welchen die

> „... draußen mehr einfach und verstreut verlaufenden Fäden
> der Stoffe und Kräfte eintreten, um sich ... zu begegnen und ...
> zu verschlingen und neu zu verspinnen ... " (I:15).

das ist der Mensch! Zwar ein relativ komplexer Knoten, aber doch
nur ein Knoten unter unzähligen eines Netzes. Der Mensch als Knoten
gesehen besteht wie alles andere aus Fäden. Als Knoten unterscheidet
sich der Mensch vom Gewebe und ist dabei doch durch und durch Gewebe, dieses zusammenhaltend und von diesem zusammengehalten. Die
Erde ist der „verschlungene Knoten aller Einzelknoten" (I:15); ein Teil-
knoten darin, ein Knötchen davon der Mensch. Als Knoten unterschiedlichen Komplexitäts-und Integrationsgrades, aber gleicher Struktur und
Substanz, sind *Erde und Mensch einander derart ähnlich*, daß alles, was
man dem Menschen zuspricht – Leben und Seele vor allem – , auch der
Erde zugesprochen werden muß.

Fechner gebraucht noch weitere „erläuternde Bilder" (I:20), die das
Verhältnis von Mensch und Erde bis hin zu Gott illustrieren sollen. Manche Metaphern wirken überzeugend, andere dagegen eher schief. Sämtliche Metaphern, tabellarisch geordnet:

MENSCH	ERDE	UNIVERSUM	GOTT
1. „Feder" (der Uhr)	„Uhr" (I:14)		
2. „Knoten von Fäden"	„Ballung", „größerer Ball" von Knoten	gesamtes „Gewebe", Netz (I:15)	
3. Blüte, Blatt	„höhere Pflanze" (I:17,20)	„großer Garten" (I:21)	„der ganze Baum des Lebens", aus dem alles wächst
4. „irdisches Wesen"	„himmlisches Wesen"		
5. „Gedanke"	„Seele" (I:21)		
6. „ein lebendiges Wort"	„eine Rede" (I:21)		
7. (relativ) „selbständiges Wesen"	„höheres Wesen von höherer Selbständigkeit" (I:22)		absolut selbständiges Wesen (I:23)
8. Blatt	„Rose aller Geschöpfe" (I:23)		
9. „Säule"	„Tempel" (I:24f.)		allgemeine Kirche (I:24f.)
10. Pflanze	„Beet, in dem wir alle von Gott eingepflanzt sind" (I:26)		
11. Stein oder Tropfen, der in den Teich geworfen Wellen erzeugt	„Teich" (I:26)		
12.	„großer Tropfen", der im Meer Wellen erzeugt	„Meer des Weltalls" (I:27)	
13. Zweig	Ast		„Geistesstamm der Welt" (I:27)

Um Einfälle ist Fechner nicht verlegen. Das „Strickmuster" wird deutlich. Im Zentrum steht die Beziehung zwischen Erde und Mensch. Dem Menschen werden vergleichend Begriffe zugeordnet, die Einzelnes, Untergeordnetes oder Teile bezeichnen, der Erde dagegen solche, die Allgemeines, Übergeordnetes oder Ganzes bezeichnen. Einige Vergleiche erstrecken sich über drei Integrationsstufen. Lediglich ein Vergleich führt eine vierte, eigenständige Metapher an (3.). Gott wird dort wie auch anderenorts mit einem Baum (-stamm) verglichen. Fechner zeigt eine Vorliebe für Metaphern aus dem Reich der Flora.

Der Mensch ist aus der Erde hervorgegangen, gewachsen – um im Bild zu bleiben – wie ein Zweig aus einem Ast, und steht mit ihr in reger Wechselbeziehung. Er kann ohne die Erde nicht sein, die Erde dagegen kann ihn entbehren. Mensch und Erde sind voneinander *„unterschieden"* bzw. unterscheidbar wie Blatt und Pflanze, aber wesensmäßig nicht *„geschieden"*. Fechner legt größten Wert auf diese terminologische Differenzierung (vgl. I:15 u. 23), weil die Gleichartigkeit des Ungeschiedenen den Schluß ermöglicht, die Erde sei ebenfalls beseelt. Bedeutete Unterscheidbarkeit bzw. Unterschiedenheit essentielle Scheidung, entfiele die Grundlage für einen derartigen Analogieschluß.

Ich fasse nun die Hauptargumente der „Vorläufigen Betrachtungen" – „vorläufig" ist wohl im Sinne von „vorausgehend" zu verstehen – zusammen:

1. Die Erde ist ein funktionelles System, in welches der Mensch integriert ist.

2. Der Mensch ist ein Geschöpf der Erde, aus ihr gewachsen, von ihr genährt und erhalten.

3. Der Mensch ist ein Teil der Erde und folgt als solcher einem übergeordneten Zweck. Er dient der Erde wie ein Blatt dem Baume. Daraus folgt: Der einzelne Mensch ist ebensowenig Selbstzweck wie die gesamte Menschheit.

4. Die Erde ist ein dem Menschen grundsätzlich ähnliches Wesen.

5. In der „zerstückelnden Betrachtungsweise" spezialisierter Wissenschaft gerät die Erde als lebendiges Ganzes aus dem Blick.

6. Das Bild der Erde wird von falschen Analogien verzerrt: a) Unser Planet sei ein riesiger „toter Erdklumpen" oder b) ein Globus. Die Darstellung der Erde im Globus entzaubere unseren Planeten.

7. Die übliche Trennung von Lebendigem, Organischen und Totem, Unorganischen läßt sich nicht aufrechterhalten, weil

   (a) in beiden Bereichen dieselben Kräfte und Gesetze gleichermaßen wirksam sind;

   (b) weil das Lebendige mit vermeintlich Totem unlösbar verknüpft ist;

   (c) weil das Lebendige ein Erzeugnis des vermeintlich Toten ist;

(d) weil das Lebendige sich zum vermeintlich Toten verhält wie ein Teil zum Ganzen.

8. Wenn Lebendiges mit (vermeintlich) Totem untrennbar verknüpft ist und nur *eine* Bezeichnung für *ein* Erdganzes zutrifft, muß ich mich *entscheiden*, „ob ich mich als einen toten Teil einer im ganzen toten oder als lebendiger Teil einer im ganzen lebendigen Erde betrachten will" (I:16).

Der Übertritt zu Fechners Weltanschauung bleibt letztendlich Sache einer Willens- und Glaubens*entscheidung*. Streng beweisbar ist nämlich keine der Hauptthesen des Buchs, dessen ist Fechner sich bewußt (vgl. I:8f.).

Der Denk- bzw. Argumentationsstil Fechners läßt sich als vereinheitlichender von der „zerstückelnden" Analyse abheben. Fechner läuft im Bemühen um „Ganzheitlichkeit" Gefahr, begründete Unterscheidungen gleichmacherisch einzuebnen und im Auslegen allgemeinster Wahrheiten trivial zu werden. Seine Argumentation mündet an den Grenzen des Sagbaren in manche schiefe Vergleiche. Ich meine, daß er dennoch einige vernünftige Gründe für seine pantheistische Anschauung mit wünschenswerter Klarheit bildreich darlegte und dadurch seinen Lesern ermöglicht, mit ihm die Gratwanderung durchzuhalten.

Erdenleib und Menschenleib

In der Vorrede kündigte Fechner an, zentrale Thesen „vorweg scharf und entschieden" auszusprechen. Das löste er in den „Vorläufigen Betrachtungen" ein. Das dritte Kapitel, „Vergleichende physische Erd- und Himmelskunde", hat weiterhin mit dem Vergleich Erde-Mensch zu tun. Fechner bemüht zur Stützung seiner bereits erörterten Hauptthesen zahlreiche Ergebnisse der damaligen Naturforschung, welche er mitunter pedantisch ausbreitet.

Z.B. errechnet Fechner Abplattung, Volumen und Gewicht der Erde (vgl. I:46). Ich erspare mir und dem Leser Umrechnungen von Angaben in Preußischen, Leipziger und Wiener Zentnern, preußischen Ruten à 12 Fuß, Peruanischen und Pariser Toisen und ähnlichen Maßeinheiten. Sollten grundlegende Tendenzen der naturkundlichen Ausführungen heute entscheidend anders betrachtet werden, wird dies angemerkt.

Man sollte jedoch nicht achtlos an den mühevoll zusammengetragenen Daten vorübergehen, auch wenn ihr Autor sie „als für den Erfolg nicht gerade wesentlich" betrachtet (I:42). Die hier nachweisbare Verknüpfung abstrakter Thesen mit konkreten Daten zum methodischen Muster erhoben, ergibt das Bild einer Deduktion:

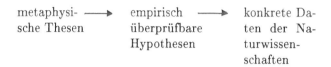

metaphysi- ⟶ empirisch ⟶ konkrete Da-
sche Thesen   überprüfbare   ten der Na-
               Hypothesen   turwissen-
                               schaften

Es kann sich dabei um eine Argumentationsfigur handeln, die der Methode der Erkenntnisgewinnung genau entgegengesetzt ist, denn Fechner bekennt sich wiederholt zur Induktion und betonte eingangs, mit den Ergebnissen beginnen zu wollen.

Die Verknüpfung metaphysischer Thesen mit konkreten Daten spiegelt Fechners Bemühungen, alles Verfügbare zur Begründung eines geschlossenen, widerspruchsfreien Weltbildes heranzuziehen. Er nimmt die Trennung einer Sphäre des Glaubens und einer Sphäre des Wissens nicht als gegeben hin, sondern er sucht die Kluft zu überbrücken, welche mit der fortschreitenden Säkularisierung der Wissenschaften aufbricht.

Eine Schrift, die Glaubens- und Wissensinhalte, Wissenschaftliches und aus heutiger Sicht Unwissenschaftliches vermischt und verbindet, konnte damals *noch* problemlos veröffentlicht werden und war durchaus noch nichts Ungewöhnliches, rief aber auch *schon* das gleiche verständnislose Kopfschütteln hervor, wie es heute vermutlich die allermeisten zeigen, die den Schriften Fechners zufällig begegnen. Dieses Noch und dieses Schon zeugen von den erwähnten wissenschaftsgeschichtlichen Veränderungen, welche auch im Lebenswerk Fechners deutlich werden.

Nun zum Inhalt: Fechner geht zunächst wieder auf Ähnlichkeiten von Erde und Mensch ein: Beider materieller Aufbau, die Organisation in Form relativ geschlossener Systeme mit festen und beweglichen Teilen, der Formenwandel der beweglichen Teile zwischen Freiheit (Zufall) und Regelmäßigkeit (Notwendigkeit), große und kleine Kreisläufe, Rhythmen und Perioden der Prozesse, beider Entwicklungsgänge – das alles gleiche sich prinzipiell (vgl. I:29ff.). Aber der „größten, schlagendsten Ähnlichkeit" stehen „größte, schlagendste Verschiedenheiten" von Teil (Mensch) und Ganzem (Erde) entgegen (I:31). In allen quantifizierba-

ren Größen ist die Erde dem Menschen weit voraus, so daß man von
einem „qualitativen Sprung" reden kann. „Die Erde ist also nicht bloß
etwas quantitativ Größeres als Mensch und Tier, sondern auch etwas
qualitativ Anderes" (I:40).

Die aufgezeigten Ähnlichkeiten rechtfertigten die Auffassung der Erde
als eines „individuell gearteten Organismus"; die Verschiedenheiten leg-
ten nahe, sie „sogar in noch höherm Sinne" einen Organismus zu nennen
(I:35). Sofern die Erde etwas „Höheres" sei, griffen Analogien zu kurz.
Der enge Begriff „Organismus" der Biologie könne daher die Erde nicht
völlig zutreffend bezeichnen. Schon zwischen Tier und Pflanze fände „ja
keine reine Vergleichbarkeit statt" (I:37). Stellte man sich die Erde –
wie es KEPLER in seiner „Harmonia mundi" tat – als Tier, gar noch
als Säugetier vor, ließe man außer acht, daß die Erde kein vergrößertes
Modell einiger ihrer Teile (Tiere, Menschen) ist. Der Mensch erschöpft
sich schließlich ebensowenig in den Eigenschaften einiger seiner Teile (Or-
gane).

> „Manche, indem sie die Erde mit dem Menschen vergleichen,
> begehen den großen Irrtum, daß sie das, was die Erde eben in und
> durch den Menschen hat, noch einmal außerhalb des Menschen in
> der Erde suchen." (I:38)

Manche Vergleiche von Eigenschaften des Menschenleibes mit solchen der Erde (z.B. Gezeiten – „Puls der Erde"; Kreislauf der Gewässer –
Blutkreislauf; Atmosphäre – Lunge) seien zuweilen hilfreiche Erläuterungen, blieben aber notwendig unzulänglich. Zwecklos, nach einem Herz
oder Hirn der Erde zu fragen, denn „... alles hinkt, wenn man den
Vergleich des Näheren auszuführen sucht" (I:39).

Fechners Kritik schiefer Metaphern und Analogien trifft auch seine eigenen Ausführungen, da er die Hauptinstrumente seiner Argumentation
in Frage stellt. Allerdings wies er zuvor auch auf Mängel seiner Vergleiche hin. Er wertete seine Wort-Rede-Metapher kritisch (vgl. I:22),
und nach der Darlegung der Erde-Pflanze-Analogie relativierte er sofort:
„... im Grunde ist die Erde doch gar keine Pflanze ... " (I:21).

Seine Argumentation ist durch den grundsätzlich problematischen
Charakter der Vergleiche nicht widerlegt. Ihm stehen keine anderen
Instrumente zur Verfügung. Man kann nicht mehr verlangen, als daß der
Autor sich der Leistungsgrenzen seiner Instrumente und der möglichen
Gefahren ihrer Anwendung bewußt ist und sich danach richtet.

Es geht Fechner um eine Kritik allzu offensichtlich falscher Analogien. Er „immunisiert" seine Auffassung, indem er alle an Einzelnem

durchgeführten Vergleiche für unmöglich erklärt, so daß seine *These der Ähnlichkeit von Mensch und Erde* nicht schon widerlegt werden kann, weil sich keine Leber unseres Planeten zeigen läßt.

Fechner führt den Vergleich im Detail an 48 Einzelpunkten auf 66 Buchseiten durch,

> „ohne andern Zweck, als für die gewöhnliche zerstückelnde Betrachtungsweise der Erde die verknüpfende etwas geläufiger zu machen, die das Fundament unserer Betrachtungen ist ... “ (I:42).

Nur die wichtigsten Punkte seien hier kurz dargestellt:

(1.) „Alle Stoffe der Erde bilden wie die unseres Leibes *eine einzige vollkommen in sich zusammenhängende und zusammenhaltende Masse,* in welche die Masse unseres Leibes selbst unlösbar mit eingeht.“ (I:42) „Die Erde ist ... ein wahres Atom des Weltalls ... “ (I:43)

(2.) *„Die Erde ist an Größe, Gewicht und bewegender Kraft* ein Ungeheuer gegen uns ... “ (I:44)

(4.) „Die *Gestalt* der Erde ist im Hauptzuge ... einfach, regelmäßig, kugelig ... die Gestalt des Menschen dagegen ist ... unregelmäßig, .. verwickelt ... “ (I:52)

(5.) „Die Erde hat sich ihre Gestalt ... selbst gegeben“ (I:54)

(6.) Äußere Gestalt und innere Beschaffenheit hängen beim Menschen und bei der Erde zusammen (vgl. I:54).

(7. f.) Wer die anthropozentrische Ästhetik überwindet, welche den Menschen als schönstes Geschöpf sieht, vermag die wunderbaren Schönheiten der Erde wahrzunehmen.

Mit beachtlicher Phantasie versetzt sich Fechner in den Weltraum und betrachtet die Erde von außen (vgl. I:56 ff.).

Die Aussicht, welche Bergeshöhen bieten, um ein Vielfaches übersteigert (vgl. I:57), eröffnet die Vorstellung, wie die Erde „von außen“ aussehen mag. Fechner stellt sich die Erde als überwiegend grünen Planeten vor, assoziiert dem, was er für lebendig hält, die Farbe des Lebens.

Das Vorstellungsvermögen erschließt Fechner Perspektiven, die noch kein menschliches Auge sah. Später begibt er sich auf andere Planeten (vgl. I:98ff.). Die Fähigkeit, den Standpunkt phantasierend zu wechseln, ist der Schlüssel zum Verständnis seines „Zend-Avesta“. Alles, was das

Buch auszeichnet, ergibt sich durch *einen* einzigen *Standpunktwechsel.*
Wer den Standpunktwechsel des Naturphilosophen nachvollziehen kann,
hat den Sinn des Buchs erfaßt, wie sein Autor es wünschte.

Mit einem Standpunktwechsel, wie Fechner ihn vollzieht, tritt der
Mensch aus sich heraus, ändert zugleich Wahrnehmungsstil und Aufmerksamkeit und wechselt Betrachtungsmaßstäbe. Von sich solchermaßen
Abstand nehmen zu können, ist die Leistung, die den „Zend-Avesta"
möglich machte, und die Voraussetzung für dessen Verständnis.

Im folgenden Kapitel vergleicht Fechner seinen Standpunktwechsel
mit dem Wandel von der ptolemäischen zur kopernikanischen Kosmologie. Die Überwindung des Geozentrismus' durch KOPERNIKUS war
die Folge von Versuchen, Probleme, die sich bei der Berechnung der Pla-
netenbahnen ergaben, im Rahmen eines anderen Modells unseres Son-
nensystems zu lösen: ein Rechenexempel also. Die Nachwelt deutete
die Geschichte der Astronomie von PTOLEMÄUS über KOPERNIKUS,
KEPLER und GALILEI als „Revolution", dramatischer Paradigmen-
wechsel und Kampf der Weltanschauungen zu deuten. Fechner teilt
diese verbreiteten Deutungen. Zudem wurde im Zuge der Aufklärung
häufig der Konflikt zwischen Glaube und Kirche einerseits und Wissenschaft andererseits, wie er jeweils gesehen wurde, auf jene Epoche der
Wissenschaftsgeschichte projiziert.

Fechner verlegt nicht, wie KOPERNIKUS, das Gravitationszentrum
des Planetensystems in die Sonne, sondern das Zentrum von Leben und
Seele in unseren Planeten, *ersetzt* also *eine anthropozentrische Seelenlehre durch eine geozentrische.*

> Ähnlich (der ‚kopernikanischen Wende‘, B.O.), wenn wir uns
> zu dem nicht minder großen, nicht minder bedenklich erschei-
> nenden Schritt entschließen, den Schwerpunkt des Irdischen nicht
> mehr in uns, sondern in der Erde ... zu suchen" (I:129)
>
> „... schien sich nicht alles zu verkehren bei diesem Schritt (des
> Kopernikus, B.O.) ... . Und doch, nachdem der Schritt gelungen
> ist, liegt das ganze Weltsystem klarer, schöner, geordneter, ...
> vernünftiger ... vor uns" (I:128).

(12.) Alles Organische „ist aus *Zellen* gebaut" (I:60). Die Erde ist Vorbild und Mutterzelle aller Zellen.

> Fechner faßt den Begriff „Zelle" weiter als SCHLEIDEN,
> der zwei Jahrzehnte zuvor die biologische Zelltheorie begrün-
> dete. Eine Mutterzelle im engeren Sinne ist nämlich jene,
> die sich in mindestens zwei Tochterzellen spaltet, und nicht

nur, wie Fechner anführt, eine Zelle, die Produkte für weitere Zellen bereitstellt. SCHLEIDENS Zellbegriff bietet eine Möglichkeit, Organisches (zellartig Strukturiertes) und Anorganisches zu unterscheiden. An einem derartigen Kriterium ist Fechner verständlicherweise nicht interessiert. Darum sucht er möglichen Einwänden zuvorzukommen, indem er den Zellbegriff umbildet zwecks Stützung seiner Theorie, die Erde sei ein lebendiger Organismus.

(13.) „Die Erde enthält alle Einzelstoffe in sich, welche der Menschenleib enthält" (I:61).

(15.) Erde und Mensch sind zu äußeren und inneren Bewegungen fähig (vgl. I:63).

(17.) Aus sich allein können weder die Erde noch der Mensch äußere Bewegungen vollziehen (vgl. I:69).

(21.) „In unserm Leib finden Kreislaufphänomene mancherlei Art statt; und ebenso im größern Leib der Erde." (I:73)

(22.) „Der ... Mensch ist ein periodisches Wesen ... ", die Erde ebenfalls (I:77).

(23.) Die Erde setzt durch ihre Bewegung die Zeit, die der Mensch zu messen sucht und nach der er sich richtet (vgl. I:77f.).

(25.) Alles, was geschieht, und sei es im Kleinsten, beeinflußt das Ganze!

> „Der Schmied meint, er schlägt bloß auf seinen Amboß; (aber) die ganze Erde ist sein Amboß; denn von dem Amboß geht die Kraft seines Armes weiter durch Schmiede und Land, und jedes Teilchen Erde gewinnt sein Teilchen von der Erschütterung." (I:80)

Keine Handlung außerhalb des Gesamthaushalts der Natur, die diesen unbeeinflußt läßt (vgl. I:82).

(26.) Weil der Mensch ein Ganzes „aus einem Gusse" ist, „... müssen Kräfte ... walten, die in eins durch das Ganze greifen" (I:80).

> Meditations-und Heilmethoden des Fernen Ostens beruhen auf den Annahmen einer Energiegestalt des Menschen und eines durchgängigen Energieflusses im Leib. Auf denselben Annahmen fußt auch die sogenannte „Bioenergetik" A.

LOEWENS, eine Strömung der sogenannten „humanistischen
Psychologie", die sich wachsender Beliebtheit erfreut. Sofern
heute ein modisch verbreitetes Interesse an fernöstlichen Lehren besteht und diese, teilweise vermittelt durch Hybride wie
die „Bioenergetik", zunehmend bekannt werden, erscheinen
zahlreiche Thesen Fechners derzeit weit weniger „verrückt",
als es noch vor wenigen Jahren der Fall war.

In der Erde, schließt Fechner, müssen ebenfalls solche Kräfte wirksam sein. Er nennt hier aber (noch) nicht die Kräfte der Gravitation und des Magnetismus, sondern denkt offenbar an eine Ener-
giegestalt, die den „Funktionszusammenhang" der Teile herstellt.

(27.f.) Das „tote", glutflüssige Innere der Erde erzeugt ausreichend
Schwerkraft, um alles im Banne der Erde zu halten.

Schwerkraft ist nicht mehr und nicht weniger eine „tote" physische
Kraft wie die Sehkraft. Eine *camera obscura* funktioniert prinzipiell genauso nach denselben optischen Gesetzen wie unser Auge,
gibt Fechner in ähnlichem Zusammenhang zu bedenken (vgl. I:19).

(29.) Die zweite meßbare Kraft der Erde, die durch alle Teile dringt, ist
der Magnetismus.

(30.) Mensch und Erde sind von einem einzigen, durchgreifenden Zweck-
bezug bestimmt (vgl. I:84).

Alles hängt in und „... unter sich durch Zweckbeziehungen zusammen, die ... eine durch das ganze irdische System in eins waltende Kraft
verraten" (I:88). Die Zweckmäßigkeit und Zweckgerichtetheit der Natur
wird von uns *gefühlt* (vgl. I:90).
Wenn der Mensch z.B. durch Naturkatastrophen in Not gerät, sei
auch das zweckmäßig im Ganzen „Ohne Not, Hemmnis, Gefahr keine
Fortentwicklung menschlicher Anlagen ... die Menschheit wächst im
Kampfe mit Hindernissen und Gefahr ... " (I:91f.).
Erde und Mensch seien einander zweckdienlich. Der Mensch diene
der Erde, indem er Schiffe, Wagen, Werkzeuge baut. „Welche Lücke für
den irdischen Verkehr, wenn der Mensch wegfiele!" (I:92)
Die hier vielbeschworene *Teleologie* schafft jedoch Probleme: Die
Erde hat den Menschen doch nicht hervorgebracht, damit dieser ihr
Bedürfnis nach Verkehrsverbindungen befriedigt! Fechner erkennt wohl
die Grenzen einer allzu harmonistischen Teleologie, denn wenig später
heißt es:

„In letzter Instanz wird man vielleicht zugeben können oder
müssen, daß in der Erde, wie in der Natur und Welt überhaupt,
nicht alles wirklich zweckmäßig ist; es kommt auf die Art und
Weise der Definition der Zweckmäßigkeit an ... " (I:94)

Im nächsten Satz wird der Störenfried der universellen Harmonie genannt: das Übel. „... kann man wohl das Dasein des Übels überhaupt
zweckmäßig nennen? im engeren Sinne gewiß nicht ... " (I:94) Hier
bricht das *Theodizee-Problem* durch, das zahlreiche monistische Konstruktionen befiel. Jeder Pantheismus ist anfällig dafür.
Die Notwendigkeiten und Zwecke der Erde wirken auch im Menschen
selbst, der ins Weltganze eingebunden ist.

„Und so viel der Mensch wirtschaftet auf der Oberfläche der
Erde, ist es nicht etwas, was er als Fremder über sie vermag,
sondern etwas, was sie über sich selbst vermag; jede Gewalt, die
er äußerlich auf sie zu üben glaubt, ist nicht minder ihre eigene
Gewalt; er kann ihr, als ihr Teil oder Organ, nichts tun, was sie
sich nicht selber tut, dahingehend sie ihm unzähliges tun kann,
was er nur von ihr leiden muß." (I:33)

Fechner ordnet menschliches Handeln höheren Zwecken und Gesetzen unter, als könne es nichts aus und für sich selbst, sich selbst nicht
mächtig und darum auch nicht verantwortlich. Wo, ausgehend von der
harmonischen Fügung des Universums, im Sinne einer durchgehenden
Zweckbestimmung der Natur bis ins Kleinste ein vollkommen harmoni-
sches Gesamtbild gezeichnet wird, gerät aus dem Blick, daß Teile (Menschen) durchaus gegeneinander handeln können, und daß kranke Teile
vorkommen, die einen ganzen Organismus dahinsiechen lassen. Seit C.
DARWIN weiß man von „Sackgassen der Evolution" bzw. „Irrtümern
der Schöpfung".
Die Beziehung von Mensch und Erde ließe sich mit den Adjektiven
„symbiotisch" oder „parasitär" beschreiben. Fechners Bild ist das einer
harmonischen Symbiose, wobei die Erde als auch für sich lebensfähiges
„Wirtstier" die selbständigere, übergeordnete Einheit darstellt. Die aktuelle Kulturkritik der Ökologiebewegung sieht den Menschen dagegen
als Parasit, der sein Wirtstier – und damit schließlich sich selbst – zugrunde richtet.
NIETZSCHE hat das zu Ende gedacht: „... unter den Bedingungen
des Lebens könnte der Irrthum sein" (NIETZSCHE, KSA 3:478). Indem
der Mensch als komplexestes, höchstentwickeltes Produkt des LEBENS
sich gegen dieses kehrt, erweist er nicht nur sich selbst als Irrtum, sondern

offenbart sich der gesamte Weg der „autopoietischen" Differenzierung des
Organischen als Irrweg.
Welchem Zweck folgen nun die „irdischen Zweckbeziehungen"? Die
Erde fortzuerhalten und fortzuentwickeln (vgl. I:94f.). In der Ausbreitung ihrer Vielfalt (Entwicklung) werde die Erde zugleich immer stabiler
(Erhaltung), so daß weder Krankheit noch Tod ihrem Bestande drohen
(vgl. I:95). Der Fortentwicklung ins Feinere und Feinste, an deren Spitze
jetzt die Menschheit steht, seien keine Schranken gesetzt. An der Stelle,
wo Fechner von Forterhaltung schreibt, setzt der Abschnitt des Anhangs
zu diesem Kapitel ein, der „Selbsterhaltungsprinzip im Sonnensystem"
(II: 42ff.) überschrieben ist. „Wie unserm Leibe", heißt es dort, „...
wohnt dem irdischen und in höherm Sinne dem Sonnensystem ein Selbsterhaltungsprinzip inne, welches aber diese höhern Systeme viel wirksa-
mer vor Zerstörung schützt, als wir von unserm Leibe sagen können"
(II:42).

Der Naturphilosoph schätzt die „Stabilität des Sonnensy-
stems", in welchem die Erde unsterblich sei (s.o.), hoch ein. Heute
ist die Zeit des atomaren Dauerbrenners, der uns alle mit Energie
versorgt, längst berechnet, die Aussichten, wenn auch Milliarden
Jahre fern – „roter Riese" und „weißer Zwerg" – , hinreichend
bekannt. Ein kurzes Pulsieren der Sonne, ein Aufflackern unseres
Sterns bedeutete schon den Tod alles irdischen Lebens. Solch Un-
vermeidliches bereitet zu Recht niemandem Sorge, wohl aber der
Holocaust, den wir selbst uns zu bereiten auf dem Wege sind. Was
Fechner noch als Spitze des Doms der Schöpfung und Speerspitze
kosmischen Fortschritts galt, rechnet die Erfindung des hundert-
tausendfachen Todes auf Knopfdruck zu den bedeutendsten Leistungen. Der Mensch hat die Erde wie eine Krankheit befallen, ist
aus sich selbst heraus „bösartig" geworden. Sofern dies heute so
gesehen wird, fallen eher Kosmologien, die im All ein von blindem
Zufall und sinnloser Notwendigkeit getriebenes Chaos erblicken,
auf bereiteten Boden. Geordnete, harmonische Weltgebäude, wie
sie Fechner und zahlreiche Zeitgenossen den sich abzeichnenden
zerstörerischen Veränderungen zum Trotz errichteten – vielleicht,
weil sie aufhalten wollten oder vergessen – , stoßen daneben auf
Unverständnis, wenn es auch ein zeitloses Bedürfnis nach Hei-
lem geben mag. Das Pendel der Geistesgeschichte scheint neuer-
dings wieder zurückzuschwingen von bloß oberflächiger kultur-und
selbstkritischer Besinnung hin zu neuer Selbstgefälligkeit und fri-
schem Mut im Angriff der noch verbleibenden Aufgaben, so daß
die großen harmonischen Systeme der Philosophie vielleicht einer
Renaissance entgegengehen.

Gegen Ende des Kapitels begibt sich der Naturphilosoph wieder hinaus in den Weltraum, durchquert das Planetensystem, findet die Himmelskörper schärfer unterschieden als die Geschöpfe der Erde. Der Befund stützt seine These der verglichen mit den Erdenwesen selbständigeren Himmelswesen.

Wenig später deutet Fechner die Sterblichkeit des Menschen mit Blick auf das Weltall: Die Menschen hoffen, nach ihrem Tod „in den Himmel zu kommen" (I:109), um ewig zu leben. Bislang war „Über die Dinge des Himmels" ausschließlich unzweideutig im handfesten, diesseitigen Sinn die Rede. „Himmel" bezeichnet danach den Gegenstandsbereich, mit dem alle Naturwissenschaften zu tun haben – nicht bloß die Astronomie. Der Gegensatz von Himmel und Erde wird hinfällig, wo die Erde als himmlisches Wesen gilt. Jene Konsequenz ist unabweisbar, auch wenn Fechner sie nicht ausdrücklich zieht: Der Mensch braucht sich nicht in den Himmel zu wünschen, denn er lebt bereits mitten darin.

Die Beseelung der Erde

Nun kommt Fechner zur gründlich vorbereiteten *Hauptthese der Beseeltheit der Erde*. Die bereits eingangs des vorhergehenden Kapitels getroffenen kurzen Definitionen unseres Planeten (vgl. I:29,33) werden zu einer ebenso abstrakten wie umständlichen Definition ausgebaut. Das Dutzend Einzelmerkmale fortgelassen, lautet der Hauptsatz folgendermaßen: „Die Erde ist ein ... Geschöpf *wie unser Leib*" (I:110, Hervorh. B.O.). Wenig später wird nahezu dieselbe Definition wiederholt, allerdings ohne den abschließenden Vergleich, nun aber als Definition der Seele. Erde, Menschenleib und Seele sind also, sieht man von dem „Mehr" ab, das die Erde dem Leib voraus hat, definitionsgemäß nicht unterschieden!

Anschließend umgeht Fechner die Fragen nach der Kausalität und Priorität im Leib-Seele-Verhältnis: Am Leib zeige sich Seele, weil die „wesenhaften Eigenschaften" von Leib und Seele einander entsprächen (vgl. I:111). Das Problem der Fremderfahrung öffnet sich, welches Fechner ebenso wie ein Sozialwissenschaftler unseres Jahrhunderts von folgendem Standpunkt angeht:

> „Der Beobachter, welchem der fremde beseelte Leib als *Ausdrucksfeld* der fremden Bewußtseinsabläufe vorgegeben ist, kann jeden Ausdruck an diesem Leib für ein Erlebnis des fremden Ich auffassen ... " (SCHÜTZ 1932:129).

Fechner setzt ebenso wie SCHÜTZ die Fremdbeseelung schon als gegeben voraus, da Fremdseelisches in der „natürlichen Einstellung" selbstverständlich angenommen wird.
Die Frage der Beseelung wird am eigenen Ich entschieden. Wer schon
nicht zugesteht, selbst eine Seele zu haben bzw. zu sein, der wird jede
Frage nach Seelen außerhalb seiner selbst für unsinnig halten.
Fechner redet von der eigenen Seele nicht, als könne man sie beliebig
annehmen, setzen, denken oder nicht, sondern Seele ist für ihn in erster
Linie ein Faktum innerer Erfahrung von unbezweifelbarer Evidenz, in
zweiter Linie entspricht der Seelenbegriff einem Bedürfnis und erweist
sich zum Zweck der Naturerklärung als nützlich und sinnvoll.
Was hat der Planet Erde als Ausdrucksfeld, was uns hindert, anzunehmen, er sei beseelt? Ganzheit und Geschlossenheit, Selbständigkeit
sowie innere und äußere Freiheit kommen nach Fechner bei näherer Betrachtung auch der Erde zu, so daß das gesamte Ausdrucksfeld „Erde"
vom gesamten Ausdrucksfeld „Mitmensch" grundsätzlich nicht geschieden ist. Nichts hindere uns also, der Erde wie einem Mitmenschen Seele
zuzuspechen. Fechner räumt Argumente gegen die Beseelung der Erde
beiseite. Der Umstand, das ein Weg frei von Hindernissen ist, bietet
jedoch noch keinen Grund, ihn zu gehen.
Die hier fortgeführten Vergleiche von Erde und Mensch – mögen sie
treffen oder nicht – zielen zu einem Teil auf den Nachweis strukturel-
ler Gleichheit und Ähnlichkeit, zum anderen Teil auf ein „Mehr" und
„Höher", das der Erde in sämtlichen Eigenschaften zukommt.

> „Die Erde ist uns genau noch so ähnlich, um zu beweisen, daß
> sie eine einige, individuelle, selbständige Seele hat wie wir, und so
> unähnlich, um zu beweisen, daß sie eine höhere (Seele) ... hat"
> (I:115),

aber sie hat nicht die höchste Seele, „... da es ein Absolutes hier
einmal nicht gibt, außer in Gott" (I:115).
Die Erhöhung der Erde liegt in derselben Richtung wie die Konstruktion eines Gottes aus der Steigerung des Menschlichen: Gott sei allwis-
send, allmächtig, allgegenwärtig, heißt es, und zöge man das Präfix ab,
blieben menschliche Eigenschaften. Offensichtlich, daß jede Konstruktion eines Gottes mittels solcher Begriffe nur aus einer Apotheose des
Menschlichen bzw. aus einer überhöhten Selbstdarstellung des Menschen besteht. Die anthropomorphe Gestalt des Gottes macht möglich,
daß ein Mensch sich göttliche Qualitäten wünscht oder gar sich für Gott
hält.

Wie aber steht es mit der Erde? Die Heiligung der Erde erschöpft sich nicht in bloßer Verlängerung des Menschlichen. Die *Vergötterung der Erde* erschließt eine andere Qualität, einen tragenden Grund, lebendig und beseelt, in den der Getragene sich nicht wünschen kann. Der Mensch kann sich allenfalls wünschen, selbst anderen Lebewesen Dasein zu ermöglichen, wie die Erde ihm ermöglicht, dazusein.

Sofern Fechner sich hier auf unseren Planeten konzentriert, läuft er Gefahr, die Erde zum allein Maßgebenden Höheren zu erklären, so daß die Konstruktion eines Gottes bei der Erde stehenbleibt und in ihr den anschaulichen Grund einer Religion findet. Bislang war von Gott noch kaum die Rede, wodurch der Eindruck einer Vergötterung der Erde entsteht.

Der Unterschied zwischen dem christlichen Weg und Fechners Weg läßt sich bildlich so darstellen:

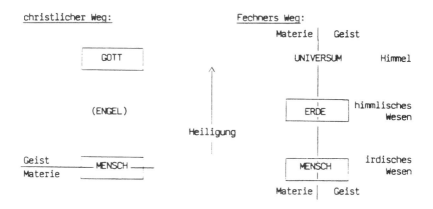

Die Christen heiligen vor allem Gott, Fechner dagegen – jedenfalls bis hierher – den Planeten Erde und in der wenig betonten Konsequenz das Universum. Später setzt Fechner noch hinzu: Mensch, Erde, Universum – das sei alles in Gott (Panentheismus). Aber der Gottesbegriff, wenn er im zweiten Teil auch verstärkt eingebracht wird, ist eben nur angefügt, ein verzichtbares Prädikat des geheiligten Weltalls, nicht mehr als ein Zugeständnis an den Sprachgebrauch, worin das Heiligste und Höchste immer „Gott" heißt, sowie an den Gottesbegriff der Christen, den Fechner nicht umgehen kann, sofern er Christen für seinen Pantheismus gewinnen will.

Fechners Denken stößt nicht wie der christliche Weg ins unanschauliche Leere, sondern trifft auf den Boden unter uns und den Himmel über uns. Sein himmlisches Wesen ist kein rein geistiges Wesen wie der Gott der Christen, sondern eine leibseelische Einheit. Da Fechner auf der Suche nach dem Heiligen die Erfahrung des Materialen nicht preisgibt, behält er äußere Gegenstände, deren wissenschaftliche Erforschung zum rechten Glauben beitragen kann.

Der Mensch vermag die Erde nicht allein durch ihr Erscheinungsbild bzw. Ausdrucksfeld zu erkennen, sondern er hat als Teil des Erdganzen die Möglichkeit des Einblicks in die Seele des Himmelskörpers.

> „... da wir selbst zu den Teilen, Gliedern der Erde gehören, setzt uns dies allerdings in den Stand, auch noch etwas mehr als äußere Zeichen ihrer Seele, vielmehr wirklich auch etwas von ihrer Seele selbst unmittelbar wahrzunehmen, nämlich das, was davon in uns selbst eingeht, oder das Moment, was unsre Seele von der ihren bildet." (I:116)

Fechner argumentiert im Sinne der „Methexis" PLATONS und ordnet anschließend die Menschenseele der Erdenseele unter.

> „Wenn ... alle bisherigen Betrachtungen gezeigt haben, daß unsre Leiber ... Teile ... des irdischen Systems ... sind, ... so gehören auch unsre Seelen notwendig zur Beseelung der Erde, ... denn der Sitz der Seele läßt sich nur nach dem Leiblichen beurteilen, zu dem sie gehört." (I:116)

Von der Verbindung des Körperlichen müsse man also auf eine Verbundenheit des Geistigen schließen. Der Modellfall der jedem Einzelnen unmittelbar evidenten Verbindung seines Leibes mit seiner Seele berechtige zu Analogieschlüssen auf fremde Seelen.

Nun entwickelt Fechner das bereits mehrfach angerissene Argument, das Ganze sei mehr als die Summe seiner Teile. Die Erde als Erzeugnis der Verbindungen zahlreicher Teile sei kein Sammelsurium, sondern ein „zweckmäßiger Zusammenhang", funktionell hochintegrierter Organismus, und als solcher ihren Teilen überlegen.

Aus der Verbindung von einzelnem Beseelten kann ein völlig neuartiges Wesen entstehen, aber ergibt schon jede Verbindung eine Seele auf höherer Ebene? Wenn nicht, auf welche Verbindung träfe das zu? „Eine Versammlung gescheiter Leute ist oft ein Dummkopf" (I:116), schreibt der Naturphilosoph, und hier muß gefragt werden, ob man das Wort

„Kopf" wörtlich nehmen und eine Massenseele annehmen soll, die zwar komplexer als die Einzelseele, aber dennoch weniger leistungsfähig ist. So abwegig, wie die Frage zunächst scheinen mag, ist sie nicht, denn im nächsten Absatz läßt sich Fechner über den „Geist der Menschheit" aus. Es sei daran erinnert, daß Fechner Geist und Seele gemäß der Eingangsdefinition (vgl. I:XIX) nicht unterschieden wissen will. Also: Welche Verbindung wievieler Menschen ergibt eine neue Seele? Schon wenn zwei in einem Namen beisammen sind, eine neue Seele? Eine Familien-, Klassen-, oder Volksseele vielleicht? „Von einem Geiste der Menschheit zu sprechen ist jetzt so geläufig geworden als von einem Geiste des Menschen zu sprechen" (I:117).

> Nach HEGEL fällt der Begriff des Geistes, losgelöst vom Individuum, zunehmender Entleerung anheim. Es gerät aus dem Blick, was noch sinnvoll als mit Geist ausgestattet bezeichnet werden kann. In der Romantik kommen Wortbildungen mit dem Begriff „Geist" in Mode, z.B. „geistreich" und „Zeitgeist". „Weltgeist" und „Volksgeist" werden von HEGEL neu belebt, dazu komen seine Begriffe des „subjektiven", „objektiven" und „absoluten" Geistes. Als eine Konsequenz dieser Begriffsinflation entsteht die „Völkerpsychologie" von MORITZ LAZARUS und HEIMAN STEINTHAL, die sich der Erforschung des „Volksgeistes" widmet. Von der Mode des Geistesbegriffs nehmen die Geisteswissenschaften ihren Ausgang. An dieser Stelle ist anzumerken, daß zwischen der Ausweitung des Geistesbegriffs im Anschluß an HEGEL und FECHNERS Ausweitung des Seelenbegriffs zeitliche und strukturelle Parallelen bestehen. Sofern man nicht an einen Zufall glauben mag, muß man annehmen, daß Fechners vom Panpsychismus geprägte Schriften von einer Strömung der Romantik und der idealistischen Philosophie HEGELS beeinflußt wurden – wenn Fechner sich auch vielfach nachdrücklich gegen HEGEL und dessen Epigonen ausspricht. *Fechners Wahl des Seelenbegriffs wird erst aus der Gegenstellung zu HEGEL in vollem Umfang verständlich.* Das Wort „Geist" trägt für Fechner und ebenso auch für W. WUNDT durch HEGEL die Last „metaphysischer" Inhalte, so daß ein positiv empirisch zu füllender Begriff „Seele" den Vorzug erhält.

Das einzige hier genannte Kriterium für die Beseelung von Aggregaten ist die „Zweckmäßigkeit" der Verbindung der Teile. Fechners Verbindungen und Zusammenhänge entdeckendes Denken ließe die Aussage zu: Alles ist mit allem verbunden. Sofern das menschliche Bewußtsein Dinge verbindet und über Zwecke befindet, stellt das Bewußtsein die

Instanz dar, welche die Gegenstände konstituiert, denen Seele zugesprochen werden kann. Blumen, Kräuter und Gräser mag man als „Wiese"
wahrnehmen, aber auch wenn man weiß, wie im kleinen Ökotop Wiese
alles zweckmäßig zusammenwirkt, denkt man an keine Wiesenseele. Eine
Uhr als funktionelles Ganzes, eine Institution, eine Fabrik, ein Staat –
keinem dieser Gegenstände erkennt man gewöhnlich eine Seele zu, obwohl sie sich als allein aus zweckmäßigen Verbindungen bestehend denken lassen.

Fechner versäumt es, Grenzen möglicher Beseelungen aufzuzeigen.
Sein Hauptkriterium greift nicht, weil Zweckmäßigkeit und Verbundenheit keine Eigenschaften von Gegenständen sind, sondern Verstandesbe-
griffe, unter die alle Gegenstände gestellt werden können. Die zuvor angeführten Kriterien der Ganzheit, Individualität, Geschlossenheit, Freiheit und Selbständigkeit sind in letzter Konsequenz ebenso untauglich.
Die Kriterien, der Selbstdeutung des Menschen entnommen, können zudem am Modellfall umgekehrt werden, wenn man sich z.b. als vollständig
determiniertes Herdenwesen begreift. Ließen sich am Menschen eindeu-
tige, evidente Merkmale der Beseelung gewinnen, bliebe der einzige An-
haltspunkt für fremder Seelen die Ähnlichkeit.

> „Es ist von vornherein klar, daß nur eine ... jenen Körper dort
> mit meinem Körper verbindende *Ähnlichkeit* das Motivationsfun-
> dament für die ‚analogisierende' Auffassung des ersteren als ande-
> rer Leib (‚Leib' heißt der beseelte Körper, B.O.) abgeben kann."
> (HUSSERL 1977:113)

Mit abnehmender Ähnlichkeit entfällt die *Motivation*, Fremdem Seele
zuzusprechen. Die grundsätzliche Ähnlichkeit verschiedenster Gegenstände in der Erscheinungsweise des Raumgegenständlichen reicht nicht
aus, um jedes Raumgegenenständliche *gleichermaßen* beseelt zu sehen.

Wie das Bewußtsein über Ähnlichkeiten befindet, ist reflektierend
kaum auszumachen und sprachlich kaum angemessen darzustellen. HUS-
SERL spricht von „assoziativer Paarung" und „analogisierender Übertra-
gung".

Der Begriff bzw. Maßstab „Ähnlichkeit" kann ohne sein Gegenteil
nicht bestehen. Wenn also dem Ähnlichen Seele zuerkannt wird, so muß
es mit dem Unähnlichen auch Unbeseeltes geben. Hier bricht das dif-
ferenzierende Bewußtsein, welches sich dual strukturierter Begriffe und
Maßstäbe bedient, das *monistische Konzept der Allbeseelung* auf.

Da Fechner der Beseelung keine Grenzen setzt und den Seelenbegriff
nicht differenziert, so daß selbst Unähnlichstes mit demselben Seelenbegriff assoziiert wird, stutzt er den Seelenbegriff zwangsläufig auf den

kleinsten gemeinsamen Nenner zurecht. Eine konkrete, reiche Definition der Seele, wie sie eingangs getroffen wurde (vgl. I:XIXf.), wird mit seiner These der Allbeseelung preisgegeben.

Der Begriff „Seele" wird in seinem Pantheismus ebenso verwendet wie der Begriff „Materie" innerhalb eines Materialismus'. Eine materialistische Weltanschauung muß nach der Reduktion auf Materiales alle in der „natürlichen Einstellung" gegebenen Unterscheidungen wiederherstellen, indem Materie differenziert wird nach Bewegungen, Kräften, Organisationsgraden, Funktionen usw.; und grundsätzlich dasselbe muß auch ein Pantheismus bzw. Panpsychismus leisten. Fechner gesteht lediglich zu, daß Pflanzen in geringerem, die Planeten, verglichen mit dem Menschen, in höherem Maß beseelt seien. Genauere Bestimmungen erlaubt sein entleerter Seelenbegriff nicht.

In HUSSERLS fünfter „Cartesianischer Meditation" bedeutet „Seele" die Gesamtheit des inneren Erlebens, Fühlens, Wahrnehmens usw.. Der Seelenbegriff kann dort jederzeit mit dem, was jeder Einzelne in sich selbst erfährt, anschaulich gefüllt werden. Die Seele, die ich dem Mitmenschen („alter-ego") appräsentiere, ist in der Urstiftung meine eigene. Einem einzelligen Lebewesen hingegen kann unmöglich sinnvoll mein Eigenseelisches appräsentiert werden. Sofern ich mich und einen Einzeller als beseelt auffasse, kann die seelische Gemeinsamkeit den Umfang überhaupt feststellbarer Gemeinsamkeiten nicht übersteigen. *Je unähnlicher, verschiedener die Dinge, welche beseelt genannt werden, desto stärker wird der ursprünglich erfüllte Seelenbegriff in Richtung äußerster Allgemeinheit und Abstraktion zurückgenommen.*

Bedenkt man, daß Menschen aus einer Zelle entstehen und daß spezialisierte Körperzellen und Einzeller vieles gemeinsam haben, bleibt genug, um z.B. den Begriff einer alles Lebendige auszeichnenden Vitalseele näher zu bestimmen. Fechner ergreift die Möglichkeit einer Differenzierung des Seelenbegriffs nicht, kann dadurch seinen panpsychistischen Monismus wahren, muß aber die Folgen der *Inhaltsentleerung des Seelenbegriffs* in Kauf nehmen. Davor gibt es kein Entrinnen, auch wenn Fechner nachfolgend den empirischen Seelenbegriff anführt, als ließe sich dieser auf entfernt Ähnliches einfach anwenden. Damit handelt er sich lediglich noch zusätzlich ein werkimmanentes Problem ein.

Der empirische Seelenbegriff beruht auf der Voraussetzung, daß jeder immer schon weiß, was „Seele" bedeutet, weil jeder Seele hat und sich ihrer unmittelbar gewiß ist: „... jede Seele (steht) eben nur zu sich selbst im Verhältnis direkter Gewahrung ... " (I:120). Ausgehend vom erkennenden Subjekt begründet Fechner die Seele aus der evidenten Selbsterfahrung. Denselben Ansatz legt achtzig Jahre später E. HUSSERL seiner hier bereits mehrfach angesprochenen Theorie der Fremdbeseelung zugrunde. Mit demselben Recht, wie HUSSERL sein Vorgehen „cartesianisch" nennt, kann man von einem *cartesianischen Ausgangspunkt* im „Zend-Avesta" sprechen. An anderer Stelle nimmt Fechner ausdrücklich positiv auf DESCARTES Bezug, wodurch diese Interpretation bestätigt wird (vgl. 1861:5). Es wird zu zeigen sein, daß der cartesianische Weg im „Zend-Avesta" nicht durchgehalten wird, denn Fechner vertritt eine vom Standpunktwechsel geprägte Erkenntnistheorie des Fremdseelischen, die unverkennbar „objektivistische" Elemente enthält. In späteren Texten beschreitet Fechner den cartesianischen Weg konsequenter.

Reduzierte sich das Beseeltheitsprädikat auf rein sachlich darunter gefaßte Eigenschaften, bliebe nach der Entleerung des Seelenbegriffs nur noch ein überflüssiger Name. Doch das Beseeltheitsprädikat stellt den *Ausdruck eines Gefühls* dar und bezeichnet eine (emotionale) *Einstellung* zu den für beseelt erachteten Dingen. Und diese Einstellung ändert sich nicht zwangsläufig mit abnehmender Ähnlichkeit zwischen dem Menschen und den betreffenden Dingen. Sie ist von keinerlei äußeren Merkmalen abhängig. Sie wächst aus dem Inneren, kann Beliebigem entgegengebracht werden, durch keine Erfahrung zu widerlegen, aber vielfach zu bestätigen, sich selbst erfüllend und mitunter verstärkend. Der *Entschluß*, einem Gegenstand jenes Gefühl entgegenzubringen, kann durch die Aussage, dieser sei beseelt, ausgedrückt und bekräftigt werden. Reflektiert man jenes Gefühl, gelangt man zu *Wertungen* und *Sinngebungen*. Das Beseeltheitsprädikat findet dann möglicherweise erneut Verwendung als deren Ausdruck.

Der durch emotionale Belegung, Bewertung und Sinngebung angenommene, *anverwandelte* Gegenstand kann daraufhin untersucht werden, was an ihm das Beseeltheitsprädikat rechtfertigt, wobei das Bewußtsein stets Rechtfertigungen entdecken kann, auf die es aus ist. Sofern das Bewußtsein aber begreift, daß alle Rechtfertigungen auf es selbst zurückfallen und mithin der Grund der Sinngebungen niemals im Objekt liegt, bleibt nur, von einer Beseeltheit der Welt ironisch zu reden, wie es Fechner in der „Vergleichenden Anatomie der Engel" (1825) tat. Keinesfalls werden dort Sinngebungen lächerlich gemacht, sondern die Versuche, das Nicht-zu-Rechtfertigende zu rechtfertigen, und dahinter die Personen, welche meinen, solches – womöglich noch wissenschaftlich – leisten zu können. Da Fechner selbst solche Versuche unternahm, ist seine Ironie als *Selbstironie* aufzufassen (vgl. I:XI).

Bei allem eingangs bekundeten Ernst in Sachen „Seele" kann man annehmen, daß Fechner zuweilen selbstironisch Distanz zu seinen Gedanken bzw. Ausführungen gewann.

Nochmals: Der Seelenbegriff ist nicht nur Bezeichnung von (vermeintlich objektiv gegebenen) Eigenschaften zu Zwecken der Mitteilung, sondern er fungiert wesentlich auch als Träger und Ausdruck eines Gefühls, einer Wertschätzung und einer Sinngebung. Diese Funktion ist von der erwähnten (Inhalts-) Entleerung des Seelenbegriffs nicht betroffen. Sogar Fechners empirischer Seelenbegriff ist nicht frei von Gefühls-, Wert- und Sinnbelegung, so daß überall ein von keiner vernünftigen Argumentation zu erschütternder Kern bleibt, welcher die unbeweisbare Glaubensüberzeugung des Panpsychisten enthält.

Sofern die gesamte Sprachgemeinschaft dem Seelenbegriff jenseits konkreter Inhalte derart Emotionales assoziiert, ist jede Nennung des Seelenbegriffs ein *Appell* an ein Gefühl und Bedürfnis nach Freundlichem und Verwandtem. Dieses Appells muß der Leser sich bewußt sein, um der Attraktion des Irrationalen widerstehen zu können.

Bewußtsein und Verkehr

Fechner argumentiert gegen die „rohe Betrachtung" (I:131), die materialistisch die Seele an ein bestimmtes organisches Substrat gebunden sieht, daß Seele weder auf Nerven noch auf ein Gehirn angewiesen sei. Einfache Lebewesen wie Polypen hätten keine Nerven, aber doch Empfindungen und damit Seele. Die Meinung, die Erde sei unbeseelt, da sie weder Nerven noch Hirn besitze, sei darum irrig. Nur auf einer bestimten Organisationsstufe des Lebendigen geselle sich der Seele ein Nervensystem zu. Wenn die Differenz der Organisationsgrade eines Säugetiers und eines Einzellers etwa derjenigen der Erde und eines Säugetiers entspreche, sei nicht einzusehen, warum das himmlische Wesen Erde ein Nervensystem wie das unsrige haben müsse, um als beseelt gelten zu können.

> „Nun fehlt aber noch überdies der Erde nicht einmal ein Nervensystem, nicht Fleisch, nicht Blut, nicht Laufen, Schreien, Fressen; es kommt ihr alles auch mit zu, indem die Menschen und Tiere ihr selbst mit zukommen." (I:132)

Wie der Mensch Augen hat, so habe die Erde die Menschen als „Sinneswerkzeuge". Derselbe durchgreifende Zweck, der dem Menschen *zwei* Augen verleiht, führe dazu, daß die Erde ihre gesamte Hirnmasse auf viele einzelne Lebewesen aufteilt; denn so ist „... die Verletzung der einzelnen (Sinneswerkzeuge) unschädlich für das Ganze" (I:133).

Bereits im vorhergehenden Kapitel hieß es, die Erde sehe mit zahlreichen Augen vieler Lebewesen ungleich mehr und besser, als wenn sie nur wie der Mensch ein Paar besäße.

Fechner bemerkt wohl, daß die Analogie, die Erde denke mit Millionen von (Einzel-) Gehirnen ebenso wie der Mensch mit zwei Hirnhälften, wenig plausibel erscheint, und führt die Ablehnung auf einen „eignen Widerspruch" zurück:

> „Wenn ich sage: das Gehirn ist das Hauptorgan der Seele im Menschen und jeder Gedanke wird von einer Bewegung im Gehirn getragen; so sagt man etwa, um den Geist recht hoch über die Materie zu erheben: wie kann die Freiheit des Gedankens sich an die Bahnen, die im Gehirn gezogen sind, halten; da sieht man nichts als feste Fasern in ein für allemal bestimmter Lage. Umgekehrt fragt man, wenn ich der Erde eine einige Seele zuspreche, wo sie doch (wo sie *denn* ... , B.O.) ein ähnliches in sich festgebundenes Organ wie das Gehirn habe, und vermißt, da die Menschen frei untereinander herumlaufen, nicht aneinander gebunden sind, wie die Gehirnfasern, den Ausdruck des einigenden Bandes ihrer Seelen. Man hat beidenfalls Unrecht. Auf den Straßen des Gehirns sind doch so freie Bewegungen als auf den Straßen eines Landes möglich ... " (I:134),

... und die vermeintlich freien Menschen seien ebenso „gut gebunden" wie Abläufe in unserem Gehirn. Der „Widerspruch", den Fechner seinen Gegnern vorwirft, liegt darin, daß sie in einer kritischen Frage indirekt fordern, was sie in einer zweiten Frage bezweifeln. Erst fragen sie:

> Wie kann aus *unfreien* Bewegungen auf fest liegenden Nervenbahnen im *Menschen* ein *freier* Gedanke entstehen?!

Dann fragen sie:

> Wie kann aus *freien* Bewegungen freier Menschen für die *Erde* ein *freier* Gedanke entstehen?!

Die Bewegungen der Menschen liefen durchaus geordnet und gebunden an feste Wege ab. Den Straßen bzw. Verkehrswegen der Menschen entsprächen die Nervenbahnen im Gehirn. Bewegungen in festen Bahnen seien aber nicht notwendig unfrei, denn die Menschen könnten sich doch (relativ) frei auf ihren Straßen bewegen (vgl. I:134).

Der Vergleich des Nervensystems mit dem Verkehrssystem wird von Fechner mehrfach angeführt. Die für sich genommen unerklärbare Wertschätzung der Errungenschaften menschlichen Verkehrs (vgl. z.B. I:92) liegt jetzt in ihren Beweggründen offen: *Wie der Mensch mittels Nervenbahnen denkt, so denkt die Erde mittels Straßen.*

Der Ausbau des Verkehrssystems mit den sich daraus ergebenden Möglichkeiten der menschlichen Kontakte bzw. Kommunikation (Begegnung) bedeutet eine Höherentwicklung des Denkvermögens des Lebewesens Erde! Kurz: *Entwicklung des Verkehrssystems bedeutet Evolution des „Gehirns" der Erde.*

Wie aber ist das möglich, wenn Seele nicht auf das Vorhandensein fester (materialer) Bahnen (seien es Nerven oder Straßen) angewiesen ist – so wurde doch gegen die „rohe" materialistische Ansicht argumentiert (vgl. I:129ff.)? Will man Fechner den Vorwurf eines Widerspruchs ersparen, muß ergänzt werden: Das Vorhandensein fester (Nerven-) Bahnen ist keine *notwendige*, aber eine *hinreichende* Bedingung für die Existenz einer Seele. Wo ein Nerven-bzw. Straßensystem, da eine Seele.

Freilich bleibt ein Unbehagen, denn hiermit wird doch „die Seele durch leibliche Stricke" gebunden (I:131), was gerade vermieden werden sollte. Zudem äußert Fechner später: „Aber es müssen doch (materiale, B.O.) Bahnen da sein ... solle ein höherer Verkehr (d.h. im Kontext: höhere Bewußtseinsfunktionen, B.O.), ja ein Verkehr überhaupt stattfinden." (I:136)

Stellt man die Linienführungen des Nervensystems und des Verkehrssystems abstrakt dar, erhält man ähnliche Strukturen: An der Peripherie auslaufende Verästelungen, im Zentrum engmaschige Verknüpfungen und Knotenpunkte: Netzstrukturen. Das Bild des Netzes ist für Fechner wie für die heutige ökologische Bewegung (Stichwort: „Netzwerk") Sinnbild solidarischen Gesamtzusammenhanges, in welchem alles mit allem verknüpft ist.

Nervenbahnen und Straßen seien aber, so Fechner, zur Verknüpfung „... an sich nicht nötig; der allgemeine Naturzusammenhang reicht dazu allein schon hin" (I: 135). Ganz ohne Bahnen, heißt es weiter, seien die Gegenstände allerdings nur in der Einheit des „allgemeinsten göttlichen Bewußtseins" verknüpft, d.h.: ohne Bahnen gebe es kein anderes individuelles Bewußtsein als das göttliche. So hebt Fechner einerseits die Bedeutung „materieller Bahnen" hervor, weist aber andererseits darauf hin, daß Verbindungen auch ohne feste Bahnen möglich sind:

„... Luft und Meer und Land (sind) durchfurcht von tausend Schallstrahlen, die Gedanken von Mensch zu Mensch tragen, von tausend Lichtstrahlen, die den Blick von Menschen zu Menschen tragen ... " (I:137).

Wo Fechner allgemein über „Verkehr" schreibt, schwebt ihm wohl auch „Nachrichtenverkehr" vor, denn anschließend an das obenstehende Zitat träumt er „... von tausend Boten, Briefen und Büchern, die Nachrichten in die weiteste Ferne tragen ... " (I:137). Er denkt also durchaus im Sinne des Kommunikationsbegriffs des Medienzeitalters, obgleich hier noch nicht ausdrücklich von „Kommunikation" die Rede ist.

Ich ziehe nun das siebte Kapitel hinzu, dessen Hauptthese sich wie folgt formulieren läßt: *Wo Verkehr ist, ist auch Bewußtsein. Je mehr Verkehr, desto mehr Bewußtsein.*

Der Begriff „Verkehr", zuweilen ergänzt durch die Begriffe „Austausch" und „Verknüpfung", ist der Schlüssel zu Fechners Bewußtseinsbegriff. Daher seine Vorliebe für „Verkehr" auch im handfesten Sinne damaliger technischer Neuerungen: Dampfschiff, Eisenbahn und vor allem die um 1850 in rasantem Ausbau befindliche *Telegraphie*. Die verkehrstechnische Entwicklung schafft ein immer dichteres Netz, welches vermehrten Austausch und Kontakt des Auseinanderliegenden ermöglicht. Sie bewirke eine „Steigerung des Bewußtseins" – nicht nur des individuellen menschlichen Bewußtseins, sondern ebenso eines „höheren, übergreifenden Bewußtseins".

Dieses „höhere, übergreifende Bewußtsein" beschäftigt seinerzeit die Pioniere der Sozialwissenschaften: Ist das „Höhere, Übergreifende" als „Gesellschaft", „Gemeinschaft", „Geist der Menschheit", „Volksgeist" oder „Volksseele" zu fassen? Der Streit geht um den Gegenstand einer künftigen Wissenschaft. Strukturanalog zur Menschenseele wird mittels verbindender Begriffe eine „Volksseele" bzw. ein „Volksgeist" konstruiert, für dessen Erforschung eine Seelenwissenschaft zuständig sein soll.

> „In die Psychologie des höhern Geistes gehen alle Gesetze des
> Verkehrs und der Geschichte der Menschheit ein; (diese Gesetze)
> hängen aber mit den psychologischen Gesetzen in unsern Gei-
> stern zusammen, wie auch in uns die psychologischen Gesetze
> des höhern allgemeinen und der untern besondern Gebiete zu-
> sammenhängen" (I:166).

Im Erscheinungsjahr des „Zend-Avesta" schreibt MORITZ LAZARUS „Über den Begriff und die Möglichkeit einer Völkerpsychologie" (LAZARUS 1851). Fechner kann der LAZARUSschen Blüte HERBARTscher Psychologie ebensowenig abgewinnen wie dem auf HEGEL zurückgehenden Gedanken eines „Geistes der Menschheit" (vgl. I:172f.). Ihm sind beide Begriffe zu eng: Denn schließlich stehe der Mensch nicht nur mit seinesgleichen in regem Austausch, sondern ebenso mit Tieren, Pflanzen und (scheinbar) „toter" Materie. Sofern also auf Erden alles zusammenhänge, müsse der Planet Erde als der Träger eines höheren Bewußtseins angesehen werden. Der „Geist der Menschheit", den man bislang fälschlicherweise „für den Geist der Erde zähle" (I:172), sei nicht mehr als die Summe seiner Teile und werde oft für ein bloßes „Gedankending" gehalten, abstrakt, unanschaulich, leblos in jedem Fall. Der „Geist der Menschheit" sei nur eine Integrationsebene im Bewußtsein der Erde, vergleichbar mit der Verknüpfung höherer Ideen im menschlichen Bewußtsein.

Die Kontroverse um die Volks-und Menschheitsseele legt offen, daß verschiedenen Aggregaten auf verschiedenen Integrationsebenen Seele bzw. Geist zugesprochen werden kann. Aber soll man wie von der eigenen Seele ebenso von einer Familienseele, einer Stammesseele, einer Genossenschaftsseele usw. sinnvoll reden können? Fechner geht weit hinter den Allgemeinbegriff „Menschheit" zurück bis hin zum gesamten System Erde und spricht dem blauen Planeten allein das nächsthöhere Bewußtsein zu.

Die Erde als bewußtes Individuum sammle nicht einfach die in ihrem Anziehungsbereich befindlichen Gegenstände, wie auch der Mensch nicht einfach Vorstellungen und Empfindungen ungeordnet begreife. Das menschliche Bewußtsein *synthetisiert* verschiedene Aspekte zu (komplexen) Gegenständen, Situationen und Geschichten und ordnet Wahrnehmungen, Erlebnisse, Gedanken um das mitbewußte Ich. Fechner gibt ein Beispiel einer Synthese:

> „Weiß doch ... der blaue Punkt ... nichts von dem roten Punkt, den ich daneben sehe. Aber ich weiß um beide zugleich, und je besser sie sich in mir unterscheiden, ... desto lebendiger ist mein Wissen um sie ... " (I:163).

Der Geist der Erde verknüpfe nicht weniger aktiv, so daß er „... um alles in eins weiß, was wir einzeln mit- und voneinander wissen ... " (I:173). Das menschliche Bewußtsein vermöge Bewußtseinsinhalte bloß nebeneinander zu fassen. Die Erde aber könne dagegen auch Verschiedenes gleichzeitig miteinander denken und begreifen (vgl. I.163, 171).

Für die analogisierende Erschließung des „höhern Bewußtseins" gibt schon der erste Satz dieses Kapitels begrifflichen Anlaß: Der „... Mensch birgt in sich ein kleines, geistiges Reich ... " (I:159). Der bereits 1825 in der „Vergleichenden Anatomie" erwähnte Begriff „Mikrokosmos" ist

angesprochen. Die Formel „ανϑροπος μικρὸς κόσμος" geht auf DEMO-
KRIT zurück. Das Hauptwerk eines guten Bekannten von Fechner trägt
den traditionsreichen Titel des Synonyms für „Seele": „Mikrokosmus"
(LOTZE 1856-1864). Mikro- und Makrokosmos sind Bereiche ein und
derselben Ordnung, bei Fechner: derselben durchgehenden psychophysischen Ordnung (vgl. I:171). Sein „Makrokosmos" besteht aus den Him-
melskörpern, die als relativ selbständige Wesen mittels Lichtwellen kommunizieren, grundsätzlich ebenso, wie die vergleichsweise unselbständi-
gen Menschenwesen mittels Schallwellen Botschaften austauschen (vgl.
I:170). Ungeachtet der zuvor getroffenen Einschränkung, zwischen den
Seelen der Himmelskörper bestehe kein dem zwischenmenschlichen Austausch entsprechender Verkehr, nimmt er dennoch einen „Lichtverkehr"
zwischen den Planeten an. Schon in der „Vergleichenden Anatomie der
Engel" hatte er eine solche Möglichkeit entworfen.

Es bedarf abschließend nochmals des ausdrücklichen Hinweises, daß
Fechner unseren Planeten als wirklich bewußtes, lebendiges Individuum
sieht: die Erde ein Lebewesen, das weiß (I:163,165), denkt, wägt, Emp-
findungen (I:167f.) und Stimmungen (vgl. I:169f.) hat. Jede einzelne
Menschenseele sei im höheren (Planeten-) Geist bewußt aufgehoben.
Wie ein Schutzengel oder eine Mutter umsorge die Erde den Menschen.

> „Und wenn ein Mensch abseits wohnt, verlassen von allen
> Menschen, so ist er doch nicht verlassen von dem höhern Geist
> und hängt noch in tiefer Wurzel mit den andern Menschengeistern
> zusammen; und der höhere Geist wird sich einst seiner erbarmen."
> (I:170)

Fechner überträgt hier Attribute, die ein Christ nur dem einzigen
Gott zuerkennt, auf unseren Planeten, so daß sich erneut die Frage
aufdrängt, wozu es künftig noch eines *höchsten* Wesens bedarf.

Mutter Erde

Am Rand des tropischen Regenwaldes stehen Waldmenschen, im Dik-
kicht verborgen und geborgen, und sehen über die enger werdenden
Grenzen ihres Lebensraums hinaus. Tonnenschwere Planierraupen wal-
zen und reißen Jahrhunderte alte Urwaldriesen nieder. Die Industrie
befindet sich auf einem Feldzug gegen die „grüne Hölle". Das Feld, das
sie hinterläßt, ist bar jeden Bewuchses, wüst und leer, der nackte, rötli-
che Lateritboden tritt zutage. Die Waldmenschen verstehen den Sinn

dieser Verheerungen nicht: „Sie ziehen der Erde die Haut ab! Wie kann sie dann noch atmen?!"

So stellt JOHN BOORMAN in seinem Film „The Emerald Forest" die Reaktion einer autochthonen Kultur auf die Zerstörung des größten Waldgebietes der Erde im Einzugsbereich des Amazonas dar – eine mögliche Reaktion allemal und sicherlich auch eine wahrscheinliche. Die Äußerung der (Film-) Waldmenschen ist nur aus einer Weltanschauung bzw. einer Sinnwelt möglich und verstehbar, die dem zutiefst verwandt ist, was Fechner im „Zend-Avesta" vermitteln will.

Vervollständigt man das Bild, so sind die Waldmenschen Symbionten der Erde, des Wirts- und Muttertieres Erde, lebend, leidend, liebend, lachend auf und in ihrer Haut und in ihren Haaren. Wie könnten sie ihren Lebensgrund zerstören?! Wie könnten sie dem Wesen, das sie erzeugte, freundlich aufnahm und nährte, bei lebendigem Leibe die Haut abziehen, bis das rohe Fleisch bloß liegt! Sie verletzten doch mit der Erde zugleich sich selbst. Menschen, die sich derart selbst verletzen, sind krank. Leicht kann man das Bild und den ihm innewohnenden Sinn fortspinnen: – Was würden die Waldmenschen wohl zur Versiegelung des Bodens mit Asphalt und Beton sagen? Was zu Flurbereinigung, Müllkippen und Kontamination? Man kann daraus eine ganze Kulturkritik konstruieren, auch wenn man Kind der kritisierten Kultur ist.

Das aktuelle Musterbeispiel einer solchen Konstruktion liegt mit den „Reden des Häuptlings Tuiavii" vor, ein Büchlein, daß zum Bestseller außerhalb der Bestsellerlisten avancierte. Ein zweites Beispiel liefern Dichtungen der „Rede des Indianerhäuptlings Seattle". Die mangelnde Authentizität dieser Texte tut ihnen und ihrem wohlverstandenen Sinn keinen Abbruch, solange man bedenkt, daß man es mit der Selbstkritik unserer Kultur zu tun hat.

Die Kulturkritik des „Dichters und Literaturwissenschaftlers William Arrowsmith" aus dem Jahre 1969 (vgl. KAISER 1984:40), die auf den späten Artikel (1887) über die Rede Seattles (1854) zurückgreift und den Namen Seattles für sich in Anspruch nimmt, kann hinsichtlich des Verhältnisses des Menschen zur Erde durch folgende Auszüge skizziert werden:

> „Jeder Teil dieser Erde ist meinem Volk heilig. (...) Wir sind ein Teil der Erde, und sie ist ein Teil von uns." (KAISER 1984:10f.)
> „Lehrt eure Kinder, was wir unsere Kinder gelehrt haben: daß die Erde unsere Mutter ist. Was immer der Erde widerfährt, widerfährt auch den Kindern der Erde. (...) Dieses wissen wir: Die

Erde gehört nicht dem Menschen; der Mensch gehört der Erde.
Dieses wissen wir: Alle Dinge sind miteinander verbunden wie
das Blut, das eine Familie vereint. Alle Dinge sind miteinander
verbunden. (...) Der Mensch hat nicht das Gewebe des Lebens
erschaffen, er ist in ihm lediglich eine Faser. Was immer er diesem
Gewebe antut, tut er sich selbst an." (KAISER 1984:18)

Die Seattle-Rede des WILLIAM ARROWSMITH schmückt diese
Kernthese im weiteren Kontext blumig aus, weckt Erinnerungen an klare
Bäche, duftende Wälder und Wiesen, kurz, an Heiles, „das allen in die
Kindheit scheint" (E. BLOCH). Damit verglichen wirken die Thesen des
„Zend-Avesta" häufig blaß und spröde. Unter dem Namen Seattles wird
leichte Kost geliefert – erbaulich, ergreifend, erregend – , zugeschnitten
auf den Konsumenten des geschriebenen Wortes im ausgehenden zwanzigsten Jahrhundert. Unverkennbar zielt dieser Text auf das *Gefühl*.
Fechner dagegen geht es darum, Ähnliches aus der *Vernunft* und vor
ihr selbst als vernünftig zu erweisen; und wo es in diesem Rahmen auf
logische Argumentation ankommt, ist der Stil der Ausführungen eher
nüchtern, zuweilen wissenschaftlich, streng. Der Entscheidungsgrund
für eine unter mehreren, gleich vernünftigen Anschauungen kann aber
nicht in der Vernunft liegen. Dieser Grund außerhalb der Vernunft, der
wesentlich auch mit Gefühl zu tun hat, scheint im „Zend-Avesta" gelegentlich durch, wenn der Stil in Richtung des schönen Wortes gleitet,
d.h. die der Emotion angemessene dichterische Form annimmt. Sofern
Fechner sich nicht selbst Poet genug ist, zitiert er, um der Würde des
Gegenstandes zu entsprechen, Gedichte (I: 147ff.) und – die Bibel. Da
es um Engelsweihe und die Heiligsprechung der Erde geht, besinnt er
sich, der bislang so sparsam mit Zitaten war und überhaupt selten Au-
toritäten zur Stützung seiner Argumentation in Anspruch nimmt, solcher Möglichkeiten. Wo die Erfahrungen des Heiligen und Erhabenen,
die den „Zend-Avesta" entscheidend motivieren, nach Ausdruck streben,
wird deutlich, daß Fechner dazu neigt, solche Erfahrungen christlich zu
deuten. Das ist im sechsten Kapitel der Fall, und es wird zu sehen sein,
ob sich diese Generalisierung auch im weiteren Verlauf bestätigt.

Zunächst aber soll das fünfte Kapitel erörtert werden, dessen Überschrift die weit ausholende Hinführung und Aktualisierung mittels des
Verweises auf die fremden Völkern zugeschriebene Erdverbundenheit bestätigt. Die Überschrift lautet: „Die Erde, unsre Mutter".

Auf vier Buchseiten variiert Fechner folgendes Argument:

Gleiches kann nur aus Gleichem (bzw. Gleichartigem) entstehen.

Der Mensch als beseeltes Lebewesen kann nur aus einem beseelten Lebewesen entstanden sein; „Totes (kann) nicht Lebendiges gebären" (I:139).

Drei Gegenargumente werden abgeschmettert, das schwerwiegendste zuerst in aller Kürze unter Verweis auf die Mehrheitsmeinung: Beseeltes aus „einem rohen Materieball, ohne Geist, ohne Seele", „... wäre das nicht der krasseste Materialismus, ist dergleichen nicht längst abgetan?" (I:140). Das Zweite ist ein konstruiertes, „unechtes" Gegenargument, das implizit schon die wesentlichen Prämissen der Fechnerschen Position zugesteht: Wie könne die Erde als zwar beseeltes, aber bewußtloses Wesen Bewußtes hervorbringen? Fechner stellt die Gegenfrage: „Entsteht nicht auch in der Seele des Kindes Bewußtes aus Unbewußtem" (I:140)? Das dritte Gegenargument beruht auf der Vorstellung des Gottes, der allem Beseelten die Seele verleiht. Da lenkt Fechner ohne Zögern ein, indem er zwischen den Zeilen, angedeutet mittels der Verben „entquillen" und „fließen", ein Strommodell zeichnet: Gott, die überquellende (Ur-) Seele strömt in allem, weil alles aus ihm ist. Also gelte letztlich doch: *Beseeltes nur aus Beseeltem.*

Fechner ist zu sehr Naturwissenschaftler, als daß er auf der Ebene der neuplatonischen Emanationstheorie fortzufahren gedächte. In der Zeit gegen das DARWIN-Jahr 1859 ist von „Schöpfung" und „Entstehung" auch bei Fechner bereits in „konkreterem" Sinn die Rede. Die Erde als von Gott beseelte, so kann man seine hier geäußerten Anschauungen zusammenfassen, hat die Lebewesen erzeugt, eine Fülle verschiedenster Lebewesen, die sich schließlich selbst fortzeugen.

Er illustriert seine Ansicht der „Entstehung der Arten" mit einem Beispiel der Sprachursprungstheorie: „Nachdem einmal eine gewisse Anzahl Worte entstanden, entstehen alle neuen nur noch als Kinder und Abänderungen der alten; wie jetzt alle neuen Geschöpfe" (I:142). Im Hinblick auf eine biogenetische Informationstheorie (Worte als DNS-Basensequenzen) mag ein solcher Vergleich modern erscheinen, aber der Kontext läßt keinen Zweifel, daß seine Vorstellungen über Evolution und Urzeugung – wie nicht anders zu erwarten – verschwommen sind. Daran ändern auch die „Gedanken über die materiellen Gründe" der Entstehung und Entwicklungen der Lebewesen nichts, die im Anhang auf zwanzig Buchseiten dargelegt werden.

Dieser Anhang läßt sich folgendermaßen zusammenfassen: Einerseits sind Fechners Überlegungen zum Evolutionsproblem deutlich von der Diskussion innerhalb der Naturwissenschaften geprägt, andererseits handelt es sich in Ermangelung eines sicheren Wissensgrundes, wie ausdrücklich betont, um bloße Vermutungen (vgl. II:154).

Zwei Theorien konkurrierten damals miteinander: Die Theorie der „sukzessiven Fortentwicklung" reflektiert die DARWINsche Position, die bereits vor der Veröffentlichung des Hauptwerks und unabhängig von CHARLES DARWIN klar erkennbar ist. Die zweite Position ist die „Revolutionstheorie" CUVIERS, zu der Fechner sich bekennt (vgl. II:55), denn er hält es für anmutiger und vernünftiger, daß der Mensch sich als „Sohn der Erde" betrachtet, „... denn als Sohn eines Orang-Utang und Enkel einer Eidechse ... " (II:48). Sukzessive Fortentwicklung der Lebewesen – das gilt ihm als „doch immer verzweifelt bleibende Ansicht" (II:49). Gegen die Hauptpositionen „Revolution" und „Evolution" überlegt Fechner, ob nicht die urzeugende Erde ebenfalls die Höherentwicklung der Arten bewirken könne: Sollte der „Mutterstock" in der Tiefe nicht doch bereits gebildetes Organisches umgestalten, bewegen, neu anordnen?! Und er fragt im Stil der *Materialisten*, wie das glutflüssige Erdinnere, die Urwärme und das, was die Erde vulkanisch von sich gibt, zur Neubildung und Scheidung des Lebendigen beitragen könne (vgl. II:49ff. u. 54ff.).

Offensichtlich in eine Sackgasse geraten, flüchtet Fechner sich zu Schöpfungsmythen: „Der erste Mensch ... war ein unmittelbares Kind Gottes und der Erde ... Er war das ursprüngliche Original, wir sind nur die Kopien ... er war die haltbare Kupferplatte, wir sind die vergänglichen Abdrücke" (II:52f.). Die Vorfahren hätten ihre geringere Zahl durch größere „Haltbarkeit" ausgeglichen. Nach Antworten suchend, greift Fechner nicht nur auf die Bibel, sondern auch auf Schöpfungsmythen der „Mingos", „Leni Lenape", „Karaiben" und anderer Völker zurück (vgl. II:54), denen allesmt die Vorstellung einer Degeneration des Menschengeschlechts zugrunde liegt. Er unterläßt die Auswertung seiner Zitate, die eben das erbrächte, und findet – wahrscheinlich über die christliche Vorstellung des Menschen als Krone der Schöpfung – den Weg von der Verfallsgeschichte zur Fortschrittsgeschichte.

Ist der Mensch aber der Schöpfung letzter Schluß? Diese Frage, die auf die Gestalt und Möglichkeit eines „Übermenschen" zielt, erörtert er auf den letzten sieben Seiten des Anhanges, dabei jedoch fast ausschließlich beschränkt auf die physiologische Ebene: Können dem Menschen noch Flügel wachsen, und wenn ja, wo und wie? Die bloß körperliche Höherentwicklung nimmt Fechner wörtlich: Der Mensch wolle hoch hinaus in die Lüfte. Nebenbei wird auch bedacht, daß mittels dienstbarer Maschinen Entwicklung möglich sei, allerdings ginge das „nur so lange ... als die

Steinkohlen reichen" (II:59). Ein bekannter Soziologe zieht mehr
als fünfzig Jahre später die Grenzen ähnlich: „... bis die letzte
Tonne fossilen Brennstoffs verbraucht ist".

Modern, fast prophetisch muten die Äußerungen an, die die
Technik im Dienst des „immer höher gesteigerten Bedürfnisses
menschlicher Kommunikation" sieht (II:59). Man erinnere sich,
daß Fechner den mit der Entwicklung seiner Mittel wachsenden
Verkehr wiederholt als großen Fortschritt begrüßte. Der Begriff
„Kommunikation", der in den betreffenden Textstellen zwischen
den Zeilen stand, fällt hier gleich mehrfach (fI:57ff. u. 61).

Inmitten der Fortschrittsphantasien blickt Fechner auf die
„äußerliche Bedürftigkeit" (II:58) des verglichen mit den Tieren
„nacktesten, waffenlosesten, hilflosesten Geschöpfes", die allein
durch dessen „höher entwickelte Vernunft" und die „fein geglie-
derten" Extremitäten bewältigt wird (vgl. II:83). Die Theorie
vom Menschen als „Mängelwesen" ist keine Erkenntnis der philosophischen Anthropologie des zwanzigsten Jahrhunderts, sondern
sie begegnet uns bereits in den Anfängen unserer Kultur und ihr
Kern liegt auch hier vor, im Anhang zum fünften Kapitel des
„Zend-Avesta".

Aus dem Rahmen der üblichen zu erwartenden Äußerungen fällt in
diesen Passagen des zweiten Bandes vor allem die abwertende Bemerkung über einen unserer nächsten Verwandten im Tierreich. Fechner,
sonst bemüht, selbst dem Unähnlichsten und fernsten Verwandtschaft
und prinzipielle Gleichheit zu unterstellen, hebt damit den Menschen
auf eine qualitativ ausgezeichnete Stufe und aus der Vielzahl der beseelten und bewußtseinsbegabten Lebewesen hinaus. Hier stellt er die
Unterscheidungen der Alltagssprache, die er mit seiner Fassung und der
damit verbundenen *Entleerung* des Seelenbegriffs preisgab, mittels des
Begriffs „Vernunft" wieder her:

> „Des Menschen Vernunft greift über die ganze Erde und be-
> herrscht sie; der Affe sieht nicht weiter über die Erde, als er vom
> Baum herab sehen kann, und kümmert sich nur um die Nüsse
> dieses Baumes." (II:48)

Wenige Seiten später führt die Kritik der Selbstüberschätzung des
Menschen als Gattungswesen in die distanzierte, vorurteilsfreie Sicht
zurück, die sein Werk bislang über weite Passagen auszeichnete.

> Nun freilich sind wir so gewohnt, im vollkommensten Men-
> schen den Gipfel der Vollkommenheit überhaupt zu sehen, daß

wir selbst Gott danach anthropomorphisieren und unsre Engel
danach bilden." (II:56) „Der Mensch hält sich für das höchste
Geschöpf, und der Vogel überfliegt ihn. Es scheint mir dies weder
in ästhetischer, noch in teleologischer Hinsicht ein befriedigender
Abschluß." (II:57)

Allerdings: Wie erkennbar und im Kleingedruckten dargelegt, erfolgt
diese Kritik aus der Sicht einer linearen Fortschrittsgeschichte der Entwicklung des Lebendigen, und eigentlich stört es Fechner nur, *daß der
Mensch nicht fliegen kann.*

Fechners Überlegungen zur Entstehung des Lebendigen stehen im
Zeichen des „krassesten Materialismus", der zuvor so schnell abgefertigt
wurde.

Die These der Allbeseelung tritt hier vollständig in den Hintergrund.
Der Anhang muß zu anderer Zeit und in einer anderen Geistesverfassung
bzw. Stimmung geschrieben worden sein; Stil und Inhalte verweisen
deutlich darauf. Dasselbe muß auch bezüglich der übrigen Anhänge und
einiger Exkurse naturwissenschaftlichen Stils angenommen werden.

Die von Fechner erstrebte *Vermittlung von Glaube und Wissen* geht
nicht problemlos vonstatten. Was je der Geist berührt, das rührt ihn
an. „Weiche" Glaubensinhalte, gute Sinngebungen drängen nicht nur
in „weichen", eher poetischen Stilformen nach außen, sie entstammen
auch einer inneren Verfassung und bewirken eine solche, die von der
den „harten" Inhalten strenger Wissenschaft zugehörenden Verfassung
geschieden ist.

Sollten die Anhänge zu einem erheblich späteren Zeitpunkt hinzugefügt worden sein, so kann man auf ein verändertes Interesse und eine
Entfremdung gegenüber den Gedanken des Genesenden etwa um 1851
herum schließen.

Nachzutragen bleibt, wenn es dessen noch bedürfen sollte, daß Fechners Hauptargument, Gleiches könne nur aus Gleichem entstehen, die
notwendige Stringenz vermissen läßt und als rhetorisch und im negativen
Sinn sophistisch gelten muß. Was die Kritik des „krassesten Materialismus" anbelangt, ist festzustellen, daß er in seinen Ausführungen „über
die materiellen Gründe" selbst Beispiele materialistischen Denkens gibt;
und davon, daß die materialistische Weltanschauung überholt sei, konnte
um das Jahr 1850 wohl keine Rede sein. 1847 eröffnete VOGT mit den
aufsehenerregenden „Physiologischen Briefen" eine Kontroverse, die als
„Materialismusstreit" in die Wissenschaftsgeschichte einging. Fechner
wußte als auch in VOGTS Fach bewanderter Naturwissenschaftler von
diesem Streit, der keinesfalls bloß ein Erzeugnis der Geschichtsschrei-

bung ist. Er bekundet an einer Stelle – ohne Namen zu nennen – über allen sachlichen Differenzen seine persönliche Wertschätzung derjenigen (VOGT, MOLLESCHOTT, BÜCHNER), die ihr Engagement für eine materialistische Weltsicht mit dem Ruin ihrer bürgerlichen Existenz bezahlten.

Der Gedanke der Erdmutterschaft ist in zahlreichen Kulturen bekannt und liegt auch in den Anfängen der Geistesgeschichte des Abendlandes vor. Es heißt, die alten Götter der Griechen, die Titanen, entstammten unmittelbar der Erde; das Volk der Griechen gemäß dem Mythos der attischen Autochthonie ebenfalls (vgl. z.B. PLATON, Menex. 237a-238a). Eine mögliche Funktion dieses Mythos, die Rechtsansprüche eines Volkes auf ein Land geltend zu machen, führt hin zur Blut- und Bodenideologie. Assoziiert mit den Lehren und Taten der deutschen Faschisten, ist der Gedanke der Erdmutterschaft bis heute nachhaltig diskreditiert.

Im folgenden Kapitel (Kap. VI) spricht Fechner die Erde heilig. Die heilige Mutter Erde ist innerhalb des pantheistischen Modells das funktionelle (Sinn-) Äquivalent der heiligen Mutter Maria des Christentums. Aber während man in der Gestalt Mariens über die Mutter Jesu hinaus die eigene, leibliche Mutter und die Mutterschaft überhaupt verehrt, vermittelt die Sinngebung der Erdmutterschaft eine zweite Mutter, die ihre Menschenkinder nicht von sich wirft, wie ein Tier seine Jungen (vgl. I:141), sondern sie zeitlebens hält, birgt, nährt. Auf der Haut und in den Haaren der Erdmutter – um im eingangs vorgestellten Bild zu bleiben – oder, wenn man so will, stets am Busen der Natur, findet der Mensch seine glücklichste Heimstatt. Ein süßes, warmes Leben in Geborgenheit muß dem beschieden sein, der einen solchen Sinn zu erzeugen vermag. Stürzte ein solcher Mensch zu Boden, gewänne er neue Kraft. Erst getrennt von seiner Mutter könnte ihn der Tod ereilen; Trennung von der Erdmutter bedeutete Tod. Ein solcher Mensch hieße: Titan.

Der so verstandene Titanenmythos gibt eine Vorstellung der Kraft, die aus der *Sinngebung der Erdmutterschaft* geschöpft werden kann. Eine einfachere und stärkere Sinngebung als diese archaische ist nicht denkbar. Die Sinngebung der Erdmutterschaft bleibt auf dem Boden der Tatsachen und ist ganz diesseitig orientiert – ohne jede Hinterwelt –, sie ist Materialismus im ursprünglichen und besten Sinn (lat. materia von mater: Mutter).

Das Bild der Erde als den Menschen verwandtes Wesen, die Sinngebung der Erdmutterschaft, ist das Herz des „Zend-Avesta". Fechners Entscheidung für diesen Sinn wird durch die eigene Ästhetik und Anziehungskraft des (Sinn-) Bildes motiviert. Die lichte, sonnendurchflutete, warme, verwandte Erde gegen die kalte, dunkle, unfreundliche Welt: gegen die Nachtansicht die Tagesansicht!

Zur Konstruktion und Rekonstruktion einer Religion

Im Anhang zum fünften Kapitel schreibt Fechner erstmals über „*Antropomorphisierung*" als eine „Vermenschlichung" der Gegenstände des Glaubens durch den Menschen (vgl. II: 56f.). Der Gedanke der „Anthropomorphisierung" kehrt die biblische Urbild-Abbild-Relation um: Der Mensch schuf sich Gott nach seinem Bilde (vgl. I:153). Nach HEGEL steht nicht mehr die Erkenntnis Gottes und der göttlichen Wahrheit im Mittelpunkt des religiösen Interesses, sondern die Erklärung der Religion vom sie erzeugenden Menschen aus: Die Theologie wandelt sich zur Anthropologie.

„... ‚das Geheimnis der Theologie ist die Anthropologie', d.h. das ursprüngliche Wesen der Religion ist das menschliche Wesen",

so lautet „der allgemeinste Grundsatz von Feuerbachs Religionskritik" (LÖWITH 1981:360). Zugleich verwandelt sich die Theologie damit in „psychische Pathologie" (LÖWITH 1981:361) bzw. in *Psychologie*. Psychologie sei hier verstanden, wie sie von den Psychologen der Romantik begriffen wurde: als Kenntnis der verschlungenen Pfade der menschlichen Seele, als Menschenkenntnis (Anthropologie!). Solche Psychologie legt Irrtümer, Selbsttäuschungen, Verblendungen des Denkens offen und sucht sie zu erklären, zu durchschauen, indem der Mensch sich selbst und durch sich selbst seine Mitmenschen durchschaut. Die Psychologie der Romantik und die psychologisierende Theologie stoßen auf einen der grundlegenden Prozesse menschlichen Denkens: die *Projektion*. Heute längst z.B. in der Formel von „Gott als Projektion des Menschen" und durch die Popularisierung der Psychoanalyse Gemeingut geworden, fand dieser Gedanke zuerst Verbreitung durch die Schriften der Junghegelianer, allen voran durch D.F. STRAUß, dessen „Leben Jesu" (1835/36) zu den im vorigen Jahrhundert meistgelesensten wissenschaftlichen Werken gehört. Fechner zitiert im sechsten Kapitel seitenlang aus dessen „Christlicher Glaubenslehre" (vgl. I:152ff.), so daß vermutet werden kann, daß er seine Anthropomorphisierungsthese STRAUß verdankt. Entsprechend der neuzeitlichen *Anthropozentrik* (gegenüber der Theozentrik des Mittelalters) fragt Fechner hier nicht nach dem „wahren Wesen" der Engel, sondern nach den *Vorstellungen* von Engeln. Der Projektor, der solche Vorstellungen entwirft, ist der Mensch. Nicht länger gilt der Mensch bloß als Projekt Gottes. Die Projektion unterliegt „dem Prinzip ... zu vermenschlichen" (I:144) Vermenschlichung oder Anthropomorphisierung.

> „Schöner und edler soll die Gestalt des Engels sein als die un-
> sere; aber ungewohnt, das Übermenschliche anders als im mensch-
> lichen Bild vorzustellen, denken wir doch immer dabei an die
> schönste menschliche Gestalt. (...) Ein Engel ohne Flügel, Arme,
> Beine wird, da wir einmal gewohnt sind, die Engel menschlich vor-
> zustellen, der menschlichen Vorstellung immer wie ein Krüppel
> erscheinen ... " (I:148ff).

Die anthropomorphisierende Projektion beschränkt sich nicht auf Engel, sondern prägt sämtliche Vorstellungen von höherem bis hin zu Gott.
Deshalb lautet die Überschrift des sechsten Kapitels auch: „Von Engeln
und höheren Geschöpfen überhaupt".

Nun unterzieht Fechner die anthropomorphisierende Projektion keiner grundlegenden Kritik, sondern er bezeichnet sie als „kindliches Vor-
spiel, liebliche Ahnung" (I:144) und „kindliche Vorstellung" (I:145). Das
Naiv-Kindliche des christlichen Engelsglaubens wird im Verlauf des Kapitels noch mehrmals betont. Abschiednehmen vom naiven christlichen
Engelsglauben bedeutet „in höherem Sinne" denselben Verlust,

> „welchen das Kind erleidet, wenn es erwachsend aufhört mit
> Puppen zu spielen, die nur Hülsen sind, und dafür lernt, ernster
> mit wirklichen Menschen sich zu benehmen ... " (I:155).

Gegen das „anthropomorphotische Gleichnis „(Engel als beflügelter,
schöner Mensch; Schutzengel, Begleiter, Wächter usw.) stellt Fechner
seine wahre Lehre von den Engeln, daß die Gestirne die Engel seien,
die immer schon im ganz diesseitig verstandenen Himmel in Wellen des
Lichts schweben (vgl. I:144). Einer von Ihnen ist unser blauer Planet.

Fechner betrachtet die *Lehre von den Sternenengeln* offenbar als den
vernünftigen Glauben Erwachsener, den die wachsende Menschheit annehmen soll. Dutzende Bibelzitate sowie die erwähnten Rückgriffe auf
STRAUß sollten belegen, daß man ursprünglich die Engel als Sterne
sah, die Vermenschlichung der Engel dagegen ein Erzeugnis des neuen
„jüdisch-christlichen Standpunktes" ist.

Bestrebt, es sich nicht mit den Christen und der Kirche zu verder-
ben, hält Fechner sich gewöhnlich mit Kritik zurück. Hier aber wird ein
entschiedener Kritikpunkt deutlich: *Judentum und Christentum haben
Gott „aus der Welt heraus ins Leere" erhoben* (I:152) und haben auch
die Engel „aus den Weltkörpern heraus ... ins Leere" gerückt (I:153).
Denselben Vorwurf erhoben die Romantiker gegen sogenannte „Platti-
sten" und „Physikanten". NIETZSCHE spricht in diesem Zusammenhang von der Errichtung einer „Hinterwelt". Sofern eine „Hinterwelt",

das Jenseits, als bloßes Hirngespinst, ureigener Bestandteil der christlichen Lehre ist, ist Fechners Religion, da zunächst ganz an der „wahren Welt" bzw. am Diesseits orientiert, eine von Grund auf antichristliche. Wollte man eine Kurve der Religionsgeschichte, wie Fechner sie sieht, zeichnen, ergäbe sich folgendes Bild:

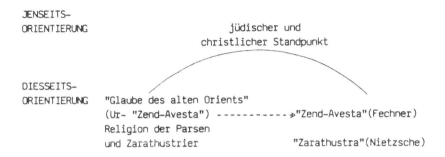

```
JENSEITS-
ORIENTIERUNG                        jüdischer und
                                 christlicher Standpunkt

DIESSEITS-
ORIENTIERUNG    "Glaube des alten Orients"
                (Ur- "Zend-Avesta") - - - - - - - - - - ⇒"Zend-Avesta"(Fechner)
                Religion der Parsen
                und Zarathustrier            "Zarathustra"(Nietzsche)
```

Die Errichtung einer „Hinterwelt" entfernt den Menschen vom Diesseits. NIETZSCHE beschreibt diesen Vorgang in: „Wie die wahre Welt endgültig zur Fabel wurde" (NIETZSCHE KSA 6:81f.) Sein „Zarathustra" läßt sich anstelle des „Zend-Avesta" in das obenstehende Halbkreismodell fügen. Der „Zend-Avesta" und der „Zarathustra" folgen derselben *Intention, den Sinn einer alten, diesseitsorientierten Lehre zu erneuern* bzw. einen solchen Sinn gegen die jenseitslastige Lehre des Christentums zu stellen, um die Sinnlehre, welche die zerfallende christliche Religion hinterläßt, zu füllen. Diese Sinnlehre, wenn sie bleibt, ist der Nihilismus. Ohne je von Nihilismus zu sprechen und ohne das Halbkreismodell durchzuzeichnen, wie NIETZSCHE es tat und tun konnte, nahm Fechner den Kampf gegen die fortschreitende Sinnentleerung auf und befindet sich damit in einer Front mit dem Autor des „Zarathustra". Der Tod Gottes öffnete den Raum, in welchem sowohl der „Zend-Avesta" als auch der „Zarathustra" möglich und notwendig wurden.

Eigentlich hat der Engelsglaube im Zeitalter der Aufklärung und exakten Wissenschaft keinen Platz mehr, gesteht Fechner mit STRAUß zu (vgl.I:154f.), aber dennoch:

> „Ein tiefliegendes Bedürfnis wird überhaupt den Menschen immer auf ein Zwischenwesen zwischen Gott und Mensch zurückkommen lassen." (I:155)

Die Reduktion der Religion und der Glaubensinhalte auf menschliche Bedürfnisse ist typisch für die damalige Anthropologiesierung der
Theologie, zu deren Hauptprotagonisten STRAUß und FEUERBACH
zählen.

Bereits eingangs war von „Herzensbedürfnissen" nach einer schönen,
erhabenen Weltanschauung die Rede. Eine solche Weltanschauung soll
jedoch ebenfalls „Bedürfnisse der Vernunft" in bezug auf Widerspruchs-
freiheit, Plausibilität und Verträglichkeit mit den Erkenntnissen der modernen Naturwissenschaft befriedigen. Sofern die Lehren der christlichen
Kirchen den Bedürfnissen der Vernunft nicht ausreichend entgegenkom-
men, werden diese Lehren hinfällig und hinterlassen die (Sinn-) Leere –
mit einem Wort NIETZSCHES: „Wüste" – , die das lebendig machende
Wort („Zend-Avesta") füllen will.

Am Ende eines Kapitels steht ein Gesicht, „nur ein Traum" eines
Naturforschers, der runde Kugeln findet, welche, an zwei gegenüberlie-
genden Flächen weiß (Polkappen!), sich unter dem Mikroskop (!) als
Planeten offenbaren, baumbestanden, bewohnt von zahllosen Tieren.

> „... plötzlich erblickte er sogar sich selbst unter den kleinen
> Menschlein und fühlte, wie das Tier (der Planet Erde, B.O.) eben
> durch ihn selbst besah und sich wunderte, sich auf einmal im
> Spiegel zu sehen." (I:158)

Diese Vision ist möglich durch die Beweglichkeit des Standpunktes,
welche jede Zentrierung (Anthropozentrik, Theozentrik etc.) in Richtung
auf ein *multizentrisches Bewußtsein* übersteigt.

Menschengeist und Geist der Erde

Fechner wendet im achten Kapitel, „Vom höheren Sinnlichkeitsgebiet
und Willen", bereits bekannte Denk- und Argumentationsfiguren derart
an, daß ihre Form deutlich wird. Er reflektiert eingangs und ausgangs
seinen Denkweg und sein Schreibhandeln (I:173-177, 188-191), dazwischen malt er das Bild der lebendigen Erde aus, widmet sich damit also
der Ausgestaltung seiner Religion. Was das Lehrstück dieses Kapitels
anbelangt, findet man zentrale Themen und Gesichtspunkte der Philosophie des zwanzigsten Jahrhunderts vorweggenommen:

Die objektiven Gegenstände (Objekte) seien „eigentlich nur in unserer Anschauung" (I:177), also *in* uns und in sofern subjektiv. Wir
hielten gewöhnlich aber solches Subjektives für Objektives. Wir hielten

einen Gegenstand, den unser Bewußtsein konstituiert, für unabhängig
von uns außerhalb unserer selbst existent. Das meint Fechner, wo er
schreibt, „Subjektives (vertrete) uns das Objektive". Die Tatsache, daß
jeder uns gegebene Gegenstand ein Erzeugnis uneres Bewußtseins ist,
besage jedoch nicht „... daß ihm nicht auch etwas Wirkliches außer der
Anschauung ... ", außerhalb unseres Bewußtseins, entsprechen kann
(I:177).

Der Gegenstand ist dem Bewußtsein als Wahrnehmungs- und Er-
fahrungsgegenstand gegeben. Was wir „im Laufe des Lebens" bezüglich
seiner „Eigenschaften" und „Verhältnisse" lernen (I:178), wird der Wahrnehmung sofort assoziiert bzw. mitwahrgenommen (appräsentiert), wobei die Einheit und „Ganzheit" der Gegenstandwahrnehmung gewahrt
bleibt.

Fechner gibt ein Beispiel für die konstitutiven Leistungen des menschlichen Bewußtseins:

> „Eine Landschaft ... würde uns dem bloß sinnlichen Ein-
> druck nach nur als eine marmorierte Fläche erscheinen; erst das
> Unzählige, der Anschaulichkeit an sich gar nicht mehr Angehörige,
> was wir erinnernd an die gesehenen Formen und Farben assoziie-
> ren, wenn schon im einzelnen nicht besonders zum Bewußtsein
> bringen, macht die objektive Landschaft mit der Bedeutung von
> Bäumen, Häusern, Menschen, Flüssen daraus ... " (I:178).

Und ein zweites Beispiel: Das Bewußtsein konstituiert aus Schall
eine sinnvolle Rede ohne wahrnehmbare zeitliche Verzögerung, so daß es
scheint, als *hörten* wir „objektiv" sinnvolle Sätze. Ein Gegenstand, der
sich in reinen sinnlichen Wahrnehmungsdaten erschöpft, ohne daß Erfahrung, höhere synthetisierende und konstitutive Leistungen hinzutreten,
komme (in der „natürlichen Einstellung") niemals vor (vgl. I:178).

Die Leistungen des Bewußtseins gehen nicht allesamt von einem im
Modus des sinnlich Wahrgenommenen Erscheinenden aus, sondern ab-
straktes Denken „ohne Anschauung" ist ebenso möglich, allerdings „...
nur so, daß es immer mit der Welt der Anschaulichkeit in kausaler und
vernünftiger Beziehung bleibt" (I:179). Dahinlebend im Lebensstrom
besteht kein Zweifel, daß „Ich" es bin, der diese und jene Erlebnisse und
Wahrnehmungen hat. Ich bin mir immer schon als das Zentrum meiner
Akte bewußt.

> „Auch fühlen wir unmittelbar, daß die aus unseren Anschau-
> ungen, sinnlichen Wahrnehmungen erwachsenen Erinnerungen un-
> serem Geiste angehören, hier geht das Gefühl des uns Fremdseins
> verloren" (I:179)

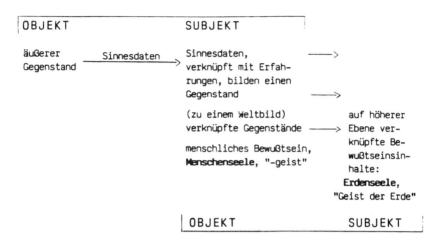

Im obenstehenden Referat habe ich interpretierend Begriffe HUS-
SERLS herangezogen, um die Parallelen zu verdeutlichen. Die betreffenden Passagen (S. 177f.) belegen, daß Fechner beiläufig Gedanken
entwickelte, die denen Edmund HUSSERLS nahe kommen. Natürlich
geht es Fechner dahinter um ganz anderes. Die erkenntnistheoretische
Position des Psychologen aber ist von grundlegender Bedeutung für sein
Lebenswerk, an zahlreichen Stellen in verschiedenen Schriften erläutert,
so daß keine Interpretation an ihr vorbei kommt. Die kurze, „sehr philosophische Reflexion" (I:177) kann daher schwerlich überschätzt werden.

Das menschliche Bewußtsein verknüpft Sinnesdaten und Erfahrungen
sowie die durch derartige Verknüpfungen konstituierten Gegenstände.
Der „Geist der Erde", welcher alle Menschenseelen verknüpfe, bildet nach
Fechner eine übergeordnete Integrationsebene. Der „Geist der Erde"
nehme sich ebenso wie der Mensch als Zentrum seiner Erlebnisse wahr;
und er sei auf den „Geist" des Menschen verwiesen, wie unser Bewußtsein
auf das durch die Sinne Vermittelte (vgl. I:179).

Das Bewußtsein eines Menschen erscheine der (denkenden) Erde als
objektiv gegeben bzw. als Objekt, wie dem Menschen ein „äußerer"
Gegenstand „objektiv" erscheint.

Fechner greift weiterhin einen bereits mehrfach geäußerten Gedanken
auf: Die Menschen seien „Sinnesorgane" der Erde. Wenn alles von der
Schwerkraft der Erde Gehaltene zum Wesen unseres Planeten gehört,
kann die Erde an und auf ihr kein Objekt haben, es sei denn sich selbst
in ihren Teilen. Fechner zieht daraus die Konsequenz: Die Erde (be-)
sieht durch den Menschen sich selbst.

Seine Argumentation verwirrt, weil einmal der Eindruck erweckt wird,
die Erdenseele beschäftige sich auf einer uns nicht zugänglichen, hochab-
strakten Ebene mit „reinen" Gedanken, dann aber wird mit dem Begriff
„Sinnesorgan" dem „höheren Erdengeist" sinnliches Vermögen zugesprochen. Die Menschen seien durch ihre individuelle Standpunktgebundenheit als relativ selbständige Wesen voneinander unterscheidbar (vgl.
I:174,176,181), vergleichbar den Zellen eines Organismus. Der „Geist der
Erde" verknüpfe „tausend und abertausend höhere und niedere Standpunkte" (I:184) und suche „Widersprüche und Unverträglichkeiten ...
auszugleichen" (I:182). Als „Sinnesorgan" der Erde werde der Mensch
aktiv gesteuert, wie der Mensch die Bewegungen seines Auges steuert.
Die bewegende Kraft führt Fechner bei Erde und Mensch auf einen niederen, sinnlichen Trieb und einen höheren geistigen Willen zurück. Im
Modell der ineinandergreifenden Klammern (vgl. I:185f.):

```
 MOTIV           WILLE

Sinnliches       Geistiges       höheres Geistiges
                 (des Menschen)      (der Erde)

      MOTIV                       WILLE
```

„Motiv" ist hier das, worauf der Wille zielt. Der „Wille" stellt eine
auf *Empfindungen* (nicht Reize!) reagierende Instanz dar, stets bestrebt,
Ausgleich und Gleichgewicht herzustellen. Die Erde „will" den zahlreichen, z.T. einander widerstrebenden Einzelmotiven möglichst „Genüge
leisten", „bis alles gerecht und gut ist" (I:186). Über den „Konflikt der
Motive", d.h. menschlicher Interessen, gebe es ein „wahres Interesse",
welches für alle Menschen sowie die Erde gelte. Dieses „gemeinschaftli-
che höhere Interesse" sei erkennbar, und man könne seinen Willen darauf
richten, so daß es durch möglichst „einstimmige, willige Befolgung der
Regeln" zum *Fortschritt* der Menschheit und damit zur Fortentwicklung
der Erde gereiche. Allgemeine „... religiöse, rechtliche, staatliche, inter-
nationale Ideen, ... Verträge, selbst die Sitte ..." trügen positiv dazu

bei, menschliches Wollen und Handeln „zu richten, zu regeln und zu binden" (I:188). Hieran habe das Christentum wesentlichen Anteil. Mit der Forderung der Folgsamkeit wird Fechners politische Haltung deutlich.

Im neunten Kapitel betrachtet Fechner die Entwicklung des einzelnen Menschen (Ontogenese) und die der Kulturen und der gesamten Menschheit (Phylogenese), als handele es sich um *einen* Prozeß, nämlich die Entwicklung der Erde. Die Gründungsphase unserer modernen Sozialwissenschaften (und Geisteswissenschaften) wurde von dem Streit geprägt, wie Kollektivphänomene und der kollektive Akteur zu fassen seien: unter dem Begriff der Gesellschaft oder (dagegen) der Gemeinschaft (F. TÖNNIES) oder des Volksgeistes (M. LAZARUS, H. STEINTHAL) oder der Volksseele (W. WUNDT). Fechner bleibt nicht auf der Ebene des Zwischenmenschlichen stehen, sondern sieht dahinter höhere Wesen am Werk. Dieselben Metaphern und Argumente, welche die frühen Sozialwissenschaften anwendeten (z.B. die Netzmetapher und das Argument, ein Ganzes sei mehr als die Summe seiner Teile), benutzt Fechner zur Konstruktion eines höheren Wesens Erde.

Die Erde sei noch nicht zur Vollendung gereift, weil noch Streit sei unter den Völkern. Aber der Geist der Erde arbeite einer umfassenden Einigung zu (vgl. I:193). Völker, die sich dem „allgemeinen Bildungsgang" nicht fügten, würden untergehen. Auch die Völker im „Kindheitsstadium", geschichtslose Völker, die „noch von Tag zu Tag leben" (I:193), haben sich zu fügen. Die Erde *wolle* den Menschen als Mittel zu ihrer Fortentwicklung; und „... wenn die ganze Menschheit auf einmal untergeht ..." (I:194), bleibe das Erreichte dennoch gewahrt und diene der Erde.

Angesichts der totalitären Züge, die Fechners Vorliebe für eine gewaltige, umfassende Einigung, Gehorsam, Sich-Fügen u.a.m. offenbart, muß gefragt werden, warum denn die Erde nicht ein vielfältiges, verschiedenes Leben wollen soll, welches sich auf ihr nach Zufall und Notwendigkeit entfaltet, und darüber hinaus nichts Höheres und Anderes. Und wie kann man den Willen der Erde erkennen, wenn nicht am Gemeinsamen dessen (des Verschiedenen!), was sie hervorbrachte?! Wenn aber alles, was ist und geschieht, nur darum, daß es auf ihr ist und geschieht, schon ihr Wille ist, ist alles Menschliche seitens der Erde legitimiert: Kriege, die Ausrottung ganzer Arten von Lebewesen, Folter – das soll von einem höheren Wesen gewollt sein, bloß weil es ist?!

Fechner gerät erneut in die Aporie jedes Monotheismus und Pantheismus: das Problem, wie widerstreitende Bewegungen unter der Diktatur des Einen zu erklären sind. Monistische Systeme zerschellen leicht an der

Klippe des dual arbeitenden Bewußtseins – dual in Begriffen und Werten – , sobald auf einen vollkommen guten Gott reduziert wird. Fechner erörtert später das Theodizee-Problem (vgl. I:243ff.) und bietet Lösungen an, die keine sind:

a) Böses sei nur im Einzelnen, das Ganze sei gut.

b) Das Böse sei nicht von Gott gewollt. In unserer Seele geschehe auch manches ohne unseren Willen. Nicht anders in Gott, der Allseele.

c) Gott sei stärker als alles Böse und könne es wenden.

Diese drei Argumente enthalten bereits ihre Widerlegung, sofern die Vorstellung eines vollkommenen Gottes nicht aufrechterhalten werden kann. Lösungsversuche mittels des Freiheitsbegriffs kommen für Fechner nicht in Betracht, weil seine *Ästetik des harmonisch Festgefügten* den Gehorsam der Freiheit vorzieht.

Derselbe Denkweg, auf welchem Fechner zum „Geist der Erde" gelangt, führt zur selben Zeit M. LAZARUS zum „Volksgeist", der ethnozentrischen Variante eines „Geistes der Menschheit". Die politischen Motive sind bei den „Völkerpsychologen" der ersten Stunde und bei Fechner dieselben: ein Wille, ein Interesse, eine Wahrheit für alle. Die Einheit und Harmonie der Gesellschaft wird beschworen, als in der Anfangsphase der Industrialisierung soziale Gegensätze, welche zwangsläufig zu Interessenkonflikten führen, verschärft aufbrechen. Fechner beruft sich auf den „Geist der Erde" als einheitsstiftenden Grund und errichtet damit hinter der Ebene des Zwischenmenschlichen eine Legitimationsinstanz für alles Bestehende.

Der harmonistisch vorgestellte Einheitsgedanke geht, wie zu sehen war, mit Fortschrittsoptimismus einher. In der politischen Praxis wird der Einheitsgedanke zur Einheitsforderung an diejenigen, welche mit ihrem Drängen auf sozialen Wandel die vermeintliche harmonische Einheit des Bestehenden stören. Die Rede von Einheit, wo faktisch keine ist, birgt die Gefahr der Leugnung von Konflikten oder der Berechtigung von Konflikten und Interessengegensätzen. Diese Leugnung verhindert eine offene Austragung von Konflikten und einen möglichen Interessenausgleich.

Fechner glaubt nicht an im politischen Diskurs zu erzielende Kompromisse; er beruft sich auf den „Geist der Erde", der ausgleichend wirken soll und im „wahren Interesse" für die „Befriedigung" der „Allgemeinheit" arbeite. Politik ist demnach weitgehend überflüssig und auf die

Errichtung und Stärkung von Regelsystemen nebst Kontrolle der Re-
gelbefolgung beschränkt, wobei hervorragende Menschen, die mit ihrem
starken Willen „auf die Waage (des Gesamtwillens) drücken", den Ton
angeben.

Fechners „Geist der Erde" liegt noch weiter jenseits des erfahrbaren
zwischenmenschlichen Austausches als der „Volksgeist" und der „Geist
der Menschheit". Die *Ferne vom Sozialen und Politischen* läßt Fechner
urteilen, sein „Geist der Erde" sei ein „lebendiger, erhebenderer, trostvol-
lerer Gesichtspunkt" als der eines „Geistes der Menschheit" (I:188). Damit ist zweifellos gemeint: Besser (trostvoller, erhebender), der Mensch
fühlt sich der Erde verbunden als zurückgeworfen auf seinesgleichen. So
mag Fechner selbst gefühlt haben, und das legt einen „unsozialen" Zug
seines Denkens und seiner Religion offen. Man kann schließen, daß seine
Hinwendung zur Erde mit der Abwendung von den Menschen einhergeht
oder eine Folge dieser Abwendung ist, eine Folge vermutlich zu Zwecken
der Kompensation und des Ersatzes.

> „Trostlose Aussicht, wenn es nichts mehr gibt, nach dem wir
> über uns blicken können, und wir bedürfen dessen doch so sehr!"
> (I:189)

Die „Linkshegelianer" nahmen dieses Bedürfnis zum Ausgangspunkt,
um Gott anthropologisch zu erklären. Sie demontierten damit die Vorstellung eines unabhängig vom Menschen existierenden Gottes. Fechner
versucht, daß Bedürfnis, von dem immer wieder die Rede ist, zu befriedigen, indem er sich eine Religion erdichtet.

Zwischen Bedürfnis und Befriedigung – das Begriffspaar, auf welches
er menschliches Handeln nach Manier eines Hedonisten und Utilitari-
sten reduziert – sieht er auch sein eigenes Schreibhandeln gespannt. Die
Schreibarbeit, der das vorliegende Hauptwerk entsprang, kann von Schülern der „Linkshegelianer" leicht als „bürgerliche Selbstbefriedigung" entlarvt werden. Fechner gibt dieses Argument, welches sein Religionsgrün-
dungsvorhaben in Frage stellt, seinen Gegnern an die Hand, weil er –
ehrlich gegenüber sich selbst – „induktiv" vom Bedürfnis nach Religion
ausgeht; kein Glaube kann fest auf der Meinung gründen, daß am Anfang
das Bedürfnis und der Bedürftige ständen, mag dies auch der „Bekeh-
rungswirklichkeit" entsprechen. Und wo allzuhäufig von einem Bedürfnis
nach einem Gott die Rede ist, wächst der Verdacht, daß sich dort kein
befriedender Glaube einstellte und daß der erhoffte Gott nicht existiert.

Der Stufenbau der Welt

„Vom Stufenbau der Welt" handelt das kurze zehnte Kapitel. Darin ist das Bild einer Treppe bzw. einer Leiter gezeichnet, die (a) auf eine höhere Stufe führt und (b) Bestandteil eines Hauses ist. Die große Stufe „Erde" bildet ihrerseits den Absatz einer zweiten „Stufenleiter", oder, wenn man die Erde mit einem Haus vergleicht, findet man sie in einem größeren Haus gebaut und dieses wiederum in ein noch größeres. Die kleine „Stufenleiter" (z.b. der Folge: Pflanze, Tier, Säugetier, Mensch, vgl. S. 196) ist also in eine größere eingebunden:

Stufenmodell:

kleine Stufenleiter   WELTALL   große Stufenleiter

ERDE

Hausmodell:

Weltall

Erde

kl. Stufen -leiter

Fechner kombiniert zwei Metaphern, die beide Verbundenheit und Verschachtelung versinnbildlichen. Eine Stufe komme dabei nur beseelten Wesen zu, so daß sich nicht beliebig Treppen und Zwischenstufen konstruieren lassen. Im Laufe der Stufen würden nicht Ebenen zunehmend abstrakter Allgemeinbegriffe beschritten, sondern man steige hinauf zu höheren und höchsten leibhaftigen Wesen. Gegen eine Inflation der Geister zwischen dem einzelnen Mensch und der Erde („Geist der Menschheit", „Volksgeist" usw.) vertritt Fechner die Auffassung, das nächsthöhere Wesen, welches über dem Menschen ein geschlossenes, „einheitliches Bewußtsein" (Geist) besitze, sei nur in der „ganzen Erde" gegeben. Ebensowenig seien Luft, Meer und andere „größere Natursphären" „individuelle geisttragende Wesen" (und damit Stufen im vorliegenden Modell); man halte doch Atem und Blut des Menschen – Fechner greift eine bekannte Analogie auf – auch nicht für selbständige Wesen (I:198). Die Erhöhung von Naturmächten durch Personifizierung zu beseelten Wesen bzw. Göttern sieht Fechner „bei den Heiden" verbreitet, so daß dort statt der Verehrung der einen höchsten Seele (Gottes) Vielgötterei betrieben werde. Die Vielgötterei und die moderne Wissenschaft ohne Glaube verursachten Zersplitterung und Haltlosigkeit.

Es braucht kaum betont zu werden, daß Fechners Deutung der Verehrung verschiedenster Manifestationen des Sakralen (M. ELIADE: Hierophanien) im Sinne der Vielgötterei auf einem Mißverständnis beruht.

Was mögliche Wesen zwischen Erde und Weltall betrifft, bleibt Fechner eine Antwort schuldig. Anderenorts erläutert er jedoch einen „Stufenbau" des Weltalls (vgl. I:233). KUNTZE kennzeichnet das differenzierte Modell treffend als „grandioses *Einschachtelungssystem*".

> „Ein Geist steckt im anderen, der höhere Geist ist eine Schachtel für sich und schließt doch die kleineren ein." (KUNTZE 1892:164)

Sofern das, was alles enthält, von Fechner als „Gott" aufgefaßt wird, kann man seine Religion mit KRAUSES Begriff „Panentheismus" belegen.

Von Gott

Das elfte Kapitel ist das längste und schwierigste des „Zend-Avesta, und es ist dessen Zentrum, wie die Vorstellung eines höchsten Wesens Mittelpunkt einer Religion ist. Die Beschreibung Gottes nimmt Fechner auf mehr als neunzig Buchseiten vor, untergliedert von A bis O; nicht zufällig bis O, denkt man an das Bibelwort, dem die Fehlübersetzung des letzten Buchstabens des griechischen Alphabets mit dem lateinischen „O" zugrunde liegt. „Von Gott und Welt" lautet die Überschrift, daß heißt aber, stellt Fechner mittelbar bereits in der Vorrede klar: „von Gott", denn *Gott und Welt sind eins* (vgl. I:204).

Neben diesem weiten Gottesbegriff seien viele engere und enge Gottesbegriffe verbreitet, die allesamt die unterscheidende, duale Arbeitsweise des diskursiven Denkens spiegelten und daraus erwüchsen. Das Bewußtsein arbeite mit „Abstraktionen", denke unterscheidend Verschiedenes „unter-, über- und gegenübergestellt" – so lauten die Schlüsselbegriffe der ersten sieben Seiten dieses Kapitels – und wende eine „doppelte Weise der Betrachtung" (I:203) an. Es begehe häufig den Irrtum der

„... Verwechselung der abstrakten inneren Gegenüberstellung mit einer wirklichen äußern ..." (I:202). Solche Verwechselungen brächten enge Gottesbegriffe hervor, Gottesbegriffe, die durch Abgrenzungen zu Gott vermeintlich Äußerlichem gewonnen würden:

Gott	vs.	Welt
	vs.	Materie
	vs.	Natur
Gott: Allgeist	vs.	einzelner Geist, begeistigte Einzelwesen

Fechner aber bekennt sich zum weiteren Gottesbegriff, der „die pantheistische Weltansicht im vollsten Wortsinn" enthalte. Die Gegenbegriffe seien Kopfgeburten, in Wirklichkeit sei alles in Gott und nur Gott.

Allerdings – hier liegt das Problem – kann auf begriffliche Unterscheidungen nicht verzichtet werden. Fechner hält aus „praktischen Gründen" an den komplementären Begriffen „Gott" und „Welt" fest, weil sie sich so gut „wechselseitig erläuterten" (I:205). Mystische Erfahrung ist sprachlos, Erleuchtung begriffslos. Mittels Sprache läßt sich bloß der Weg zum sprachüberwindenden Denken weisen. Das Wesen der Sprache besteht im Analytischen und Diskursiven. Fechner sucht sich im „Zend-Avesta" dem Mystischen auf unmystische Weise anzunähern.

Fechner sucht den Weg zu einem „obersten Weltgesetz" und damit zu einem Gottesbeweis in der Fortführung der Kritik eines „falschen" Gebrauchs unserer Geisteskraft. Zwei Sichtweisen seien zu unterscheiden: eine vereinheitlichende, die Gemeinsames, Verbindendes und schließlich das Eine entdeckt, und eine analytische (im ursprünglichen Sinne des Wortes), die eine endlose Vielfalt des Verschiedenen, Geschiedenen ausmacht. Letztere „zerschließe" die Einheit der Natur, „zersplittere", „zerstreue" (I:207), so daß jeder Halt verlorengehe. Das analytische Denken gehe vom Ganzen aus.

Vom Ganzen aus wird in Verlängerung des Gravitationsgesetzes *das universale Kausalitätsgesetz* erarbeitet, welches „alle physikalischen Gesetze" und „alle Gesetze des Geistes" umfasse: *dieselben Umstände* (Ursachen, B.O.), *dieselben Erfolge* (Folgen, B.O.), *andere Umstände, andere Erfolge* (vgl. I:210). Das ist für Fechner das „wahre, oberste Weltgesetz". Es scheine sich um eine dürftige Trivialität zu handeln, gesteht er zu. Ableistungen lauten: Keine Ursache ohne Folgen, keine Folge ohne Ursache. Ohne Ursache keine Wirkung. Was wirkt, ist wirklich; was wirklich, bewirkt (vgl. I:211 u. 201). Im Sinne Fechners sei noch hin-

zugefügt: Ähnliche Ursachen, ähnliche Erfolge; ähnliche Erscheinungen, ähnliche Ursachen
– was die Analogieschlüsse auf fremde Seelen und ein beseeltes Universum ermöglicht.
Jedes besondere Gesetz und jede einzelne Regel ordnet sich dem allgemeinen Kausalgesetz unter (vgl. I:212).
Wenig später schränkt Fechner die Anwendbarkeit seines obersten Gesetzes ein: „Wenn ... *dieselben* Umstände wiederkehren ..." hatte er die Prämisse formuliert, und nun heißt es: „... dieselben Umstände ... kehren nie ... vollständig wieder ..." (I:212). Man tut also gut daran, das „Weltgesetz" auf den – sicherlich ebenfalls problematischen – Begriff der „Ähnlichkeit" hin abzuschwächen.
Fechner erkennt, daß das „Weltgesetz" niemals wirklich sein kann, so wie er es formulierte, behauptet aber andererseits, es wohne der Welt lebendig wirkend inne. Seine oben erwähnte Einschränkung legt nahe, daß das „Weltgesetz", weil dessen Bedingung nicht real gegeben sind, nur als „Ideales" vorliegt – z.B. als „Anschauungsform" oder notwendige Forderung der Vernunft (mit tautologem Charakter). Andererseits faßt er das „Weltgesetz" bewußt und betont „objektivistisch"; und diese Auffassung birgt Probleme, weil allein die erkennende Vernunft Ursachen und Wirkungen feststellt und die Beziehung des kausal Verbundenen von Fall zu Fall konstituiert.
Später skizziert Fechner die Gegenposition wie folgt:

> „Manche stellen es so, als ob die ganze Naturgesetzlichkeit nur aus unserem Geiste in die Natur von uns getragen sei; wir hätten daran nur die Form unseres Geistes selbst, die wir uns in der Natur objektivieren, indem wir sie in der Form unseres Geistes aufzufassen genötigt sind, ohne daß der Natur an sich und abgesehen von unserer Auffassung Gesetzlichkeiten zuzuschreiben sei." (I:218f.)

... gerichtet offenbar gegen Kantianer, die das Kausalgesetz – und nichts anderes ist Fechners „oberstes Gesetz" – im Sinne des transzendentalen Idealismus als eine apriorische Denkform unseres Verstandes begreifen. Seine Darstellung des „Wesens der Gesetzlichkeit widerlege diese irrige Ansicht. Wenn das Bewußtsein das Gesetz in die Natur projiziere, müsse es auch die gesamte Natur „aus sich selbst setzen"; und dies sei ein zu „extremer subjektiver Idealismus" (I:219).
Wo Fechner sich von der Naturphilosophie des Dänen HANS CHRISTIAN ØRSTED (1777-1851) abzusetzen versucht, heißt es ähnlich: „...

die Gesetze sind nicht Gedanken zu nennen" (I:221). Und weiterhin führt
er aus, daß unter dem allwaltenden „obersten Gesetz" speziell Denkge-
setze doch von speziellen Gesetzen der äußeren Natur geschieden seien.

> „Ich kann weder das Gravitationsgesetz im Geiste, noch die
> Gesetze des Schlusses ... in der Natur widerfinden ..." (I:221).

Fechner bezieht alles Geschehen, sowohl das äußere als auch das innere, auf das „oberste Gesetz". Äußeres und Inneres werden dabei parallel verbunden gedacht, wie aus dem Kleingedruckten hervorgeht (vgl.
I:220ff.). Nicht etwa: alles *folge* dem Kausalgesetz, sondern das Kausalgesetz *sei* der Lauf der Dinge. *Das bedeutet, daß Welt, verstanden als
Lauf der Dinge, mit dem „obersten Gesetz" zusammenfällt und letztlich
auch mit Gott.*

Ein einziges Gesetz bestimme den einen, ganzen Lauf der Welt. Der
Mensch, welcher seine Aufmerksamkeit auf Teilprozesse und besondere
Beziehungen ausgewählter Gegenstände richtet, mag besondere Gesetze
finden. Doch so, wie alles verbunden sei, ordneten sich alle besonderen
Gesetze dem „obersten Weltgesetz" unter; und dieses Gesetz liege nicht
außerhalb der Dinge und zwinge sie nicht, sondern wirke *in* den Dingen
selbst. Das oberste Gesetz sei nicht (nur) Prinzip oder Erklärungsmodell
über und außerhalb der Realität, sondern wirke selbst *in* allem. Deshalb
schreibt Fechner, das oberste Weltgesetz verbürge uns die Realität.

Sofern sich niemals dasselbe wiederhole, herrsche *Freiheit* (vgl. I:213).
Das oberste Gesetz erlaube neben allen Notwendigkeiten Freiheit.

Auch die „menschlichen Gesetze" sieht Fechner mittels Verabsolutierung eines idealen Naturrechtsbegriffes unter dem obersten Gesetz stehend, so daß Naturgesetze und gesetztes Recht nicht geschieden sind.
Der verbindene Begriff ist der der „Natur":

Natur(rechts)-gesetz –	Beschaffenheit des Menschen („Na-tur" des Men-schen	–	Beschaffenheit der Natur	–	Naturgesetze (physikali-sche N.; psycho-logische N.)

Fechner fordert, daß das Recht, „einmal festgestellt" wie das Gravi-
tationsgesetz, „fest und unverbrüchlich" fortbestehe (I:215), befürchtet
aber einen „Bruch" der Rechtsordnung und „Umsturz".

Die Subsumierung des Rechts unter ein oberstes Weltgesetz, wie sie
hier durchgeführt wird, folgt eindeutig affirmativen Interessen und entrückt das gesetzte Recht in einer idealisierenden, die Wirklichkeit der von

Macht, Willkür und Vernunft bestimmten Gesetzgebung verschleiernden
Darstellung dem Bereich menschlicher Verantwortung (vgl. I:215ff. und
230f.). Ein schwaches Zugeständnis, daß Fechner von einem zu wah-
renden „Spielraum der Freiheit" spricht. Allzeit und überall Verbindli-
ches, Festgefügtes achtet er weit höher als frei Bewegliches, Unbegrenz-
tes. Schließlich zieht Fechner die notwendige Konsequenz aus seinen
Ausführungen, daß es Brüche des gesetzten Rechts, welche das oberste
Weltgesetz betreffen, ebensowenig geben kann, wie Übertretungen der
Naturgesetze. Damit ist argumentativ die fragwürdige Union von Recht
und Naturgesetz mühsam gerettet, allerdings auf Kosten der – freilich
verschwiegenen – Abspaltung eines Sonderraums menschlicher Freiheit
jenseits der Geltung und möglichen Beeinträchtigung des obersten Gesetzes. Und da es einen solchen Raum angeblich nicht geben darf, bringt
dieser Widerspruch Fechners Modell eines Weltgesetzes zu Fall.

Entscheidend ist nun der kritische Punkt, an welchem Fechner vom
Weltgesetz auf ein höchstes Wesen schließt.

Der Sprung zum Anderen (alter ego), d.h. einem beseelten Lebewesen „wie ich", kann nur durch einen Analogieschluß vollzogen werden
und wird in jeder Fremderfahrung selbstverständlich vollzogen. Warum
dann nicht auch auf die Erde und auf Gott zu?! Letzte Sicherheit über
die Beseeltheit des fremden Körpers ließe sich nur erlangen, könnten wir
Fremdseelisches im fremden Körper unmittelbar gewahren. Nicht anders steht es mit dem Beweis eines höchsten beseelten Wesens (Gott).
Deshalb schreibt Fechner, man müsse „... Gott selbst ... sein, und sein
Bewußtsein von sich selbst ... haben ..." (I:217), um den Schluß über
den Abgrund der Gottlosigkeit hinaus im Letzten bestätigen zu können.
Derartige Sicherheit aber vermag das Bewußtsein aufgrund seiner her-
metischen Standpunktgebundenheit nicht zu erlangen.

Aber wie gelangt man vom höchsten Weltgesetz zu Gott? Es heißt
im Text, das oberste Gesetz „verbürge" das Dasein Gottes, lasse die „Eigenschaften Gottes erkennen", zeige „alle Eigenschaften Gottes" (I:217).
Die Verbindung von Gesetz und Gott wird näher durch folgende
Ausführungen erläutert: Das Bewußtsein sei eine „Einheit von verknüpfenden Eigenschaften"; es verknüpfe Vergangenes, Gegenwärtiges und
Zukünftiges sowie Fernes und Nahes. „Das Weltgesetz aber ist eine
Einheit ganz derselben Eigenschaften" (I:218), nur verknüpfe es noch
weit mehr. Erneut verleiht Fechner hier seinem „obersten Gesetz" sub-
stantiale Qualität, differenziert anschließend aber, man verstehe unter
dem „obersten Gesetz" das „trockene, formgerechte Gerüst" – einfach:
die *Form* (universaler Verbundenheit) – , zu welchem noch das „leben-

dige Fleisch des Bewußtseins" – der *Inhalt* – gehöre. Beide zusammen
ergäben das „Weltbewußtsein", d.h. die *Weltseele* als Seele Gottes. Wo
immer etwas verknüpft wird, sieht Fechner sein „oberstes Gesetz" am
Werk, so auch als „psychologisches" Gesetz in unserem Bewußtsein. Da
in unserem Bewußtsein dies Gesetz (die Form) nicht ohne den Inhalt
bestehe und das Gesetz auch allerorten außerhalb unseres Bewußtseins
wirke, muß die Außenwelt als mit ebensolchen Inhalten (Seeleninhal-
ten: Gedanken, Gefühlen usw.) erfüllt gedacht werden. – So sinngemäß
Fechners *universale Analogisierung und Parallelisierung von Mikro-und
Makrokosmos* (vgl. I:217f.).

Der Haupttext von Kapitel XI.B. endet mit dem „stärksten Beweis"
für Gottes Existenz, der im *Bedürfnis* des Menschen nach einem Gott,
das sich in einer zwanghaften Suche nach Gott artikuliert, gefunden wird.

> „Und fänden wir Gott nicht so, wie wir ihn brauchen, all' unsre
> Schlüsse würden nicht verfangen; denn nur eben, wie wir Gott
> haben müssen, zwingt uns, ihn zu suchen und zuletzt zu glauben,
> daß wir ihn haben. Nun aber freut der Glaube sich, kommt ihm
> der Schluß entgegen, der Schluß kommt erst zum Schluß, reicht
> ihm die Hand der Glaube." (I:220).

Von logischen Schlüssen oder Beweisen kann im oben referierten Weg
zu Gott strenggenommen keine Rede sein. Es bleibt ein Eindruck er-
heblichen Ungenügens. Mit seinem „obersten Gesetz" weckt Fechner
hohe Erwartungen, fügt jedoch letztlich den zahlreichen Formulierungen
des Kausalgesetzes nur eine weitere hinzu. Kein überzeugender Schluß
schlägt die Brücke vom „Weltgesetz" zu einer erfüllten Gottesvorstellung, sondern ein unüberbrückter Abgrund tut sich auf.

Der mühsamste Weg hinauf, zuletzt sozusagen blind begangen, ist für
Fechner nun beendet, der „Gipfel" (in Gott) erreicht. Fechner gesteht
seine Erschöpfung: „... wir sind müde und zagen, den hohen weiten
Gang noch einmal zu gehen ..." (I:219). Somit befinden wir uns an
einem Höhepunkt und Wendepunkt innerhalb des „Zend-Avesta". Jetzt
wird die Aussicht genossen und schöne Worte sprudeln aus dem Munde
des Dichters, Gottes Herrlichkeit wird gepriesen. Erleichtert, den schweren Weg bewältigt zu haben, jubelt Fechner weite Passagen, ersinnt Se-
ligpreisungen (XI.E., S. 229-235), zitiert Erbauliches. Was dabei wirklich
aus der Begeisterung eines gotterfüllten Herzens kommt, und was bloß
der Zugriff des Bewußtseins ist, das beim leichten Einfahren der Ernte
Sprünge vollführt, kann niemand wissen, denn in fremde Seelen kann
man, wie Fechner feststellte, nicht hinein.

Setzen wir mit der Textarbeit wieder ein, wo es um das Leib-Seele-Problem geht:
Ein Geist erscheine sich selbst, und im Geist erscheine Materiales. Bei der *Selbsterscheinung* (eines Geistigen) „fielen Objekt und Subjekt der Betrachtung zusammen" (I:253), bei der Erscheinung des Materialen stehe ein Objekt dem Subjekt gegenüber. Letzteres gelte auch für (körper-) eigenes Materiales: „ein anderer (der Geist) muß (dem Körper) ... gegenübertreten" (I:252).

Die Welt, differenziert nach ihrer Erfahrung in Selbsterscheinung des Geistigen und Erscheinung des Materialen, wird nun mittels des *Zweiseitentheorems*, das bereits bei SPINOZA und LEIBNIZ anzutreffen ist, eilends verklammert, um jeden Anschein dualistischer Spaltung zu vermeiden: „... was sich als Geist selbst erscheint, (erscheint) einem anderen ... als Leib oder Körper ... "; „was aber erscheint, ist *eines*" (I:253).

Ein Gegenstand, von verschiedenen Standpunkten aus betrachtet, bietet verschiedene Ansichten, wird aber dennoch als ein und derselbe wahrgenommen. Möglicherweise fallen die Ansichten der Vor- und Rückseite scharf auseinander; stets ganz verschieden aber ist die Innenansicht von der Außenansicht. Mein (materiales) Äußeres im Spiegel betrachtend, bin ich mir zugleich meines (geistigen) Inneren gewahr und weiß darum, daß ich, ganz unteilbar ein und derselbe, Innen und Außen gleichermaßen bin, eine leibseelische Einheit oder mit anderen Worten: *psychophysische* Einheit.

Diese *Selbsterfahrung* wird nun von Fechner weit über die Grenzen des gewöhnlich Üblichen hinaus *als Modellfall* genommen. Gewöhnlich werden in erster Linie die Mitmenschen, in zweiter Linie verwandte Lebewesen, in dritter weniger verwandte Lebewesen als psychophysische Einheiten „wie ich" betrachtet; Fechner aber sieht, wie zuvor bereits dargestellt, prinzipiell alles im Universum und das ganze Universum selbst als psychophysisch strukturiert. Hier springt er direkt zur größten psychophysischen Einheit, zum Gott, der alle Ansichten und Standpunkte in sich vereinige und damit jedem menschlichen Erkenntnisvermögen weit überlegen sei (vgl. I:253).

Zunächst wendet Fechner das Leib-Seele-Problem monistisch, indem er die (psychophysische) Einheit aller *Gegenstände* betont. Alsdann legt Fechner die Einheit der *Erscheinung* dar. Die „natürliche" Gegenstandserfahrung kenne keine „doppelten" Gegenstände oder zweierlei Gegenstände in einem. „Zuletzt kann alles Erscheinen nur in einer Seele und für eine Seele Platz greifen, also auch die Erscheinung eines Leibes ... "

(I:254). *Alle Erscheinungen sind in der Seele zusammengeschlossen zu einer Welt.*

Wenige Seiten später fragt der Naturphilosoph, wie „in der Tiefe des Gehirngewebes ... geistige Bewegungen" zustandekommen (I:261), als hätte er die Äußerung über die psychophysische Einheit der Gegenstände nie getan. Es können sich doch Seelenvorgänge nicht „an die (materialen, B.O.) Naturvorgänge knüpfen", wenn beide ein und dasselbe sind (Identitätstheorem). Mit dem Sprachgebrauch ist Fechner – wie vermutlich unvermeidlich – in ein dualistisches Denken zurückgefallen.

Fechner schreitet im Haupttext zum Thema „Schöpfung" fort. Die gesamte geistig-materiale Welt (Weltall) ist Gott; alles ist Gott. Beide von der Schöpfung handelnden Abschnitte (XI.M,N) beschäftigen sich zum kleinen Teil mit der „Urzeugung" des Lebendigen, zum größeren Teil mit der Entwicklung unseres Universums. Die Entwicklung des Universums sei ein Prozeß innerer Differenzierung. Die anfangs homogene Ursubstanz (Welt bzw. Gott) habe sich zu „sondern", zu „gliedern", zu „entzweien" begonnen. Das „Gegenüber" des Entzweiten ermöglichte Erkenntnis, d.h. die Selbsterkenntnis Gottes.

Die naheliegende Frage, weshalb die Welt bzw. Gott sich entwickle, sowie der Einwand, ein sich (zur Vollkommenheit) entwickelnder Gott könne nicht vollkommen sein, ein sich spaltender Gott könne nicht mehr eins sein, werden von Fechner nicht erörtert.

Ist die Natur mit bewußter Absicht (Gottes) geschaffen worden, oder entwickelte sie sich aus ihr innewohnenden „eigenen Gesetzen ohne Befehl von einem bewußten Geiste" (I:268)?

„Sowohl - als auch", antwortet Fechner, wiederum um Versöhnung der Gegensätze bemüht. Mit Blick auf die gesetzmäßigen Kausalketten in der materialen Natur behauptet er sodann nachdrücklich die *kausale Geschlossenheit der materialen Welt.*

> „Es gibt überhaupt in unserem leiblichen Geschehen keine Lücke, wohinein der Geist sich schöbe, um ... die Bewegung körperlicher Hebel in uns auszulösen; sondern alle körperlichen Hebel in uns werden wieder von körperlichen angetrieben ... " (I:270).

Solche kausale Geschlossenheit bedeutet aber nicht Autarkie, denn „... das *ganze* körperliche Getriebe ist nur durch den Geist lebendig ... " (I:270). Selbstverständlich *berühren* sich Materie und Geist, und zwar auf der ganzen Linie, wie die konkave und die konvexe Seite einer Kreislinie einander berühren. Die Behauptung der kausalen Geschlossenheit des Materialen soll falsche Vorstellungen vermeiden helfen, z.b. die Vorstellung, es existierten „Schaltstellen" zwischen Materie und Geist (z.b. Nervenendungen, deren Synapsen von einer unsichtbaren Aura, nämlich einem Gedanken oder einer Empfindung umgeben seien).

> „... der Geist zieht nicht an dem Wagen der Natur wie ein
> Pferd, das vorweg geht, noch stößt er sie wie einen Ballen vor sich
> her, sondern die Natur geht, wie das Pferd selber geht, und läge
> ohne Seele regungslos da und zerfiele wie ein totes Pferd." (I:271)

1856 argumentiert R. VIRCHOW gegen einen „alten", dualistischen *Vitalismus*, der eine geheimnisvolle, spirituale Lebenskraft annimmt. VIRCHOWS „neuer Vitalismus" dagegen setzt die durchgehende Wirksamkeit der (physikalischen) Naturgesetze auch im Lebendigen voraus. Nur vermöge einer besonderen Bewegung bestehe Lebendiges. Zahlreiche Parallelen zwischen der Argumentation Fechners und der Diskussion der „Vitalisten" untereinander sowie der Kontroverse mit den „Mechanisten" ließen sich aufzeigen, sogar z.T. in zeitlicher Übereinstimmung. Fechner benutzt „klassische" Argumente des Vitalismus, bringt den damaligen Streit der Naturwissenschaftler um den Begriff und Gegenstand des Lebendigen auf die Ebene seines pantheistischen Interesses.

Aber faktisch muß Fechner entgegen seiner Argumentation doch eine Kausalbeziehung zwischen Materie (Leib) und Geist (Seele) annehmen, sonst wäre seine „Psychophysik" nicht möglich und sein „psychophysisches Gesetz" widersinnig.

Was der Mensch in der Natur auch betrachten möge, der *Schluß* dränge sich ihm auf, darin weile ein Bewußtsein. Denn alles scheine in sich zweckmäßig, aus Zweckmäßigem entstanden und einem höheren Zweck zu dienen. Diese Zweckbezüge seien – ebenso wie die Naturgesetze – nicht erst von Menschen gedacht. Töricht die heute verbreitete Selbstüberschätzung des Menschen, erst mit ihm komme Bewußtsein und Geist in die Welt.

Wer heutzutage Teleonomie in der Natur (an-) erkennt und zu erklären strebt, umgeht den *anthropomorphen Bewußtseinsbegriff* und zieht sich auf den abstrakten Begriff eine *überindividuellen Intelligenz* zurück.

Zu Anfang seines Buches „Le hasard et la nécessité" (dt.: „Zufall und Notwendigkeit") beschäftigt sich JACQUES MONOD mit der Unterscheidbarkeit von Künstlichem, Geplantem („Projektivem") einerseits, und Natürlichem („Objektivem") andererseits. Er läßt außerirdische Raumfahrtexperten eine Sonde konstruieren, die am Rande des Waldes von Fontainebleau niedergeht und nun – auf die Entdeckung von

Regelmäßigkeiten und Wiederholungen in Strukturen außerhalb des Mikrobereiches programmiert – nach Artefakten sucht, welche von intelligentem Leben auf der Erde zeugen. Die Sonde „erkennt" Häuser als Artefakte, macht aber auch einen Bienenstock nicht nur der regelmäßig aufgebauten Waben wegen als Artefakt aus, zählt die Bienen dazu, deren Symmetrien und hochkomplexe Strukturen „... sich bei jedem Tier mit außergewöhnlicher Treue ..." wiederholen: „Der sicherste Beweis also, daß diese Wesen Erzeugnisse einer überlegten, gestalteten und äußerst raffinierten Tätigkeit sind, ... dergegenüber die eigene (Industrie) primitiv erscheint" (MONOD 1971:15). Nun konstruieren die „Außerirdischen" ein neues Programm, welches Struktur und Leistung hinsichtlich des einem Artefakt zugedachten Zwecks bzw. Plans vergleichen soll. Das neue Programm würde ein „natürliches" Organ, das Auge, und einen „künstlichen" Gegenstand, den Photoapparat, als Endergebnisse desselben (intelligenten) Projektes betrachten (vgl. MONOD 1971:17).

MONODS Gedankenexperiment beruht auf der mechanistischen Betrachtungsweise, die Anfang des vorigen Jahrhunderts in der jungen Biologie bestimmend wurde. Deckt die mechanistische Metapher nicht auf, was sonst verborgen bliebe, daß nämlich ein Bienenstock und ein Auge ebenso zweckmäßige, intelligente Erzeugnisse sind wie Haus und Kamera?!

H. v. DITFURTH nennt als Beispiel für „Verstand ohne Gehirn" die Mimikry des Birkenspanners, die schützende Anpassung des Äußeren an die infolge der Industrialisierung verschmutzte Birkenrinde durch Mutation und Selektion (DITFURTH 1975:243ff.). Genug Hinweise auf außermenschliche, überindividuelle Intelligenz. *Das menschliche Bewußtsein ist ein Erzeugnis der Intelligenz der Natur,* Intelligenz der Intelligenz, wie ein Computer, will man dem „Elektronenhirn" Intelligenz zusprechen, Intelligenz der Intelligenz ist.

Die „anthropofugalen" Konsequenzen, daß der Mensch den Geist nämlich nicht für sich gepachtet hat, sind ganz im Sinne des Naturphilosophen. Und Fechner gebraucht, freilich im skizzierten religiösen Horizont, dieselben Beispiele (den Vergleich von Auge und camera obscura, vgl. I:19, sowie den Vergleich organischen Lebens und des Kristallwachstums, den MONOD später behandelt). Er zitiert JACOBI: „Er, der das Auge gemacht hat, sollte er nicht sehen ...?" – und zeichnet das Haus der Welt als Werkstatt, worin der Mensch bloß dienstbares Werkzeug ist (bei MONOD: „Artefakt"), das sich nicht sich selbst verdankt.

Urzeugung und Fortzeugung werden unterschieden (vgl. I:279), es heißt, die „erste Findung und Erfindung" setze „erhöhtes Bewußtsein"

voraus, wogegen die tausendfachen Nachbildungen nahezu automatisch
ablaufen. Der Natur wird Lernfähigkeit zuerkannt (vgl. I:280f.).

> „Mich dünkt, wenn die erlernten Fähigkeiten und Fertigkeiten
> doch so ganz den instinktiven gleichen, so ist der wahrscheinlich-
> ste Schluß, den wir machen können, der, daß auch die Natur die
> instinktiven Fähigkeiten und Fertigkeiten ihrer Tiere erst erlernen
> mußte, um sie nachher mit halbem Unbewußtsein anzuwenden ...
> Jedenfalls werde ich erst dann glauben, daß die Spinne so in hal-
> bem Unbewußtsein ihr Netz webt, ihre Fliegen fängt, ohne daß
> die Natur einmal mit Bewußtsein darauf gekommen ist, sie hierzu
> einzurichten, wenn ich einen Weber sehen werde, der seine Lein-
> wand webt, ohne daß ein Bewußtsein vorhergegangen, welches das
> Weben erfunden und ihn gelehrt hat." (I:280f.)

Das häufig genannte Problem der Entstehung von Bewußtem aus
Unbewußtem entspringe der Gewohnheit, alles für unbewußt zu halten,
„was nicht in *unser* Bewußtsein fällt" (I:285). Tatsächlich aber „komme
das Bewußtsein aus dem Bewußten" (I:282). „Im Unbewußtsein an sich
selbst liegt keine Kraft bewußt zu werden; wäre die Welt von Anfang an
unbewußt gewesen, sie wäre es ewig geblieben" (I:283).

> Seit E. v. HARTMANN und S. FREUD wird Unbewußtes
> dem menschlichen Bewußtsein unmittelbar assoziiert, so daß man
> heute hier statt „unbewußt" besser den Begriff eines „Nicht-Be-
> wußten" einsetzen wird.

Das All-Bewußtsein (bzw. die Intelligenz) offenbare sich in der Zweckmäßigkeit der Natur. Wie die Seele des Mitmenschen, könne ein Bewußtsein hinter der offensichtlichen Zweckmäßigkeit der Natur bloß *erschlossen*, nicht aber bewiesen werden.

> „Es würde ein sehr wunderbares Zusammentreffen sein, das
> die Natur sich mittels ihrer Kräfte, die von Zweck und Absicht
> gar nichts offenkundig in sich schließen, mit einer so bestimm-
> ten Tendenz zur Zweckmäßigkeit entwickelt, wenn man nicht an
> das Walten dieser Kräfte eine derartige Tendenz *verborgenerweise*
> geknüpft halten könnte." (I:287)

Mit „Kräften der Natur" muß Fechner entsprechend dem damaligen
weiten Naturbegriff auch „Kräfte" des Lebens, Zusammenlebens und des
Denkens gemeint haben, nicht nur diejenigen Kräfte, welche unter physikalische Gesetze fallen, die wir heute allein als Naturgesetze gelten lassen.

Fechner subsumiert diese Kräfte unter einem obersten Weltgesetz. Diese Kräfte bringen offensichtlich Zweckmäßiges hervor, so daß man in oder hinter ihnen die Ursache der zweckmäßigen Erzeugnisse annehmen muß, will man nicht an ein wunderbares, zufälliges Zusammentreffen blinder Kräfte glauben. Fechner glaubt nicht an Wunder. Er schließt auf den verborgenen Gott, „... und die Erfahrung erhebt nirgends Widersprüche ..." (I:288).

Am Ende der Beschreibung Gottes von A bis O argumentiert Fechner gegen das Bedenken, Gott sei „durch Anknüpfung an die Natur" *unfrei*, ein Einwand, der eigentlich implizit zuvor schon behoben war: Gott hatte ja, so Fechner sinngemäß, aus freiem Entschluß sich selbst differenziert in die vielfältige Natur und den Geist. Gott müßte also gegen sein einstiges Wollen wollen, um von den selbstgeschaffenen Notwendigkeiten „gefesselt" zu sein. Der aufgeklärte Naturforscher hält die „Naturnotwendigkeiten" und den „gesetzlichen Gang der Natur" auch von Gott selbst nicht für einfach aufhebbar (vgl. I:289). Wunder gibt es nicht. Der Einwand gründet in der leibfeindlichen Lehre der herrschenden Religion: Wenn der Mensch durch den Leib beschwert, belastet, gefesselt unfrei wird, ist Gott durch die Natur (Definition: Natur ist der Leib Gottes) dann nicht ebenso unfrei? Nein, denn erstens besteht kein Gegensatz Gott – Natur. Gottes Geist „durchwirke und durchdringe (die Natur) ganz innerlichst", so daß er nicht, wie der Mensch, das Körperliche als belastend erfahre. Und zweitens gebe es für Gott keine *äußerliche* Fessel, weil *nichts außerhalb Gottes* sei. Drittens seien sowohl Geist als auch Materie gleichermaßen (Natur-) Notwendigkeiten unterworfen, und Notwendigkeiten (Gesetze) und Freiheiten „vertrügen" sich hier wie dort bestens miteinander (vgl. I:292). Man halte die „gesetzliche Notwendigkeit nicht für etwas Schlechtes" (I:293).

Fechner wendet sich gegen die dem Einwand zugrunde liegende „unnatürliche Spaltung" (I:293) von Geist und Natur und nochmals gegen die jüdisch-christliche Geistestradition, die Gott (als reinen Geist) aus der Natur entfernte (vgl. I:152f.). Statt dessen solle man das Zusammengehörende begreifen und die Freiheit nicht auf ein Abgespaltenes (den Geist) beschränken. Freiheit sei immer Freiheit des Psychophysischen, also Freiheit eines leibseelischen Wesens!

Die Grundlegung einer exakten Wissenschaft von der Seele:
Psychophysik

Ich nehme nun, Fechners ausdrücklicher Empfehlung folgend, den
Anhang und die Zusätze zum Anhang des Kapitels XI.J., bezeichnet als
Kapitel XIX.D., gesondert hinzu, ca. 50 Buchseiten, wovon weite Pas-
sagen stark komprimiert gesetzt sind. Diese Praxis der Ergänzung läßt,
wie bereits erwähnt, auf einen grundlegenden Interessenwandel schließen:
Der *Genesende* verfaßte als *religiöser Mensch* ein „theologisches" Werk,
ohne auf wissenschaftliche Standards zu achten; der *Genesende* fügte
als *Wissenschaftler*, um Präzision bemüht, allerlei an, was die religiöse
Ausgangsintention kaum mehr erkennen läßt.
Der Anhang XIX.D. ist ein wichtiger Text, weil hier

a)   die erkenntnistheoretische Position dargelegt wird,

b)   die Begründung einer „mathematischen Psychologie" und der
     „Psychophysik" und damit

c)   die Motive der Mathematisierung seiner Seelenlehre vorliegen;
     und weil Fechner hier

d)   Verbindungen zur Philosophiegeschichte zieht.

Die Selbstcharakterisierung seiner Seelenlehre z.B. im Vergleich mit
LEIBNIZ und SPINOZA sowie die Einordnung in philosophische Kategorien (Monismus, Idealismus und andere -ismen) sind in der Sekundärliteratur stark beachtet worden und haben die Kurzdarstellungen des Lebenswerks in Lexika und Schriften der Wissenschaftsgeschichte(n) geprägt. Diesem Anhang nebst einigen Fußnoten wurden Themen für
wissenschaftliche Bearbeitungen entnommen: „Fechner und LOTZE, –
und SPINOZA, – und OKEN, – und ØRSTED ... ". Daneben findet man die werkimmanenten Interpretationen hinsichtlich a), b) und c)
(s.o.) vernachlässigt. Für diese Vernachlässigung ist bei a) der schwer
verständliche Text verantwortlich, bei b) und c) fällt die langzeitige „idealistische" Ausrichtung der deutschen Philosophie seit Fechner ins Gewicht.
Zunächst muß folgendes Begriffsproblem erklärt werden: Was heißt
„Standpunkt" ? Einer indirekten Selbstcharakterisierung nach ist Fechners Betrachtungsweise im Unterschied zu denen des „Materialismus"
und „Spiritualismus" eine *„mit dem Standpunkt wechselnde"* (vgl.
II:157). Immer wieder ist von „verschiedenen", „wechselnden", „doppelten", „äußeren" und „inneren" Standpunkten die Rede. Dabei ist

bewußt zu halten, daß es zunächst nur *einen* Standpunkt des raumzeit-
lich gebundenen Bewußtseins geben kann, wie er auch mehrfach andeutet. Der Standpunkt als Zentrum aller Erscheinungen ist unverrückbar.
Ich bin in mir beschlossen, kann unmittelbar nur meine eigenen Gefühle,
Gedanken, Träume etc. – mein eigenes Inneres also – wahrnehmen, nie
unmittelbar die Seele eines anderen. (Bewußtseinsimmanente) Standpunkte, Standpunktwechsel sind auf mehreren Ebenen möglich:

1. Das konstruierende und/oder phantasierende Sich-nach-anderswo-
   begeben. Dazu zählen Traumreisen, das Mich-von-außen-sehen,
   das Sich-hineinversetzen in bestimmte Mitmenschen, anonyme Akteure, in Gegenstände, kurz, das Sich-Versetzen an jeden beliebi-
   gen Ort der Welt. Fechner führte das vor. Solcherlei Standpunkte
   können gelernt, ihre Einnehmung geübt, ihre Inhaltserfülltheit ge-
   steigert werden. Wo zuvor von Anthropozentrik, Theozentrik u.ä.
   geschrieben wurde, war diese Bewegungsart gemeint.

2. Das Richten der Aufmerksamkeit auf je verschiedene Gegenstände
   oder verschiedene Seiten eines Gegenstandes.

3. Das „Umschalten" von auf Äußeres gerichteter Aufmerksamkeit
   auf Wahrnehmung von Innerem und umgekehrt.

4. Der Wechsel der Auffassung von Gegenständen (Einstellungswechsel). Ich kann ein Phänomen „objektivistisch" oder „subjektivistisch" deuten, „materialistisch" oder „idealistisch" usw.. Verschiedenste (Vor-) Urteile können in die Wahrnehmung einfließen.

Weiterhin ist noch die „normale" Rede von „Standpunkten" zu er-
wähnen. Sie geht nicht vom erkennenden, wahrnehmenden Subjekt aus,
sondern ist von vornherein „objektivistisch" auf die Welt bezogen:

5. Auf ein objektives raumzeitliches Bezugssystem zurückgreifend,
   lassen sich Standpunkte lokalisieren. (z.B.: Ich befinde mich um
   10 Uhr MEZ auf dem Gipfel des Matterhorns in 4478 m Höhe über
   N.N.). Standpunktwechsel sind stets mit körperlicher Bewegung
   verbunden.

Für diese fünf Bedeutungen verwendet Fechner dasselbe Wort.
Beginnen wir nun mit der Textinterpretation. Fechner vergleicht zunächst das Materiale mit der Schrift, und Geistiges mit dem Sinn der

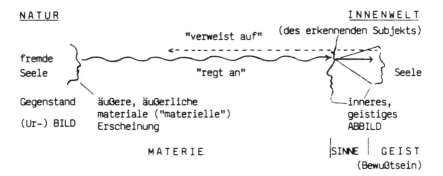

Schrift. Das Zweiseitentheorem und das Identitätstheorem werden wiederholt. Materiales und Geistiges seien wechselseitig voneinander abhängend aufeinander bezogen, zwei Seiten eines identischen Grundwesens (vgl. II:133), „... nur nach dem Standpunkt der Auffassung oder Betrachtung verschieden" (II:135). Dann ein Absatz, und eine problematische Passage beginnt, knapp 400 Worte, nachfolgend parallel zum Text interpretiert.

Hätte man keine Anhaltspunkte am bisher Dargelegten, man könnte Fechner hier kaum verstehen. Am leichtesten kommt man voran, wenn man die zentralen Begriffe in der antithetischen Stellung verfolgt, dabei diejenigen, in denen „Selbsterscheinung" vorkommt, konsequent als „geistig" und bewußtseinsimmanent auffassend. Fechner schreibt von zweierlei Erscheinungen, die „sich decken" und „in eins zusammengehen", das ist der Rahmen.

Hier die Interpretation von II:136, welche problematische Begriffe durch andere zu ersetzen sucht, ohne sich zu weit von der Vorlage zu entfernen:

In der sinnlichen Wahrnehmung deckt sich ein (geistiges, inneres) Abbild mit der materialen, äußeren Erscheinung des Gegenstandes. Das in mir durch den Gegenstand angeregte Abbild verweist auf das Dasein dieses Gegenstandes und gilt mir deshalb als dessen äußere Erscheinung.

„Ich kann so in der sinnlichen Wahrnehmung Geistiges ... ", „Psy-

chisches" oder „Physisches", Materiales finden,"... es kommt nur auf
die Richtung der Auffassung an". Beispiel: Ich kann die Sinneswahr-
nehmung a) als ein Inneres (Abbild) auffassen, indem ich sie als meine
Wahrnehmung in die Welt meiner inneren Wahrnehmung einreihe, oder
b) „als die nur von meinem Geist ergriffene", von außen angeregte Erscheinung eines Gegenstandes außer mir, indem ich sie in das Ganze der
äußeren, materialen Natur einreihe (a): subjektivistische, b): objektivistische Auffassung). Mir kann aber immer nur das Abbild erscheinen.
Das Abbild „vertritt" den äußeren Gegenstand.

Wir verwechseln das von dem Gegenstand angeregte Abbild nicht mit
dem Gegenstand selbst, sondern suchen etwas hinter der äußeren Erscheinung Liegendes (Wesen, Seele?!). Wir unterstellen (Fechner unterstellt!),
daß sich der Gegenstand selbst wahrnehmen kann. Diese Selbstwahrneh-
mung des äußeren Gegenstandes setzen wir als dessen Seele.

Der Unterschied zwischen der Seele des alter ego und ihrer äußeren,
materialen Erscheinung tritt hervor, wenn ich bedenke, daß ich am Ausdrucksfeld des fremden Leibes ein sich-selbst-wahrnehmendes, d.h. beseeltes Wesen angezeigt finde. Niemals können wir eine fremde Seele
wahrnehmen, wie sie sich wahrnimmt. Das erläutert Fechner mit folgendem Bild: Ein anderer, der in mein Gehirn blickt, während ich eine
Landschaft betrachte, nimmt nur „Störungen" und „Schwingungen" der
„tätigen Nerven" wahr. Er sieht nur „weiße Nervenmasse", während ich
„Seen, Bäume, Häuser sehe" (II:137).

> Diese Differenz veranschaulichte bereits LEIBNIZ im soge-
> nannten „Mühlengleichnis" (vgl. Monadologie §17).

Der Begriff „Abbild" wird von Fechner nicht verwendet, erweist sich
jedoch bei der Interpretation zwecks Differenzierung des mehrdeutig gebrachten Erscheinungsbegriffs als hilfreich. Und es wird deutlich, daß
hier versteckt eine Abbildtheorie vorliegt, gekleidet in Begriffe aus dem
Horizont „idealistischer" Philosophie. Sofern man heute „Abbildtheorie" mit „Materialismus" assoziiert, scheint ein Widerspruch vorzuliegen.
Das Hauptproblem liegt jedoch in der Abbildtheorie selbst:
Die Rede von zweierlei Erscheinungen (vgl. II:136) läßt die Aporie
erkennen, in welche jede Theorie gerät, die einen objektiven, äußeren
Gegenstand setzt und einen inneren, irgendwie ähnlichen, den wahrgenommenen Gegenstand. Es muß dann nämlich hinter dem Sinnesorgan
noch ein „inneres Auge" gedacht werden, welches den Sinnesdatenkom-
plex nochmals „abtastet". Diese Abtastung ergibt dann wieder einen

Datenkomplex, der erneut abgetastet werden muß usw. (regressus!), solange man keinen Begriff des „Sehens" einbringt, der mehr bedeutet als
Funktion nach Gesetzen der Optik gleich einer CAMERA OBSCURA. HUS-
SERL hat diesen wunden Punkt jeder Abbildtheorie in seinen „Ideen zu
einer reinen Phänomenologie..." offengelegt (vgl. Ideen I, 1:186). Nicht
etwa, daß man die Abbildtheorie deshalb schon als falsch abtun könnte,
aber es ist ein Schwachpunkt, den HUSSERLS Erkenntnistheorie besei-
tigt, sofern dort Wahrgenommenes ohne jedes Dahinterliegende für sich
genommen wird. Fechner hatte, wie zu sehen war, wohl hervorgehoben,
daß es nur *eine* Erscheinungsweise geben kann, in der *ein* Gegenstand
wahrgenommen wird. Aber er hat diese Einsicht hier nicht durchgehalten und sich im Kontext so geäußert, als existiere eine „Parallaxe" von
Abbild und (Ur-) Bild, daß man denken kann, es gebe da einen inneren
„Mischbild-Entfernungsmesser", mit welchem man nur recht „scharfstel-
len" müsse, um etwas so zu sehen, wie es wirklich ist.

Ist denn nicht auch eine „phänomenologische" Lesart der Textstelle
möglich, eine Lesart, die unterstellt, Fechner beschreibe nur die im Inneren beschlossene Welt? Anhaltspunkte dafür könnten in der Wortwahl
gefunden werden, da Fechner die problematische Passage einleitet: „ *In*
der ... Wahrnehmung", da zweitens der Erscheinungsbegriff durchgehalten wird, und drittens der Begriff „Selbsterscheinung" in den Wen-
dungen „einheitliche Selbsterscheinung" (II:137) die gesamte Innenwelt
meint. „Äußere, materielle Erscheinung" könnte dann heißen: Erscheinung mit dem Sinn des Äußeren, Materialen. Das „andere Ding", welches
in mir etwas „anregt", müßte dann ein bewußtseinsimmanenter Gegenstand sein – hier wird es bereits schwierig.

Dagegen spricht, daß „in" nicht auf Inneres deuten muß, daß „Erscheinungen", wie auch Fechners Umschreibungen nahelegen, gewöhnlich
einer real-existierenden Außenwelt zugerechnet werden, daß die Begriffe
„Ding", „Anregung", „Äußeres", „Materielles" und „Gegenüberstellung"
objektivistischem Denken entstammen, d.h. wirklich(es) Äußeres voraussetzen. Dagegen sprechen die Metapher vom Ins-Gehirn-Sehen , wo
„außen" und „innen" zweifellos objektivistisch gedacht sind, sowie die
Stellungnahme gegen „extremen Idealismus", gegen einseitigen Idealismus und gegen jede *einseitige*, nur Geistiges oder nur Körperliches wahrnehmende Sicht überhaupt.

Eine mögliche Erklärung liegt darin, daß Fechner einerseits, die Einheit des Gegenstandes und der Erscheinung anerkennend, wohl alle Erscheinungen als bewußtseinsimmanent begreift, andererseits aber, der
Annahme einer Außenwelt als Psychologe des Alltagsbewußtseins bzw.

der „natürlichen Einstellung" nachspürend, mit einer objektivistischen Theorie, einer Abbildtheorie arbeitet. *So schwankt er zwischen Transzendentalphilosophie und naivem Realismus hin und her, dabei stets in der psychologischen Reflexion verbleibend.* Er begreift, was phänomenologisch „Einstellungswechsel" genannt werden kann, durchaus, und zwar als Änderung der „Richtung der Auffassung".

Festzuhalten ist also, daß die hier vorliegende kurzgefaßte Erkenntnistheorie weder ausschließlich aus objektivistischer noch ausschließlich aus subjektivistischer Perspektive geschrieben wurde, sondern aus einer *„psychologischen" Perspektive*, die den Standpunktwechsel zum Prinzip erhebt.

An vorausgegangenen und noch folgenden Textstellen verläßt Fechner allerdings die „psychologische" Perspektive zugunsten bewußtseinsimmanenter Erklärungsversuche. Er steht dort oftmals HUSSERLS Phänomenologie weit näher, so daß man ihn als Vorläufer dieser Strömung der Philosophie des zwanzigsten Jahrhunderts bezeichnen kann.

Zurück zum Text. Die problematische Passage endet, wie erwähnt, mit dem Bild vom Menschen, der ins lebendige Gehirn eines Mitmenschen blickt. Dieser Wunschtraum vieler Forscher, zuvor bereits zweimal angesprochen (vgl. II:132, 134) hier ausgeschmückt (II:136f.), später nochmals aufgegriffen (II:138) und ebenfalls im Haupttext erwähnt (I: 261), offenbart Fechners Interesse. Das Thema des gesamten Anhangs ist die *Möglichkeit einer (exakten) Wissenschaft von der Seele.* Und Fechners erkenntnistheoretische und methodologische Überlegungen gehen hier tatsächlich einer künftigen Forschung *voraus* und folgen nicht, wie es häufig der Fall ist, einer „drauflos" betriebenen Forschung als Selbstdeutung und Rechtfertigung *nach.* Und Fechner müht sich „zurück zu den Sachen", konstruiert also keinesfalls „abgehoben" eine Wissenschaftstheorie.

Überfliegen wir die weiteren Seiten: Es wird erklärt, was „niederer" und was „höherer" Art in der Seele zu nennen ist (vgl. II:140ff.). Das niedere Seelische sei das Sinnliche. Dem Sinnlichen komme eine Mittlerfunktion zwischen dem Materialen und (höherem) Geistigen zu.

> *„Die Seele hat eine vereinfachende Kraft.* Das Geistige ist zwar nicht überall einfach, aber überall *einfacher* als das Materielle ... Auch das höhere Geistige ist immer einfacher als das niedrigere, welches im Verhältnis des Stoffes dazu steht. Das Geistige setzt sich solcher Gestalt auf die breite Unterlage des Körperlichen gewissermaßen auf und spitzt sich noch vom Niedern zum Höhern darüber zu. Hiernach erhält dann auch, wie dasselbe Ma-

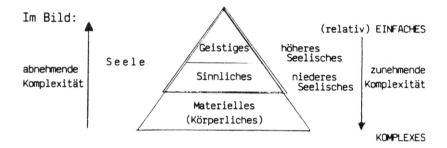

terielle ein niedrigeres und höheres Geistige zugleich tragen kann, indem das Höhere mittelst des Niedrigern auf ihm ruht. Aber das Materielle muß anders organisiert sein ..." (II:141,142).

Der Begriff „Parallelismus" fällt, der Fechners Lebenswerk als Etikett anhaftet: In seiner Ansicht liege ein „Parallelismus des Geistigen und Körperlichen" begründet (II:141). Zwei Geraden auf einer Ebene, die parallel verlaufen, schneiden einander nicht. K. POPPER sieht die *kausale Abgeschlossenheit* der materialen Welt (seiner sogenannten „Welt 1") gegenüber einer geistigen Welt als Hauptmerkmal des Parallelismus' (vgl. POPPER 1977: 68). Es wäre verfehlt, Fechners Anschauungen mit diesem Begriff eines Parallelismus' zu identifizieren. In diesem Sinne parallelistisch (Berührungslosigkeit behauptend) sind nur wenige Theorien zum Leib-Seele-Problem. Ein Kausalitätsproblem besteht für Fechner insofern, daß er den Zusammenhang zweier Aspekte (*Zweiseitentheorem*) ein und derselben Sache (*Identitätstheorem*) erklären muß. Vor dem Hintergrund eines universalen Zusammenhangs, der Theoreme der Einheit von Gegenstand und Erscheinung und weiterer Elemente monistischen Denkens kann von zwei getrennten Welten (wie in der Definition POPPERS) keine Rede sein.

Das von Fechner oftmals behandelte Kausalitätsproblem muß folgendermaßen differenziert werden.

- Sein „oberstes Weltgesetz" – nichts anderes als ein allgemeines Kausalitätsgesetz – sieht Fechner überall in der Welt wirksam.

- Daraus folgt aber nicht, daß das, was wir begrifflich unterscheiden als Materie und Geist, miteinander in irgendwelchen Wirkungsverhältnissen steht. Materie und Geist (Seele und Leib) als zwei

Seiten ein und desselben Gegenstandes können gar nicht in einem Ursache-Wirkungs-Verhältnis, sondern nur als gleichursprünglich zusammengehörend gedacht werden.

- Nun könnte man es dabei belassen, gebe es nicht die evidente Einsicht, daß Materiales auf Geistiges und Geistiges auf Materiales wirken können.

- Diese Einsicht liegt auch Fechners Psychophysik zugrunde, obwohl Fechner das nicht wahrhaben will: Wenn er z.B. verschiedene Gewichte auf die Hand legt und registriert, ob die (verlautete) Gewichts- bzw. Druckempfindung den gemessenen Gewichten entspricht, wie kann dabei das Gewicht auf der Hand aufgefaßt werden, wenn nicht als Ursache der Empfindung?!

- Diese Auffassung läßt sich nur verwerfen unter Preisgabe tagtäglich selbstverständlicher Erfahrungen und der normalen Sprache, die auf jenen Erfahrungen gründet.

Aus diesem Dilemma gibt es kein Entrinnen. Fechner meidet vielerorts, wo es um Materie und Geist geht, sorgsam den Begriff der *Wirkung* und zieht statt dessen die Neuwortbildung „Wechselbedingtheit" heran (im Haupttext I:253,258,262). In der Sekundärliteratur lautet die Meinung fast ausnahmslos, Fechner habe kein Wechselwirkungsverhältnis von Geist und Materie angenommen. Allein W. WUNDT behautete das Gegenteil; und WUNDTS Haltung in dieser Sache ist verständlich, da der Begriff der Wechselwirkung in den Konzeptionen seiner auf Fechners Leistung aufbauende Psychologie von zentraler Bedeutung ist, da ohne die Annahme eines Kausalverhältnisses zwischen Leib und Seele bzw. Materie und Geist keine exakte Psychologie möglich wäre, und da man einfach vermuten muß, der Begründer der Psychophysik habe implizit stillschweigend ein solches Verhältnis angenommen, seinen abweisenden Äußerungen zum Trotz.

Die „Darlegung" des „Verhältnisses von Körper und Geist" (II:130-148) endet, wie sie begann: mit einer Metapher. Diente anfangs die Schriftmetapher zur Veranschaulichung, so ist es hier die Zahlen(folgen)-metapher:

| Schriftmetapher: | Buchstabe | Wort, Satz, Text | Sinn |
Zahlen(folgen)metapher:	Zahl	Zahlenfolge	Funktion (Bildungsvorschrift)
(steht für:)	**MATERIE** (Körper)	**GEIST** (Seele)	

Fechner nennt die einfachste Folge natürlicher Zahlen: 1, 2, 3 . . . .
Die „Mannigfaltigkeit der sichtbaren Glieder" stehe für die „körperlichen
Mannigfaltigkeit eines Organismus", das einfache Bildungsgesetz (in einer
heute gebräuchlichen Schreibweise: $a_n = n$) bzw. die „unsichtbare
Differenz" steht für die im „Körper waltende Seele" (II:144). Verschiedene
Folgen natürlicher Zahlen repräsentieren verschiedene Körper oder
körperliche Prozesse, denen jeweils eine „verschieden geartete Seele" in
der Metapher die jeweilige Bildungsvorschrift der Folge entspricht. „Der
Leib ist ein anderer von Stelle zu Stelle" (II:144), die darin wohnende
Seele (die Bildungsvorschrift) aber bleibt dieselbe. Die dreistufig ab-
bzw. zunehmende Komplexität des Pyramidenmodells wird hier arith-
metisch illustriert:

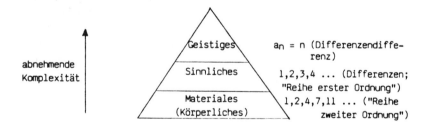

Es sind weitere Folgen höherer Ordnung konstruierbar, die sich jedoch alle auf einfache „Reihen erster Ordnung" reduzieren lassen.
    Höhere Ordnungen (:komplexere physische Organisationen) „reprä-
sentieren Individuen mit dem Besitz eines höheren Geistigen" (II:147).
Wie alle Folgen „aus gleichartigem Material gebildet" sind, „. . . so sind
die Leiber geistig hochstehender Individuen aus demselben Material gemacht wie (die Leiber) geistig tiefstehender, die der Menschen aus demselben Material wie die der Tiere . . ." (II:147).

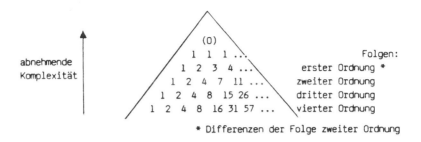

Fechner bewertet nun seine Zahlenmetapher, betont, die einfachste der möglichen Veranschaulichungen gewählt zu haben, welche zwar nicht „alle Verhältnisse von Geist und Körper zutreffend" repräsentiere, aber grundsätzlich erläutere diese einfache „mathematische Repräsentation" das Problem sehr gut. Vollständig zutreffend, wenn „auch noch nicht ganz zweifelsfrei", sei das im zweiten Zusatz dargelegte Prinzip „einer mathematischen Psychologie" (II:147), nämlich: „... die psychische Intensität ist der Logarithmus der zugehörigen physischen Intensität" (II:170).

Ist die Zahlenmetapher nur ein Vergleich unter vielen anderen im „Zend-Avesta"? Nein, denn offensichtlich laufen Fechners Gedanken hier in eine ganz andere Richtung. Sie zielen auf die Grundlegung einer exakten Wissenschaft von der Seele. Das Exakte, immer gebunden an die unvergänglichen Zahlen, verspricht feste Anhaltspunkte. Zahlen helfen Fechner, „eines der größten Wunder" angemessen „auszudrücken" (II:144), das Rätsel und Wunder des Verhältnisses von Leib uns Seele. Zum Zeitpunkt, als Fechner diesen Anhang verfaßte, mußen ihm sein Ringen um den angemessenen Ausdruck und seine Suche nach geeigneten Bildern, die den Haupttext prägen, mangelhaft erschienen sein. Im Reich der Zahlen findet das spekulierende Denken Halt. Jede Zahl ist ein fester Stein eines dem Gott angemessenen Hauses.

Die Verknüpfung von Zahlenspiel und Gottesglaube geht in der Geschichte des Abendlandes auf die Religion der Pythagoreer zurück. „Zahlenmystik" ist in allen Epochen und in verschiedensten Kulturen anzutreffen. Die Union von exaktem, mathematischem *Wissen* und unbeweisbaren Sätzen des *Glaubens* kennzeichnet viele Strömungen religiösen Denkens. Diese Union des aus heutiger Sicht Gegensätzlichen prägte

Leben und Werke bekannter Wissenschaftler. Fechner nennt den Namen eines Mannes, der wie er die Erde als Lebewesen auffaßte und einer
ähnlichen Neigung zu Zahlenspielen nachging, beiläufig in einer Fußnote
(vgl. I:36).

> „Unwillkürlich drängt sich, was Fechners Geistesartung be-
> trifft, ein Vergleich auf zwischen ihm ... und ... Johannes Kepler.
> Und die Ähnlichkeit der Geistesartung scheint noch eine Reihe
> weiterer sachlicher Berührungspunkte mit sich zu bringen, wie
> den engen Bezug zwischen Weltordnung und schöpferischem Wal-
> ten, die Allbeseelung der Natur, insbesondere auch der Gestirne
> auf der einen Seite und die Gewinnung exakt-wissenschaftlicher
> Resultate in engstem Zusammenhange mit solchen Ideen auf der
> anderen Seite: Wie Kepler die Himmelsmechanik, so hat Fechner
> im Zusammenhang mit seinen Spekulationen die Psychophysik
> begründet." (SIEGEL 1913:331)

Der letzte Satz deutet die Verkürzungen der Rezeption an. Die Nachwelt rechnet ausschließlich das, was die positiven Wissenschaften voran-
gebracht hat, als Verdienst: KEPLERS nach ihm benannten Gesetze;
FECHNERS nach ihm und E. H. WEBER benanntes Gesetz.

Nicht allein eine „pythagoreische" Neigung läßt Fechner zu Zahlen
greifen; ebenso fällt der damalige Trend zu positiver, exakter, mathematischer Naturwissenschaft ins Gewicht, der durch den technischen
Fortschritt laufend bestätigt wurde. Die neue Wissenschaft entlehnte
der ihr *voraus*laufenden Maschinentechnik mechanistische Modelle und
erhob das mathematische Arbeiten zum Mythos und Sinnbild der Exaktheit und Wissenschaftlichkeit überhaupt. Mit unwiderstehlichem Pathos
eroberte die neue Wissenschaft die Köpfe und die Sprache, setzte neue
Maßstäbe, vor denen die alte Wissenschaft nicht bestehen konnte.

Das Symbol des Siegeszuges der neuen Positivität war die Zahl; als
wissenschaftliche Operation schlechthin galt jetzt die Rechnung. Wie
heutzutage der Computer Maßstäbe setzt, mythisch verklärt betrachtet,
so setzte damals das Mathematische Maßstäbe. Und daher ist der zwischen den Zeilen erkennbare Stolz Fechners, das Verhältnis von Leib und
Seele mathematisch operationalisiert zu haben, erklärbar, und auch der
Versuch der Mathematisierung selbst, wobei zusätzlich noch die besagte
Neigung zur „Zahlenmystik" eine Rolle spielt.

Fechners Stellung zu Zahlen und Mathematik überhaupt gewinnt im
Kontext seiner Biographie Konturen. Sein autobiographischer Krank-
heitsbericht gibt Auskunft, daß es ihm „zur Mathematik gänzlich (?) an

Talent mangelte", während er „... doch einsah, daß ohne sie sich in seinen Fächern nichts leisten ..." ließ (FECHNER in KUNTZE 1898:106). Das Fragezeichen wird wohl KUNTZE eingefügt haben. Fechners Neffe konnte nämlich nicht glauben, daß der Erfinder der „Maßformel" mit einer derartigen Begabungsschwäche zu kämpfen hatte, und er wurde darin von M. DROBISCH bestärkt, der Fechner „hervorragende mathematische Kenntnisse" bescheinigte (vgl. KUNTZE 1892:201). KUNTZE äußert sich daher über seinen Onkel folgendermaßen: „... die Mathematik, die er so sicher handhabe, verursachte ihm nach seiner eigenen Aussage große – ja er behauptete: zuweilen unüberwindliche – Schwierigkeiten" (a.a.O.: 314). Zudem berichtet KUNZTE, daß die Mathematik

> „... eine eigenthümliche, schwer zu bestimmende Rolle in seinem (Fechners, B.O.) inneren Leben spielte. Seit seiner ehemaligen Beschäftigung mit der Physik war er der grundlegenden Bedeutung der Mathematik für alle experimentelle und exakte Naturforschung inne geworden und hatte nicht gesäumt, seine Kenntnisse zu vervollständigen und sich in einem Gebrauch zu üben. Die Logarithmentafeln wurden unter seiner Hand zu dem Buche, welchem man die fast tägliche Benutzung am meisten ansah. Und dennoch klagte er, daß es ihm Mühe koste, sich die Leistungen der Mathematik ganz und voll anzueignen; er war in diesem Punkte nie mit sich zufrieden. Aber ich habe ihn ganze Tage, Wochen, Monden mit Eifer rechnen und lage Zifferntabellen entwerfen sehen; große Stöße derselben, wie unheimliche Runen, fanden sich in seinem handschriftlichen Nachlaß..." (KUNTZE 1892:201).

Auch S. HALL betont, die Logarithmentafel sei für Fechner „fast ein Evangelium" gewesen (HALL 1914:96). Religiöse Bezüge zur Zahl lassen sich auch in der deutschen Romantik nachweisen (vgl. z.B. HUCH 1985:426ff.). Romantisch Bewegte, welche sich etwas auf Mathematik verstanden, priesen die Logarithmen als Eröffnung der Möglichkeit, die Geschwindigkeit des Rechnens mit großen Zahlen zu steigern. Zu den größten Bewunderern der Logarithmen zählte NOVALIS.

Nach den oben zitierten Äußerungen von und über Fechner, dazugenommen noch KUNTZES Bericht von Fechners Vision der Zahl 77 (vgl. KUNTZE 1892:132), kann man auf ein „irrationales" Verhältnis Fechners zu Zahlen, eine Neigung zur „Zahlenmystik" schließen, und auch darauf, daß es für Fechner das Höchste gewesen sein dürfte, seine Ansicht des Zusammenhangs von Materie und Geist bzw. Leib und Seele nicht nur *mathematisch*, sondern auch *logarithmisch* zu formulieren. Seiner Vorliebe für Gesetze und Gesetzmäßiges zufolge mußte die Fassung dieses

Zusammenhangs in einem *Gesetz* das Ziel aller seiner Überlegungen zum Leib-Seele-Problem sein.

1879 gesteht Fechner beiläufig, daß es ihm „Lust" bereitet, mit Logarithmen zu rechnen. (vgl. 1879:141).

In Fechners Zahlenmetapher sieht man die moderne Psychologie als exakte Wissenschaft IN STATU NASCENDI. Die Frage nach dem Ursprung und der Entstehung der modernen Psychologie kann unter Verweis auf die Zahlenmetapher des „ Zend-Avesta" beispielhaft beantwortet werden.

Möglich, daß Fechner die Umschreibung mittels Zahlen mit einem *Beweis* verwechselte. Ein solcher Selbstbetrug wäre nur allzu menschlich, bedenkt man die Mühen, eine auch nur halbwegs befriedigende Lösung des Leib-Seele-Problems zu erstellen, und das vergebliche Ringen um Gewißheit und Beweise in diesem Zusammenhang. Ein Nimbus umgibt die Zahl. Ewige Zahlen versprechen Beweise und Sicherheit im Unsicheren; und Fechner wäre nicht der erste, der über dem Reiz der Zahlen das eigentliche Problem vergaß.

Was leisten Zahlen, was die Sprache bzw. Schrift nicht leistet? Die Zahlenmetapher hebt das Leib-Seele-Problem auf die Zahlen eigene Ebene mathematischer Abstraktion und löst damit das Problem von der Erfahrung. In diesem Sinne kann man von einer „Lösung" sprechen. Hinaufgehoben ins Reich der Zahlen gewinnt das Leib-Seele-Problem deren Beweglichkeit und läßt sich rechnen.

Mit Zahlen lassen sich Vergleiche frei konstruieren; die Sprache, immer schon bildhaft, bietet nur Vorgefertigtes, und die Bindung der Worte an Erfahrungsgegenstände setzt den Vergleichen Grenzen. Nicht zufällig stehen sich im Anhang *Schrift*- und *Zahlen*metapher gegenüber – zwei Instrumente auf der Waage. Und Fechner befindet, was ihm an sprachlichen bzw. schriftlichen Möglichkeiten bleibt, als zu leicht und wendet sich den Zahlen zu.

Und wie steht es mit den Grenzen der (Be-) Rechnung? Für sich genommen vermögen Zahlen und Rechnungen nichts. Sprache dient gewöhnlich Zwecken zwischenmenschlichen Austausches. Sprache, verbunden mit Rechnung und Zahl, zielt auf Zwecke der Verwertung und Sicherung durch Berechnung. Die „Seele" passiert die Filter der rechnenden Sprache nicht. *Eine bloß rechnende Psychologie muß deshalb zwangsläufig zur „Psychologie ohne Seele" werden.*

Man kann den historischen Wandel an der Rezeption der Weber-Fechnerschen Maßformel des Verhältnisses von Reiz und Empfindung verfolgen, wo mit wachsender Geltung der Rechnung nunmehr von Reiz und

Reaktion die Rede ist, das Empfindende also schließlich ausgeklammert wird.
Spätere Äußerungen Fechners lassen keinen Zweifel, daß die Einschätzungen der *Zahlenmetapher als Ausgangspunkt der Psychophysik* und damit der modernen, exakten Psychologie zutrifft. Gegen Ende der „Elemente der Psychophysik" gibt der Naturforscher folgende autobiographische Darstellung:

> „Von jeher der Ansicht von einem durchgreifenden Zusammenhange zwischen Leib und Seele zugethan und diesen in der Form einer doppelten Erscheinungsweise desselben Grundwesen vorstellend, ... stellte sich mir im Laufe der Abfassung einer Schrift (Zend-Avesta), welche auf diese Ansicht fußt, die Aufgabe dar, ein functionelles Verhältnis zwischen beiden Erscheinungsweisen zu finden ..." (1860 II:553).

Zunächst hatte er vermutet, körperliche und geistige Tätigkeit seien einander direkt proportional, ließ diese Idee aber fallen.

> „Später kam ich darauf, gewisse Grundverhältnisse zwischen Leib und Seele und zwischen niederem und höherem Geistigen durch das Verhältnis zwischen arithmetischen Reihen niederer und höherer Ordnung schematisch zu erläutern (vgl. Zend-Avesta II. 334); zu demselben Zwecke boten sich, in mancher Beziehung noch passender, geometrische Reihen dar. Die Idee, statt einer blos schematischen, gewisse Verhältnisse wohl erläuternden, aber nicht exact treffenden Darstellung den Ausdruck für das wirkliche Abhängigkeitsverhältniss zwischen Seele und Körper zu gewinnen, drängte sich mir hiebei von Neuem auf; aber das Schema der geometrischen Reihen führte mich nun (22. Oct. 1850 Morgens im Bette) durch einen etwas unbestimmten Gedankengang darauf, den verhältnissmässigen Zuwachs der köperlichen Kraft, oder $\frac{d\beta}{\beta}$, wenn β die lebendige Kraft bedeutet, zum Maße des Zuwachses der zugehörigen geistigen Intensität zu machen." (1860 II:554)

Der Kerngedanke der Maßformel liegt in der Zahlenmetapher bereits vor, und es bedurfte nur einiger mathematischer Variationen, um schließlich die einfache Gleichung zu erhalten.
Fechner erinnert an den Gedankengang, der zur „Entdeckung" der Maßformel führte und zitiert dann ein Antwortschreiben W. WEBERS, dem er eine „Abhandlung" zukommen ließ (vgl. 1860 II:557f.). W. WEBER riet Fechner, die Maßformel experimentell zu stützen, damit sie die gebührende Beachtung finde. Daraufhin „begnügte" Fechner sich

zunächst, „... jene Idee beiläufig und kurz in einer Schrift mitzuteilen, welche nicht den Charakter exacter Untersuchung beansprucht ..." (1860 II:558); die von Fechner angegebene Stelle nennt den Beginn des besagten Zusatzes zum Anhang des elften Kapitels im zweiten Band des „Zend-Avesta".

In seiner „Vergleichung" (II:148-161) versucht Fechner eine Bestimmung des eigenen Standortes. Die Standlinien: Seine Theorie des Verhältnisses von Leib und Seele stehe „in naher Beziehung" zur „gewöhnlichen Ansicht" (II:148), sei „... von einer Seite ganz materialistisch ... von der anderen Seite ganz spiritualistisch und idealistisch ..." (II:153).

Zunächst wird an den Kern seiner Auffassung, das Identitätstheorem und das Zweiseitentheorem, erinnert. Fechners forschungspraktisches Interesse, das auf die Möglichkeit und Gestalt einer Psycho-Physik zielt, stößt nun an die Grenzen des Monismus. Bereits der Begriff „Psychophysik" spiegelt die „gewöhnliche (dualistische) Ansicht", welche die Reiche des Geistes und der Materie scheidet. Mit dem Zweiseitentheorem wird das monistische Identitätstheorem in Richtung auf den Dualismus der gewöhnlichen, „natürlichen" Weltanschauung aufgeweicht. „Wie gewöhnlich" solle man die „zwei verschiedenen Seiten ... desselben Wesens" betrachten. „Ja wirklich als etwas Gegensätzliches kann man sie noch fassen ..." (II:148). Keinesfalls dürften „Geistiges und Materielles selbst identifiziert", gleichgesetzt, vermischt werden, „... sonst entstehe eine unheilbare Verwirrung der Sprache ..." (II:148). Es ist „... gut, daß wir zwei Worte für die Doppelerscheinung haben, und wir sollen nicht eine begriffliche Identität daran knüpfen" (II:149).

Mit anderen Worten: Wir sollen – auch in der Wissenschaft – an der gewöhnlichen dualistischen Ansicht festhalten, aber dabei nicht (völlig) vergessen, daß wir es nur mit *zwei Seiten ein und desselben Gegenstandes* zu tun haben. Die monistische Konstruktion wird also dorthin verbannt, wo sie die Kreise des Denkens in dualen Unterscheidungen nicht stört. Solange es um die philosophische Ausarbeitung seiner pantheistischen Religion ging, war die monistische Position vergleichsweise unproblematisch; hier aber stört sie den Naturwissenschaftler.

Im Kleingedruckten wendet Fechner sich gegen die idealistischen und materialistischen Varianten des Monismus. Einerseits sei „Sauerstoff" kein Gedanke, bloß weil etwas denkend erfaßt (benannt, vorgestellt) werde. Zuvor hatte Fechner gegen die „subjektivistische" Deutung des „Weltgesetzes" als apriorische Anschauungsform prinzipiell ähnlich argumentiert. Andererseits sei das Denken nicht in derselben „... Weise eine Funktion des Gehirns, ... wie Gallabsonderung eine Funktion der Leber

..." (II:150). Denken sei eben keine materiale Absonderung, sondern qualitativ ein anderes, welches nicht auf Materie bzw. materiale Prozesse reduziert werden könne. Fechner schaltet sich mit dieser Äußerung in den hitzigen „Materialismusstreit" ein, der in jenen Jahren seinen Höhepunkt erreichte. Er nimmt eindeutig Bezug auf einen Hauptprotagonisten der materialistischen Position, CARL VOGT, der in seinen „Physiologischen Briefen" 1847 zu behaupten wagte,

> „... daß alle jene Fähigkeiten, die wir unter dem Namen Seelenthätigkeiten begreifen, nur Functionen des Gehirns sind, oder, um es einigermaßen grob auszudrücken, daß die Gedanken etwa in demselben Verhältnis zum Gehirn stehen, wie die Galle zu der Leber oder der Urin zu den Nieren" (VOGT 1847:206).

Fechner bezeichnet das Denken auch als „eine Funktion" des Gehirns, allerdings als eine besondere, nicht materiale, und er befürwortet die Begriffe der „gewöhnlichen Ansicht". „... daß der Leib Träger, Unterlage, Sitz, Hülle, Organ, Bedingung der Seele sei" (II:151), also Begriffe, die eine Priorität des Materialen implizit zugestehen (Ausnahme: Der Begriff „Hülle").

Vom Gehirn als Ursache des Denkens kommt Fechner zum Kausalitätsproblem. Bislang vermied er, wie bereits erwähnt, sorgsam den Begriff „Wirkung" und sprach stattdessen von „Beziehung", „Bedingung" und „Zusammenhang", ohne dadurch dem Kausalitätsproblem zu entrinnen. Faßt man Leib und Seele als „zwei ihrer Natur nach ganz fremdartige" Wesen, so ist ein Kausalzusammenhang schwerlich darzulegen, denn wie soll Grundverschiedenes überhaupt etwas miteinander zu tun haben (II:152)? In der „gewöhnlichen Ansicht", die Fechner als Leitfaden „gesunden Menschenverstandes" häufig verfolgt, geht man jedoch von einer Wechsel*wirkung* aus. Man faßt dabei Leib und Seele als relativ unabhängige Akteure. Fechner hält dagegen, es bestehe „nur ein Kausal*zusammenhang*" in ein und demselben Wesen.

Wenig später, als er sich vom Spinozismus distanziert, wird seine Position deutlich. Es gebe einen „Übergriff der Kausalität aus einem Gebiet in's andere", aber nur „vermöge des möglichen Standpunktwechsels" (II:155).

Sein „Parallelismus", schreibt Fechner, erinnere „an die Leibnizische prästabilirte Harmonie" (II:152). Unterschiede sucht er anschließend anhand des *Uhrenvergleichnisses* darzulegen. E. DU BOIS-REYMOND gibt in seiner vielzitierten Rede „Über die Grenzen des Naturerkennens" folgende Skizze der möglichen Auffassungen:

„LEIBNIZ ... pflegte dies Problem mittels des von GEU-
LINCX zuerst darauf angewandten Bildes zweier Uhren zu erläu-
tern, die gleichen Gang zeigen sollen. Auf dreierlei Art, sagte er,
könne dies geschehen. Erstens können beide Uhren durch Schwingungen, die sich einer gemeinsamen Befestigung mittheilen, einander so beeinflussen, daß ihr Gang derselbe werde, wie dies HUY-
GENS beobachtet habe. Zweitens könne stets die eine Uhr gestellt
werden, um sie in gleichem Gange mit der anderen zu erhalten.
Drittens könne von vorn herein der Künstler so geschickt gewesen
sein, daß er beide Uhren, obschon ganz unabhängig voneinander,
gleichgehend gemacht habe. Zwischen Leib und Seele sei die erste
Art der Verbindung anerkannt unmöglich. Die zweite, der occa-
sionalistischen Lehre entsprechende sei Gottes unwürdig, den sie
als DEUS EX MACHINA missbrauche. So bleibe nur die dritte
übrig, in der man LEIBNIZ' eigene Lehre von der praestabilirten
Harmonie wiedererkennt." (DU BOIS-REYMOND 1903:26).

In den „Elementen der Psychophysik" referiert Fechner das Uhrengleichnis in derselben Weise, und er wirft LEIBNIZ vor, er habe die
einfachstmögliche Lösung vergessen: „Sie können auch harmonisch mit
einander gehen, ... weil sie gar nicht zwei verschiedene Uhren sind"
(1860 I:5). Im „Zend-Avesta" heißt es: „Nach uns (ist es) vielmehr
eine und dieselbe Uhr"; Gott sei kein äußerer Werkmeister (Demiurg),
sondern wohne „in seiner Uhr, der Natur" (II:152). Diese vierte Möglichkeit, stellt DU BOIS-REYMOND beiläufig klar, ist von LEIBNIZ nicht
vergessen, sondern vorweg verworfen (DU BOIS-REYMOND 1903:38)
und „wiederholt ausdrücklich zurückgewiesen" worden (a.a.O., Anm. 38,
S. 55f.). Fechner vertritt entsprechend dem Identitätstheorem und dem
Zweiseitentheorem die vierte Möglichkeit.

Er verglich zuvor bereits in diesem Sinne unsere Planeten mit
einer Uhr (vgl. I:13 u. 78f.).

Ein weiteres Sinnbild seines „Parallelismus'" liefert das *Kreisliniengleichnis* (vgl. II:149 u. 1860 I:2f.): Eine Kreislinie erscheint „von innen"
konkav, „von außen" konvex.

konkav

innerer Standpunkt   äußerer Standpunkt

konvex

Die Kreislinie steht für das gleichbleibende Wesen (vgl. II:149), ein nur einseitiges erkennbares Tertium, weder Materie noch Geist. Das Kreisliniengleichnis reduziert Leib und Seele auf bloße Erscheinungen einer „eigentümlichen Substanz", die im Dunkel bleibt: Seele ist nur ein Aspekt eines Verborgenen, dessen zweiter Aspekt materialer Art ist; das verborgene Dritte ergibt sich nicht aus der Summe von Geist und Materie, der Mensch ist leibseelische Einheit nur dem Schein nach.

Diese Position, historisch dem „kritischen Realismus" oder „Idealrealismus" zuzuordnen, fügt sich nicht problemlos in die bisherigen Ausführungen. Fechner orientiert sich sonst doch an der „gewöhnlichen Ansicht" und sucht die Nähe zum zweifelsfrei Erfahrbaren. Seele und Leib können als Erfahrungsgegenstände gefaßt werden, das verborgene Dritte aber ist nichts Empirisches mehr.

Auch untereinander passen die Metaphern nicht recht zusammen. Dafür mag die zwangsläufige Unzulänglichkeit bildhafter Darstellungen und Lösungen des Leib-Seele-Problems mitverantwortlich sein; hauptsächlich liegt es hier jedoch an den besonderen Aufgaben dieser Metaphern, die jeweils Teilaspekte von Fechners Sicht des Leib-Seele-Problems verdeutlichen sollen.

- Das *Uhrengleichnis* (vierte Möglichkeit, s.o.) illustriert das *Identitätstheorem*,

- das *Kreisliniengleichnis* erläutert das *Zweiseitentheorem*,

- die *Zahlenmetapher* zeigt, wie Leib und Seele aufeinander bezogen gedacht werden können, wie dem Leib (Zahlenfolge höherer Ornung) eine Seele (Zahlenfolge niederer Ordnung) innewohnt und in welchem Sinn man sagen kann, daß die Seelentätigkeiten stets einfacher sind als die ihr zugehörenden materialen Prozesse.

Die vierte Möglichkeit des Uhrengleichnisses schließt jeden Parallelismus aus; das Kreisliniengleichnis bedeutet lediglich einen Parallelismus zweier Erscheinungen. Die Konstruktion eines unbekannten Dritten sowie das Identitätstheorem verbunden mit dem Zweiseitentheorem sind keine Bestandteile dessen, was gemeinhin dem Begriff „Parallelismus" assoziiert wird. An anderen Orten der vorliegenden Schriften ist allerdings von der Reduktion auf Erscheinungen nichts zu spüren; Materiales und Geistiges werden ohne ein dahinterliegendes Drittes „objektivistisch" aufgefaßt.

Fechner bezeichnet seine Theorie als leibnizistisch und spinozistisch, wenn auch mit Einschränkungen, und findet sie „... von einer Seite ganz materialistisch ... von der anderen ganz spiritualistisch und idealistisch ..." (II:153). Dazugenommen noch den von Fechner umschriebenen „Realismus", dem die große Mehrheit der frühen Psychologen damals anhing, sind alle bezüglich der Frage nach dem „Stoff" der Welt relevanten „Ismen" angesprochen. Zwei einander ergänzenden Modelle verdeutlichen nun seine Position:

Modell **A** (im laufenden Text S. 154ff.)	Modell **B** (im Kleingedruckten S. 160f.). Sechs Grundansichten, die „... das ganze Gebiet der Existenz ... verfolgen" (II:160f.):
„Vier Betrachtungsweisen":	
1) Materialismus	„1) Die *materialistische* (rein naturwissenschaftliche), wo man, stehts nur auf äußern Standpunkt gestellt, bloß die materielle Seite der Welt in Betracht zieht.
2) Spiritualismus	2) Die *spiritualistische* (rein geisteswissenschaftliche), wo man, stets auf inneren Standpunkt gestellt, bloß die ideelle oder geistige Seite derselben in Betracht zieht.
3) die „mit dem Standpunkt wechselnde Betrachtungsweise" (II:157)	3) Die *verknüpfende* (naturphilosophische), wo man, beide Standpunkte kombinierend, die materielle und ideelle Seite in konsequenter Beziehung aufeinander folgt.
4) die den Zusammenhang und die „Beziehung des Geistigen und Körperlichen" verfolgende Betrachungsweise – der mögliche Standpunkt einer zukünftigen Wissenschaft, nämlich der mathematischen Psychologie (II:157)	4) Die *wechselnde* (natürliche), wo man, den Standpunktes wechselnd, zwischen der materiellen, und ideellen Seite hin-und hergeht, *natürliche* in so weit zu nennen, als der Standpunktwechsel in der Betrachtung der natürlichen Stellung des Betrachtenden gemäß oder nach unbewußt sich geltend machenden Analogien reflexionslos geschieht.
	5) Die *nicht unterscheidende* (ursprüngliche naturwüchsige), wo ein bestimmter Unterschied zwischen dem, was auf innerem und äußerem Standpunkt erscheint, d.i. zwischen Geistigem und Materiellen, noch nicht gemacht wird.
	6) Die *mischende* (gemeine), wo die Standpunkte reflexionslos oder aus begrifflicher Unklarheit vermischt, verwirrt, verwechselt werden, und demgemäß unklare und sich widersprechende Vorstellungen über das Verhältnis von Materiellem und Geistigem entstehen." (II: 160f.)

Bezüglich des Modells **B** äußert Fechner, die ersten drei Betrachtungsweisen seien „als rein wissenschaftliche anzusehen, die drei letzten

... (seien) die des Lebens", wobei die vierte „auch eine wissenschaftliche Behandlung vertrage" (II:161). Die Betrachtungsweisen 5) und 6) lassen sich treffend als die „primitive" und die „dumme" charakterisieren.

Im Vergleich beider Modelle wird sofort deutlich, wo Fechners Problem liegt: Die Betrachtungsweisen 3) und 4) stimmen nämlich nicht überein. Die notwendige Differenzierung seiner dritten Position jenseits von Materialismus und Idealismus bzw. Spiritualismus scheitert durch das Vertauschen und damit Verwischen der Unterschiede. Beidemale deutet er an, die vierte Betrachtungsweise (welche in den Modellen A und B verschieden definiert ist) für eine künftige Wissenschaft (nämlich „mathematische Psychologie") nutzen zu wollen.

Seine Erläuterung des Modells B schlägt die Brücke zum komplementären Standpunktbegriff – komplementär insofern, als jede Perspektive eines Standpunktes bedarf. Den sechs „Betrachtungsweisen" werden folgende „Standpunkte" zugeordnet: „... stets äußerer, stets innerer Standpunkt, Kombination beider, Wechsel zwischen beiden, Identifizieren beider, Mischen und Verwirrung beider" (II:161).

„Kombination", „Verknüpfung", „Wechsel „– unklar, wie solches inhaltlich gefüllt oder gar praktiziert werden soll. Als unverzichtbare Basis bleiben Materialismus und Idealismus bzw. Spiritualismus doch erhalten, und daneben wird hier keine selbständige dritte Position erkennbar. Den archimedischen Standpunkt zwischen Innen und Außen gibt es nicht; und nur ein einziger Standpunkt kann zu einer Zeit eingenommen werden. Also bleibt nur ein Hin- und Herspringen vielleicht in immer kürzeren Zeitabständen, bis vielleicht die jeweils kurz nacheinander eingenommenen Standpunkte verschmelzen – sollte letzteres möglich sein – , oder das Mitbedenken, wie der Gegenstand, von einem anderen Standpunkt gesehen, erscheint.

Mit der metaphorischen Rede von „Standpunkten", „Ansichten" und „Betrachtungsweisen" überträgt Fechner das Leib-Seele-Problem in den Horizont der optischen Wahrnehmung. Er geht damit in die Irre, sofern er Materialismus und „Spiritualismus", diese komplexen Theorien, grundsätzlich so behandelt wie optisch Wahrgenommenes. „Materialismus" z.B. ist für Fechner keine Theorie oder Ideologie, an die man glaubt, für die man kämpft, sondern eine Richtung der Aufmerksamkeit und eine Einstellung. Fechners Kurzdefinition der „materialistischen Grundansicht" beinhaltet nur die objektivistische Auffassung von Gegenständen der äußeren Wahrnehmung. Was aber beispielsweise ein CARL VOGT mit dem Begriff „Materialismus" verband, entspricht keinem „optischen Eindruck". Gelte es, kurz zu beschreiben, was ein be-

stimmter Mensch für wahr hält, „Ismen" der genannten Art stünde als
Schlagworte an erster Stelle. Ein überzeugter „-Ist" kämpft für seine
Überzeugung und ändert sie nicht, wie ein Betrachter eines Bauwerks
seinen Standpunkt wechselt. Ein Materialist kann genau wissen und
beschreiben, was verschiedene Gegner seiner Überzeugung denken, aber
er bleibt dabei Materialist. „Ismen" der genannten Art können nicht
beliebig gewechselt werden. Das Denken muß von etwas ausgehen und
an etwas festhalten. Fechners Begriff des „Materialismus" darf hier also
weder mit dem „Materialismus" eines VOGT oder F. ENGELS noch mit
dem heute verbreiteten Begriff einer „materialistischen Weltanschauung"
gleichgesetzt werden.

Wiederholt seinen Standpunkt, d.h. seinen „Ismus", zu wechseln,
vermögen nur wenige, geistig sehr bewegliche Menschen, soweit das, was
sie wechseln, ihnen keinen Halt gibt. Der „Zend-Avesta" ist das Werk
eines Haltsuchenden, Selbstgebung von Halt. Fechners geistige Beweglichkeit entsteht nicht aus streng kontrollierter Reflexion, sondern ist eine
Grundeigenschaft seines Denkens. Diese wohnt ihm derart inne, daß er
sich um Beweglichkeit nicht zu mühen braucht: „... der Standpunkt
wechselt sich sozusagen von selbst ..." (II:156).

Die „Begründung und Bewährung" (II:161-165), erneut ein dichter
Text, gibt zu Kommentaren Anlaß. Bemerkenswert ist zunächst die
sprachkritische Wendung, seine „vorstehende Ansicht" (gemeint ist offenbar der theoretische Kern um das Zweiseiten- und das Identitätstheorem) könne man als „... verallgemeinernden Ausdruck der Erfahrung, ja
in gewisser Hinsicht nur als eine *Erklärung des Sprachgebrauchs*" ansehen
(II:161, Hervorh. B.O.).

Wenn wir etwas als „materiell" auffassen, so Fechner, *erfahren* wir uns
als dem betreffenden Materiellen „auf äußerem Standpunkt ... dagegen"
gestellt. Wie der Begriff „Gegenstand" sagt: etwas steht uns gegenüber.
Das so wahrgenommene „Materielle" ist als das Entgegenstehende stets
im Sinne des mir selbst nicht Zugehörenden, Äußeren bewußt. Daneben gibt es „Erscheinungen", z.B. Schmerzempfindung, die ich als mir
persönlich selbst zugehörend und innerlich (als allein in mir gegeben)
„auf innerem Standpunkt begreife. Fechner „... nennt etwas ... materiell ... oder geistig, je nachdem es einem anderen als sich erscheint oder
sich erscheint ..." (II:162).

Diese Formulierungen erhellen nachträglich die problematische Passage II:136. Folgende Begriffe werden deutlich:

- Der „äußere" und der „innere Standpunkt" beziehen sich auf das
  jeweils Wahrgenommene. In der äußeren Wahrnehmung steht

der Wahrnehmende außerhalb des Wahrgenommenen diesem gegenüber („äußerer Standpunkt"). In der inneren Wahrnehmung
fallen Wahrnehmender und Wahrgenommenes in eins („innerer
Standpunkt").

- „Erscheinung" ist nicht ausschließlich dem Bewußtsein des einzelnen Ich zugeordnet (wie „Selbsterscheinung" und „Sich-erschei-
  nen"), wie es in der subjektbezogenen Philosophie unseres Jahrhunderts der Fall ist, sondern meint auch „Scheinen" eines anderen. Das Scheinende wirft den Schein gleich einem Lichtstrahl auf
  uns („Erscheinung eines anderen"), das Aktivitätszentrum solchen
  „Erscheinens" liegt im Wahrgenommenen.

Die Begriffe „Standpunkt" und „Erscheinung" sind also nicht ausschließlich egozentrisch auf das Bewußtsein fixiert, sondern zielen darüber
hinaus auf ein anderes, dessen subjektunabhängige, objektiv-wirkliche
Existenz nicht in Frage steht. Fechners Erkenntnistheorie sieht demnach
nicht stets das wahrnehmende, erkennende Subjekt als Mittelpunkt und
Erzeuger seiner Welt. Dies konnte man vielleicht aus der kosmozen-
trischen bzw. multizentrischen Orientierung seiner Religion erwarten,
gesichert interpretieren läßt es sich aber erst hier.
Zurückgewendet auf die problematische Passage (II:136) wird vergleichend nun erkennbar, das Fechner sich dort bemüht, die Einheit der
Erscheinungen herauszustreichen, indem er alles auf den Begriff „Selbsterscheinung" zur reduzieren sucht, den Erscheinungsbegriff aber, auch
von einer objektivistischen Abbildtheorie ausgehend, doppeldeutig gebraucht.
Mit dem folgenden Text, welcher erneut Aspekte einer Erkenntnistheorie behandelt, geht Fechner nach eigenem Bekunden zur exakten
Naturwissenschaft über. Seine „Darstellung im Sinne der Naturwissenschaft" (II:168) hebt er vom Haupttext ab, indem er sie als Zusatz des
vermutlich nachgeschriebenen Exkurses (Anhangs) anfügt. Dieser und
der folgende Zusatz sind die einzigen gliederungstechnisch derart doppelt
abgehobenen Passagen des „Zend-Avesta". Ungeachtet der formalen
Zäsur ist die Grundlegung einer Naturwissenschaft in den Zusätzen doch
deutlich erkennbar eine Zusammenfassung und unmittelbare Fortführung
vorhergehender Gedanken, so daß man ebensogut den gesamten Anhang
(XIX) mit zur Propädeutik einer künftigen exakten Wissenschaft von
der Seele zählen kann. *Jedenfalls erwächst hier die exakte Wissenschaft
aus (natur-) philosophischer Spekulation und Religion.* Sofern die moderne Psychologie als exakte Wissenschaft nach ihren Ursprüngen fragt

und diese im vorigen Jahrhundert sucht, hier liegt ihre Wurzel, und hier kann die möglicherweise entwurzelte Wissenschaft rückblickend eine Rückbindung an Nicht-wissenschaftlich-Exaktes finden.

Es geht nicht darum, nun gegen eine moderne „Psychologie der Ratten und Zahlen" triumphierend zu bemerken: Seht, es fängt mit Philosophie an! Sondern es möge anerkannt werden, was vom Text her nicht zu bezweifeln ist: Der Grund der modernen, exakten Psychologie liegt außerhalb ihrer selbst im Unsicheren. Dieses Unsichere mag als Religion, Dichtung, Philosophie oder anders begriffen und bezeichnet werden. Nach einem Bild von K. POPPER: In den Sumpf getriebene Pfähle tragen die Wissenschaft.

Fechner weiß und betont, daß er sich im „Zend-Avesta" vorwiegend mit Nicht-exakt-Beweisbarem abgibt. Er erachtet es der Mühe wert, Unbeweisbares so gut, vernünftig und schön wie möglich zusammenzufügen und schafft damit auch einen Grund für seine neue Wissenschaft „Psychophysik". Wenn solches Zusammendichten gelingt, und das Gedichtete geglaubt und stets wachgehalten wird, steht die Wissenschaft auf gutem Grund.

Insofern stellt also der „Zend-Avesta" den Grund der „Psychophysik" dar. Die Propädeutik der künftigen Wissenschaft befindet sich keineswegs zufällig und keineswegs fehl am Platze hier, sondern sie erwächst aus und wurzelt in der Religion des „Zend-Avesta".

Fechner greift auf Bekanntes zurück und verweist nochmals darauf, Objektiv-Körperliches könne nur wahrgenommen werden, wenn sich der Wahrnehmende und das Wahrgenommene gegenüberständen (II:165). Aber auch im (makro-)kosmischen Maßstab gilt dieses Prinzip: Der „einzige Urball" am Anfang der Welt habe nur „Selbsterscheinung" gehabt, subjektive, „dumpfe" Empfindungen, die keinen Gegenstand konstituieren (vgl. II:167). Mit zunehmender Differenzierung des Weltalls, seiner Entzweiung, in *frei bewegliche* Teile, die Gegenüberstellung und damit objektive Erkenntnis grundsätzlich möglich geworden. Das gegeneinander frei Bewegliche „müssen gehörig organisiert sein", in sich differenziert sein, um „... eine nach Beschaffenheit der Eindrücke veränderliche Sinnesempfindung *überhaupt* zu haben" (II:168). Eine „trockene Kugel" im All könne nichts erkennen, die Erde mit ihrer Formen-und Artenvielfalt aber sei dazu in der Lage.

Die Erdbeseeltheitstheorie der ersten Kapitel des „Zend-Avesta" reicht massiv bis in die Propädeutik einer künftigen exakten Psychologie hinein. Irrig ist also die Meinung, Fechner habe einfach den Text irgendwo angefügt, um ihn zeitig zu veröffentlichen, da das Projekt „Elemente der Psychophysik" (1860) noch in weiter Ferne lag – daran ändern auch Äußerungen Fechners nichts, die eventuell dahingehend interpretierbar sind.

Bedingungen objektiver Erkenntnisse bzw. der Wahrnehmung eines Äußeren, Körperlichen sind zunächst die besagte *Gegenüberstellung* und die *Bewegung*. Was sich in einem Gesichtsfeld bewegt, sei es aus sich heraus oder durch eine Bewegung meines Kopfes, wird als (realexistierendes) Gegenständliches aufgefaßt, d.h. bei Fechner: „objektiviert". Ein dumpfes „subjektives körperliches Gefühl, wie Schmerz, Wohlbehagen, Hunger, Durst ..." (II:165) ändert sich dagegen nicht mit einer Bewegung.

„... das Gefühl der Objektivität (gründet) ... auf *Erfahrungen* ..." (II:166, Hervorh. B.O.). Deutlich Unterschiedenes lieferten nur „Gesicht und Getast", sie allein ermöglichten die objektivierende Auffassung; die übrigen Wahrnehmungsarten – Gehör, Geruch, Geschmack – vermittelten nur diffuse Eindrücke, die keinen festen Gegenstand konstituieren, sondern sich zu dem von Gesicht und/ oder Getast objektivierten Gegenstand gesellen, so daß die Wahrnehmung einer „Orange ... (als) objektiv riechender und süßer Körper" zustande kommt (II:167). Weiterhin bedürfte es zur objektivierenden Wahrnehmung der *Erinnerung*, welche „kein rein sinnliches Vermögen mehr ist" (II:168).

Auch nach HUSSERLS Abhandlungen „Zur Phänomenologie des inneren Zeitbewußtseins" scheint die Bedeutung des Erinnerungsvermögens für die Wahrnehmung noch nicht allgemein bekannt zu sein. K. POPPER äußert den Gedanken, ohne Gedächtnis könne es kein Bewußtsein geben, als sei dies etwas Neues, und er bemüht zum Nachweis dieses Gedankens ein besonderes „Gedankenexperiment" (vgl. POPPER 1977:69f.)

Berücksichtigt man zwangsläufig Verkürzungen durch die knappe Ausführung, braucht Fechners kurze Wahrnehmungstheorie keinen Vergleich mit heutigen Texten zu scheuen. Die zentralen Begriffe, z.B. „Objektivität", die Fechner aus der objektivierenden Instanz eines „subjektiven, körperlichen Gefühls" ableitet, sind heute ungeachtet aller Lösungsversuche – bezüglich der „Objektivität" z.B. mittels HUSSERLS „Reduktionen" – nach wie vor problematisch.

Christentum, Religionsgeschichte und Wissenschaft

Im soeben behandelten Kapitel „Von Gott und Welt" brachte Fechner die „induktive" Begründung seiner pantheistischen Glaubensüberzeugung zu Ende und ließ Lobpreisungen folgen, die mit der „induktiven" Argumentation nichts mehr gemein haben. Nun fährt Fechner zwar weiterhin in gewollt schöner Sprache fort, doch die Argumentation, bauend auf dem „induktiv" Erarbeiteten, hebt in den Raum eine intrareligiösen Diskussion ab: Es geht zunächst um Fragen, ob und wie sein Pantheismus mit christlichen Positionen zu vereinbaren ist. Fechner zieht dabei sämtliche Register, um gegenüber dem Christentum die Nähe und Deckungsgleichheit überzeugend darzulegen.

Er „... arbeitet mit äußerster Vereinfachung des Vokabulars, mit direkter Leseranrede und fiktivem Leser-Autor-Dialog, schließlich mit einer Technik der Identifikation, der eine brutale Überredungswirkung nicht abgesprochen werden kann" (GEBHARD 1984–191), und damit tritt er einigen Lesern vielleicht zu nahe. Am Anfang des zwölften Kapitels stehen die Passagen, die W. GEBHARD als „Terror der Bekenntnisfrage" wahrnimmt (GEBHARD 1984:197).

> Ich nehme an, daß diese Wahrnehmung sowie die gesamte vernichtende Fechner-Kritik des Germanisten von der Antipathie gegen Stil und politisch relevante Inhalte – z.B. Fechners „Vorliebe fürs gesetzlich Laufende" (GEBHARD 1984:216) und für einen universellen „Dienstzusammenhang" (a.a.O.: 215) samt allen sozialen Implikatonen – motiviert wurde.

GEBHARDS Unbehagen entzündet sich an folgender Stelle:

> „Nicht ich habe diese Lehre erfunden, du bekennst sie selbst in deiner Religion, du glaubst nur nicht, was du bekennst ... Antworte: Bekennst du nicht selbst, daß... Und erkennst du nicht selber an .... Und glaubst du nicht, daß... Und nennst du nicht ... " (I:294f.).

Der folgende Satz weckt Assoziationen blutiger Konsequenzen einer totalitären Weltanschauung:

> „... den Namen Christi kannst du wohl verleugnen, die Sache Christi zwingt dich, ob du willst (oder nicht, B.O.); in tausend Einzeldingen weichst du von ihm, und bleibst doch, wenn nicht frei an ihm, an ihn gekettet ... " (I:316).

Zu bemerken ist, daß in früheren Werken der Sekundärliteratur (von I. HERMANN abgesehen) niemand Anstoß an obenstehenden Äußerungen – es gibt noch mehr ähnlich geartete – nahm. Derartige Äußerungen samt dem Kontext richten sich offenbar und für Fechner selbstverständlich an Christen, zumindest aber an christlich sozialisierte Menschen. Fechner tritt hier absichtlich dicht an den Leser heran und drängt zum Übertritt. Hinter formelhaften Bekenntnissen verbirgt sich für den (mit-) denkenden Leser die Frage: (an) was glaubst *du* überhaupt?! mit der Fechner den Spieß umkehrt. Eine unangenehme Frage, wenn man nur zu antworten weiß: nichts. Und heute wird die Antwort sehr häufig so oder ähnlich dürftig ausfallen, dürftig und beschämend angesichts der Bemühungen Fechners, selbsttätig Glaubenswahrheiten vernünftig zu erarbeiten. Die aufgeworfene Frage der Fragen fällt heute in den Horizont des Intimen, daran niemand rühren darf – Glaubensfreiheit ist grundgesetzlich gesichert. Niemand hat das Recht, derartige Bekenntnisse zu fordern, vom Zwang zum Christentum (s.o.) ganz zu schweigen. Fechners Fragen und seine drängende Argumentation laufen dem heute Üblichen und Schicklichen zuwider.

Jedenfalls zwingt Fechner, Farbe zu bekennen, so daß eine voyeuristische Distanz, wie sie der Wissenschaftler gerne einnimmt, erschwert, wenn nicht unmöglich wird. In heutigen Publikationen von Wissenschaftlern für Wissenschaftler bleiben Distanz und Möglichkeiten der Distanzierung stets gewahrt.

> Die Art, Fechner möglichst „nüchtern" zu lesen, um wissenschaftlich Verwertbares „herauszufinden", ist alles andere als im Sinne des Naturphilosophen. Fechner wollte doch erklärtermaßen Leser, die offen sind für einen guten Glauben, und nicht von „Berufsphilosophen" „wissenschaftlich" gelesen werden.

Dem oben Ausgeführten zufolge lassen sich eine Reihe von Gründen für Unbehagen und Antipathien bei der Lektüre der zitierten Passagen anführen, Gründe die in einem gesellschaftlichen Wandel liegen.

> Die amtlichen Verkünder des rechten Glaubens konnten bis vor kurzem noch bedenkenlos „Donnerpredigten" wie ein göttliches Zornesgewitter über der Gemeinde niedergehen lassen. In der urbanen Diaspora sind heutzutage sonntägliche „Zerknirschungspredigten" die Ausnahme. Fechner führt dem Stil nach bloß vor, was damals üblicherweise von den Kanzeln schallte. Aus einem Pfarrhaus stammend, war er mit dergleichen bestens bekannt.

Aus diesen Gründen mögen Fechners Äußerungen autoritär-predi-
gerhaften Stils heute unzeitgemäß sein, zu seinen Lebzeiten aber waren
sie es nicht! Der Interpret hat folglich den Wandel des Üblichen und
Schicklichen zu berücksichtigen, und die besagten Passagen nicht mehr
als ungewöhnlich betrachten und keine Antipathien hegen.

Nur ein kurzer Blick auf die seitens der „idealistischen" Philosophie
Anfang unseres Jahrhunderts bereits ausgiebig gesichteten Inhalte. Ich
beschränke mich auf zentrale Begriffe, die Motive und Positionen Fechners kennzeichnen:

1. Gegen *„Atheismus"* ; gegen den Verfall nicht nur der alten Religion, sondern jeder Religion im Zuge allgemeiner Säkularisierung.
   „... wie viele glauben jetzt noch an ein Gebet ..." (I:297)?!

2. Gegen (Vulgär-) *Hedonismus, Egoismus* und *Egozentrik* (vgl. I:299
   u. 320).

Fechner stellt dem Streben nach individuellem sinnlichen Lustgewinn („Einzellust") eine höhere „Lust des Ganzen" entgegen.
Nur auf persönlichen Lustgewinn aus zu sein, sei ebenso verkehrt,
wie das ausschließliche Sich-Opfern für andere. Egoistisches Lust-
streben gehe auf Kosten anderer und sei damit der großen Lust
abträglich. Der Sich-Opfernde trage nichts zur Lust des Ganzen
bei. Doch „Gott will von deiner Seele ... Lust ernten" (I:229). Es
gilt also, im Einklang mit dem Ganzen sich zu freuen und Bedingungen für ein freudvolles Dasein aller zu schaffen.

Fechners Lusttheorie, die schon an mehreren Stellen im „Zend-
Avesta" anklang (vgl. I:169 , 287f., 299f., 232f.) und gesondert
bereits in „Über das Lustprinzip des Handelns" (1848) erörtert
wurde, läßt sich wie folgt kurz skizzieren:

Streben nach Lust ist die Haupttriebkraft menschlichen Handelns
und der Entwicklung der Natur. Einerseits nimmt der Naturphilosoph ein „steady-state-modell" an, worin die Gesamtsumme
der Lust konstant gesetzt ist und Lustungleichgewichte (extreme
Auswüchse der Lust, die solche der Unlust bedingen) nach Ausgleich streben. Andererseits strebt die Naturentwicklung erfolgreich nach mehr Lust für das Ganze (:Gott), daran jeder Einzelne
teilhat und mitwirken soll.

3. Gegen die *Vereinzelung* des Menschen (vgl. I:313).

4. Für *Gemeinschaft*, Zusammenstehen (Solidarität) und gleichsinniges Wirken, für ein alle umschlingendes, einigendes Band.

5. Gegen eine in Glaube und Wissen, Religion und Wissenschaft *gespaltene Weltansicht.*

6. Gegen die *tote*, nahezu *seelenlose* Welt der aufgeklärten wissenschaftlichen Sicht und gegen eine diese vertretende *spaltende Wissenschaft* (vgl. I:339,349f., 355, 357, 359).

7. Für die Wahrnehmung des *Ganzen*, des *Zusammenhangs.*

8. Für eine *Versöhnung* der Gegensätze und eine *Vermittlung* zwischen Gegensätzlichem (vgl. I:330), für die *Vereinigung* von Glaube und Wissen (vgl. I:327, 336) und *Einigung* überhaupt (vgl. I:318f., 334).

9. Für eine dem *Herzensbedürfnis* (vgl. I:312) entsprechende Anschauung einer *schönen, harmonischen, lebendigen*, zum Besseren *fortschreitenden* Welt (ästhetisches Motiv).

10. Für ein neues bzw. *erneuertes* Christentum, erweitert um seine pantheistische Lehre. Für eine Belebung der leblosen Religion.

Fechner begründet die Vereinbarkeit seines Pantheismus' mit dem Christentum wie folgt:

- Er behauptet, dieser sei im christlichen Glauben (zumeist unbemerkt) enthalten.

- Seine Lehre habe er vom Gott der Christen; deshalb müsse sie mit dem Christentum in Einklang stehen.

- Er reduziert das Christentum auf einen Kernsatz, *eine* Glaubenswahrheit, um festzustellen, daß diese Glaubenswahrheit auch das Zentrum seines Pantheismus' ausmacht.

- Wenigstens aber müsse zugestanden werden, daß seine Lehre, wenn sie auch nicht diejenige Jesu Christi sei, dieser doch nicht widerspreche (vgl. I:334).

- Umfangreiche „Autoritätszitate" (GEBHARD) sollen seine Nähe zum Christentum belegen.

Im nun folgenden, abschließenden Kapitel des ersten Teils zitiert Fechner aus ethnographischen und philosophisch-literarischen Quellen. Ein vielseitiges Interesse und eine universalwissenschaftliche Orientierung werden sichtbar, welche die „Mandarine" (F.K. RINGER) der deutschen Wissenschaft auszeichnet.

Das vierzehnte Kapitel liefert ein großes religionsgeschichtliches Modell und Attacken gegen eine Wissenschaft, welche mit „zersetzender Klarheit" (I:357) jede „ganzheitliche" Weltanschauung spaltet. Die kritisierte Wissenschaft ist die heute allerorten triumphierende moderne Wissenschaft. Man muß Fechners Äußerungen, bezogen auf die derzeit verbreitete Forschung, als „wissenschaftsfeindlich" interpretieren. Der Begründer einer exakten, mathematischen Psychologie ist „antiszientistisch" eingestellt, sofern er jede Verabsolutierung einer Wissenschaft ablehnt und jeden überzogenen Anspruch jedweder Wissenschaft auf vollständige, umfassende Welterklärung zurückweist.

Stellt man Fechners Äußerungen zur Religionsgeschichte zusammen, ergibt sich nebenstehendes Modell:

> „Im idealen Anfangszustand, von dem freilich die Abweichung sofort nach verschiedenenen Seiten beginnt, so daß wir nur noch das Zentrum dieser Abweichungen aus der Divergenz der Richtungen davon erkennen, ist dem Menschen die reale Einheit von Gott und Natur, Seele und Leib noch durch keinen Zweifel getrübt, noch durch keine begriffliche Spaltung getrennt ... das ist jenes *unaufgeschlossene Ei des Glaubens*, ... und hierin berühren sich die Extreme in solcher Weise, daß der Mensch in gewisser Weise im Zustand der vollkommensten Erkenntnis, in anderer Weise in dem der unvollkommensten Erkenntnis geboren ist. Er hat die ganze Wahrheit, aber nur die ganze rohe, und nicht die geringste Klarheit über die Momente dieser Wahrheit ... " (I:349f., Hervorh. B.O.)

Die Verfallsgeschichte des „Kinderglaubens der Menschheit" wird unter folgender Annahme erklärbar:

> „der Instinkt der Menschen (für den rechten Glauben, B.O.) ist nicht so haltbar als der der Tiere, sondern von vorn arbeitet Verstand, Vernunft, ihn zu zerstören ... " (I:339) „Und so scheidet und scheidet sich's ohne Aufhören und wird immer klarer und verständlicher ins einzelne und immer toter und immer widerspruchsvoller im ganzen." (I:355)

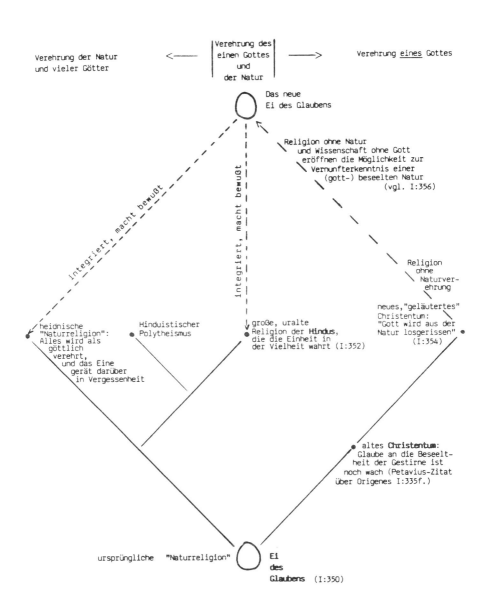

Verehrung der Natur
und vieler Götter

<— | Verehrung des
einen Gottes
und
der Natur | —>

Verehrung eines Gottes

Das neue
Ei des Glaubens

Religion ohne Natur
und Wissenschaft ohne Gott
eröffnen die Möglichkeit zur
Vernunfterkenntnis einer
(gott-) beseelten Natur
(vgl. I:356)

integriert, macht bewußt

integriert, macht bewußt

Religion
ohne
Naturver-
ehrung

neues,"geläutertes"
Christentum:
"Gott wird aus der
Natur losgerissen"
(I:354)

heidnische
"Naturreligion":
Alles wird als
göttlich
verehrt,
und das Eine
gerät darüber
in Vergessenheit

Hinduistischer
Polytheismus

große, uralte
Religion der Hindus,
die die Einheit in
der Vielheit wahrt (I:352)

altes Christentum:
Glaube an die Beseelt-
heit der Gestirne ist
noch wach (Petavius-Zitat
über Origenes I:335f.)

ursprüngliche "Naturreligion"

Ei
des
Glaubens (I:350)

Die beiden Richtungen der Spaltung, von denen Fechner spricht, sind
im Schaubild (s.o.) dargestellt als Zweige, die zu den Extremen einer Verehrung bzw. Heiligung zahlloser Einzelgegenstände der Natur
(links) und einer Verehrung des einen Gottes unter Mißachtung der Natur (rechts) führen. Die Mitte hielt und hält der monotheistische Hin-
duismus, nur läßt die vernünftige Durchdringung der Einheit von Gott
und Natur, wie Fechner sie im „Zend-Avesta" erstmals vorgestellt zu haben glaubt, dort noch zu wünschen übrig. Das „neue Ei des Glaubens"
enthält das im „idealen" Ursprung instinktiv Geglaubte nun in höchster
Bewußtheit und Klarheit. Auf die Phase zunehmender Divergenz und
der Irrungen des Glaubens soll die Einigung der entzweiten Religion von
einem um Fechners Pantheismus erweiterten Christentum aus erfolgen.
Inhaltlicher Kern der Einigung sei dieses „neue Ei des Glaubens", das
eine alle Seiten befriedigende Synthese darstelle.

> „... das Christentum künftiger Tage wird nicht mehr in Streit
> mit anderen Religionen über die Erde gehen, sondern alle strei-
> tenden Religionen besiegen, indem ... (es) dieselben zugleich
> versöhnt." (I:359)

Dieses Christentum wird die anderen Religionen – echt hermeneutisch
– besser verstehen, als sie sich selbst verstehen und das Beste von allen
retten und zusammenbringen.

Die Konvergenzphase kann lediglich mittelbar erschlossen werden,
denn ein positiver Faktor „Vernunft" muß hinzugedacht werden. Die Vernunft wirkt laut Fechner zunächst als Widersacher des instinktiv richtigen Glaubens, hilft aber, die durch ihre Tätigkeit verursachte gespaltene
Weltanschauung wieder zu vereinigen, indem sie das „neue Ei des Glaubens" erschließt. Es bietet sich hier an, die spaltende Vernunft von einer
vereinigenden zu unterscheiden; man könnte die spaltende Vernunft als
technische, instrumentelle auffassen (wie es z.B. H. MARCUSE tut), die
vereinigende Vernunft dagegen als thematisch nicht beschränkte, sinngebende Kraft begreifen. Die vereinigende, sinngebende Vernunft sucht
die Nähe zum Glauben.

Fechner trifft keine derartige begriffliche Unterscheidung. Möglich
daher, daß er an ein selbsttätiges „Umschlagen" der extremen Entwicklung glaubt. Höchstwahrscheinlich schwebt ihm eine „dialektische" Entwicklung vor, deutet man eine Äußerung (vgl. I:358, Zeile 12 ff.) im
Sinne HEGELS:

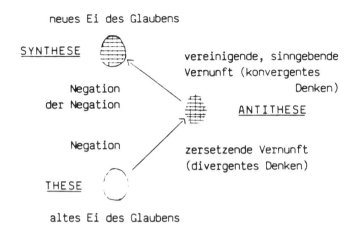

Vieles bleibt in diesem Modell offen, an erster Stelle die Fragen, welche historische Phase er seinerzeit erreicht glaubt, und wie und von wem die Vereinigung aller Religionen bewerkstelligt werden soll.

> „... wir haben den einen Blick verloren, der alles auf einmal sieht .... wir .... sind so gelehrt, daß wir die Naturpredigt nicht mehr verstehen" (I:339) „Religion, Wissenschaft, Kunst überschattet immer weitere Gebiete, aber zerblättern, unvermögend ihre harten Widersprüche zu gewältigen, immer mehr dabei; kein reger Glaubens-und Lebensquell rinnt mehr durch das Ganze." (I:359)

Das sind offensichtlich Gegenwartsanalysen. Meint Fechner, allein mit der Vorstellung eines neuen Glaubens im „Zend-Avesta" Stand und Lauf der Dinge ändern zu können? Oder sieht er in der Gefahr überall das Rettende wachsen? Jedenfalls soll die auf seiner „parallelistischen" Weltanschauung gründende „Psychophysik" eine rettungsbringende Wissenschaft sein, die das Entzweite zusammen betrachtet und zusammenführt. Wenn Leib und Seele als untrennbar zusammengehörend exakt bewiesen werden, ist ein Paradigma geschaffen, von dem aus auch der Gegensatz Gott – Natur auflösbar ist. Die Psychophysik ist also in Fechners Konzept einer neuen religiösen Weltanschauung eingebunden.

Blicken wir auf den ersten Teil des „Zend-Avesta" zurück, bleibt der Eindruck einer diesseitsorientierten Religion, die keiner Ergänzung mehr bedarf – aber es folgt ein weiterer Teil. Man darf gespannt sein, was Fechner noch über das Jenseits zu sagen weiß.

Über die Dinge des Jenseits

Der zweite Teil des „Zend-Avesta" soll mittels Verlängerung des im „Diesseits" aus Erfahrungen vernünftig, „induktiv" Erschlossenen das Leben der Seele im „Jenseits" darlegen, sowohl, daß es ein solches geben muß, als auch, wie man es sich ungefähr vorstellen kann.

> „... die ganze Annahme von der durchgreifenden Verknüpfung
> des Leiblichen und Geistigen bliebe ohne die Annahme eines künf-
> tigen Lebens verstümmelt und haltlos ..." (II:348).

Die folgenden Ausführungen des Naturphilosophen sind im thematischen Rahmen dieser Arbeit noch auf einer weiteren Ebene interessant; *Fechner geht nämlich in die diesseitige Seele zurück, um ihr jenseitiges Schicksal zu ergründen:* Zunächst nimmt er an, daß die Seele des Menschen nach dem Tode fortbesteht wie eine Erinnerung in uns. Aber in welcher Weise erinnere ich denn etwas, was ist überhaupt „Erinnerung", wie kann ich in der Mannigfaltigkeit verschiedener Erinnerungen derselbe bleiben? Solchermaßen fragend, wendet sich der Psychologe reflektierend nach Innen, und er antwortet mit einer Fragment bleibenden „Phänomenologie des menschlichen Geistes" bzw. einer „empirischen Psychologie".

Fechners Blick auf ein Seelenganzes, worin die menschliche Einzelseele nur ein Teil ist, hat mit HEGELS Weltgeistperspektive einen Blickpunkt gemein, doch Fechner versucht sich dadurch, daß er den Schwerpunkt auf Induktion und Erfahrung legt, von der Philosophie HEGELS und seiner Schüler entschieden zu distanzieren. Sein Grundsatz, zurück zu den Sachen und von diesen aus zu gehen, sowie die zeitweilige reflexive Einstellung machen ihn zu einem Vorläufer der „Phänomenologie" HUSSERLS. Fechners Seelenforschung beansprucht gleichermaßen, positive Wissenschaft zu sein, und das nicht bloß in der exakten, mathematischen Psychologie, sondern auch in der „induktiven" religiösen Psychologie des „Zend-Avesta" einschließlich der „empirischen Psychologie". „Empirisch" nennt sich diejenige Psychologie des vorigen Jahrhunderts, die auf der Selbst*erfahrung* gründet; „empirisch" bedeutete keinesfalls, wie heutzutage, Nähe zu mathematischen, statistischen und in diesem Sinne exakten Methoden.

Die Psychologie „... war seit Descartes ... ihrem Ausgangsgegenstand nach eine solipsistisch aufgebaute Wissenschaft" (K. BÜHLER 1927:17). WILHELM WUNDT ordnet die „empirische Psychologie", von ihm auch „subjektive Psychologie" genannt, einem vorwissenschaftlichen Stadium zu und setzt hier seine exakte experimentelle Psychologie entgegen. In unserem Jahrhundert taucht der Begriff des Empirischen als Kennzeichen einer Seelenwissenschaft erneut auf, aber mit neuer Bedeutung, nun im Horizont des Objektiven, eingeordnet in das Selbstverständnis positiver Wissenschaft, eingebunden in ein Wortfeld, das Anspruch und Mythos der neuen, allgemein zur Herrschaft gelangten, modernen Wissenschaft ausdrückt. Die moderne, positive Wissenschaft „Psychologie" spricht der Introspektion jede positive empirische Orientierung und wissenschaftliche Objektifität ab.

> Dies ist eine Ursache für den Konflikt zwischen Psychologie und Phänomenologie. HUSSERLS Phänomenologie kann ungeachtet der grundsätzlichen Distanzierung als eine „empirische Psychologie" im ursprünglichen Sinne dieses Begriffs gedeutet werden, und sofern Fechner – wenn auch nicht programmatisch gesichert und nicht als Selbstzweck – „empirische Psychologie" betreibt, ergeben sich strukturelle, thematische und stilistische Ähnlichkeiten.

Mit Blick auf die Wissenschaftsgeschichte ist die Spannweite der Fechnerschen Psychologie, von

1. exakter, *mathematischer* Psychologie,

2. *induktiver*, religiöser Psychologie bzw. panpsychistischer Theorie,

3. auf Introspektion beruhender *„empirischer"* Psychologie,

4. Psychologie der „Grenzgebiete" des Erfahrbaren oder – nach heutiger Bezeichnung – „Parapsychologie" sowie

5. die experimentell vorgehende *Psychophysik* und weiterhin

6. ansatzweise eine mit Methoden der heutigen Sozialforschung (Umfragen) arbeitende Psychologie,

nochmals zu bemerken. Der Epigone W. WUNDT erhebt die Spannweite der *Themen* zum Programm, will in sämtlichen Bereichen eine grundlegende Universalwissenschaft „Psychologie" etablieren, kämpft andererseits für eine Reduktion der *Methoden*vielfalt durch dogmatisches Vorstellen seiner experimentellen Forschungsrichtung und begründet mit dieser Reduktion die Hauptströmung der modernen Psychologie.

Höheres Bewußtsein und „Erinnerungsleben" nach dem Tode

Die Angst vor dem Tode erzeugt ein Bedürfnis nach ewigem Leben. Der Mensch schafft sich eine Religion, die ein solches verspricht. So sahen es die Protagonisten der anthropologisch gewendeten Theologie des vorigen Jahrhunderts. Die Ansicht, jeder Mensch denke sich nach seinen Bedürfnissen eine Gottheit, führt Fechner keinesfalls zu einem Atheismus (wie z.B. K. MARX im Anschluß an L. FEUERBACH), sondern er nimmt sie konstruktiv auf: Mein Bedürfnis zeigt mir, daß es einen Gott geben *muß*. Der rechte Glauben befriedigt alle geistigen Bedürfnisse (nach Vernünftigem, Wahrem, Schönem, Gutem). *Derjenige Glaube, der den Bedürfnissen am besten gerecht wird, muß der richtige sein* und den Gott angemessen fassen. Die alles befriedigende Glaubenslehre spiegelt die Harmonie der gotterfüllten Welt.

Mit je verschiedenen Geschmäckern und Beliebigkeit hat Glaube für Fechner also nichts zu tun. Nicht eine relativistisch aufzufassende Vielzahl religiöser Weltanschauungen öffnet sich ihm, sondern die universalistische Prämisse gilt, daß jede Vernunft die Hinweise auf den einen rechten Glauben vernehmen kann.

Jene Annahmen über die Beziehung von allgemeinmenschlichen Bedürfnissen und einer den Bedürfnissen entsprechenden Wirklichkeit bilden axiomatisch das Fundament der religionsstifterischen Bemühungen Fechners, mit denen wir es hier zu tun haben.

„... nachdem ... (Fechner) die Seele der Erde zu retten gesucht ...", will er „auch des Menschen Seele ... retten" (II:187), retten vor sich selbst, denn ein selbstzerstörerischer Zweifel an ihre Unsterblichkeit fresse sich wie ein Wurm ins Herz, so daß der Tod, dieses „plötzlich Wesen" (II:188), die lichte Welt überschattet. Des Menschen Seele bzw. Geist ist „Erzeugnis ... eines höheren Geistes" (II:188), welcher sich des zeugenden Vaters und der Mutter „als Werkzeug" bedient, ein „Abdruck" aus früheren Abdrücken unter zahllosen Abdrücken, doch jede für sich ein „neues Wunder" und als solches einzigartig.

Fechner erinnert an ein Modell ineinander verschachtelter Einheiten, die je nach dem gewählten Betrachtungsmaßstab als Teil oder Ganzes erscheinen:

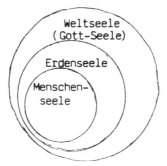

Nun setzt Fechner, um eine „triftige Analogie" entwickeln zu können, Seele gleich „Bild". Der Mensch sei ein (Eben-) „Bild der Erde", die Erde ein Bild Gottes, der Mensch also, vermittelt durch das Erdenbild, ein (Eben-) Bild Gottes, das in sich ein Bild der Welt (bzw. Gottes) trägt. Anknüpfend an die obenstehende Rede von „Abdrücken", hat man es in der Analogie mit *Abbildern* („Abdruck" ist die Gutenbergisch belastete Fassung von „Abbild") auf drei Integrationsebenen zu tun. Gott ist der Projektor, der die Bilder bis hinein in die Seele des Menschen „wirft" (II:189). Die unterste Integrationsebene ist der bildhafte Mikrokosmos, die im Menschen beschlossene (kleine) Welt.

Der Seelenbegriff führt lediglich zurück auf die Menschenseele als kleinstes, unteilbares Ganzes; der Bildbegriff führt in die Menschenseele hinein: *Wie sich Bilder in der menschlichen Seele verhalten, so verhält sich die Menschenseele in der Erdenseele und so die Erdenseele in der Allseele.*

Gemäß der universalen Analogisierung erscheint nun die Introspektion (bzw. Reflexion) als Möglichkeit (Methode) nicht nur der Innenwelterkenntnis, sondern vor allem der Außenwelterkenntnis. *Selbsterkenntnis und Welterkenntnis fallen zusammen.*

Ein kleiner Schritt noch von Bildern bzw. Vorstellungen zu Gedanken, und man befindet sich in der bereits bekannten Metapher vom die Welt und darin die Menschen denkenden Gott. Und der Mensch ist ein kleiner Gott, der ebenfalls Welt und Menschen denkt.

Fechner bittet die Leser, ein Experiment auf der Grundlage der optischen Wahrnehmung nachzuvollziehen:

„Schlag dein Auge auf ... Schlag zu dein Auge!" (II:189f.)

Aus Fechners Lebens- bzw. Krankheitsgeschichte erhält das

Sehen als Modellfall großes Gewicht. Der besondere Blick für die Welt, den Fechner nach jahrelangem krankheitsbedingten Augenschluß unfreiwillig gewann, bekehrte ihn zu einem pantheistischen Glauben, dessen rationale Ausgestaltung hier vorliegt. Man kann die rationale Ausgestaltung als Versuch der Erklärung des (inhaltsleeren) Erleuchtungserlebnisses begreifen.

Der Selbstversuch, bewußt optisch wahrzunehmen, sodann die Augen zu schließen und achtzugeben, was nun in uns geschieht, soll Aufschluß geben, *was* mit uns geschieht, wenn wir „das Auge im Tode schließen" und das „sinnliche Anschauungsleben erlischt" (II:191), und eine Ahnung vermitteln, *wie* es dann sein wird.

Das Leben, „plötzlich … abbrechend, wie der Augenschlag", weicht der „Nacht des Todes" (II:190). Nach dem Erlöschen der Lichter aber erwacht die Erinnerung. Der aus dem Sinnesleben Geschiedene lebt als sich erinnernde Erinnerung als Teil der Erdenseele fort, ohne dabei zu „zergehen". Und es steigen nicht nur Erinnerungen an einst Geschautes wie von selbst auf, sondern im zweiten Leben kann die „Ideenwelt" aktiv fortentwickelt werden (vgl. II:193). Wenn der Leib im Grabe modert, entfaltet sich „unser künftiges Erinnerungsleben … leicht, licht, luftig", freilich nicht mehr „massiv" und „handgreiflich", aber ledig der jetzigen Schwere und Beschwerung durch den Leib (vgl. II:195). Hier wertet Fechner die Leibhaftigkeit doch als Last, obgleich er sonst (mittelbar in seinen „Parallelismus"; zuletzt in Bd. I, S. 354 f.) dem Leib in der unauflöslichen Einheit von Leib und Seele Achtung zollt. Er bemerkt dies wohl und fügt entschuldigend an: „… jetzt gilt es uns noch nicht den Leib, sondern die Seele zu retten" (II:202).

Die Abwertung des Leibes hat hier die Funktion, das leiblose Leben nach dem Tode aufzuwerten. Das zweite Leben der Seele als Erinnerungsleben im Dienste der Erdenseele scheint dennoch nicht lebenswert zu sein. Sich erinnern zu müssen, ohne ändern zu können, ist die Hölle (man denke an die Darstellung einer solchen Hölle in SARTRES „Lex jeux sont faits") und zugleich der Grund aller Rachsucht (vgl. NIETZSCHE, KSA 4:180). Verurteilt zu sein, unter „… tausend Arbeitern … in dem Hause desselben Geistes …. die vollen Eimer … zusammentragen …." zu müssen (II:193), wer fände daran Gefallen? Auch der „Lohn", den Fechner in Aussicht stellt, nämlich Teilhabe an allem, was der höhere Geist sammelt, seien es die (Daten-) „Eimer" der Lebendig-Toten oder seien es die sinnlichen Wahrnehmungen der Lebenden, verleiht seiner Utopie keine Anziehungskraft.

Es wurde bereits erwähnt, daß Fechner meint, mittels Introspektion das jenseitige Leben erschließen zu können. Alle Bewußtseinszustände, in welchen die Sinne ruhen oder die Aufmerksamkeit herabgesetzt ist, seien aufschlußreich. Fechner beschreibt dazu im Kleingedruckten Fälle eines „Opiumessers", von „Nervenkopfweh", „Ohnmacht", „somnambulen Zuständen", „magnetischem Hellsehen", „Lokalkrankheit am Hirne", „Scheintod", „Betäubung durch Äther" und „die letzten Momente der Sterbenden" (II:203-207). Mit abnehmender Sinnestätigkeit vermag die Seele andere Fähigkeiten zu steigern und neue Fähigkeiten zu entwickeln. *Proportional zur Außenreizverarmung wächst die Helligkeit des inneren Lichtes.* Zuvor zitiert Fechner einen AUGUSTINUS-Brief, worin anläßlich eines Traumgesichts von *inneren Augen* geschrieben steht (vgl. II:201). Uralt, kulturübergreifend nachweisbar, in zahlreichen Varianten überliefert ist ein Wissen vom inneren Licht (vom Sehen des Blinden, vom dritten Auge usw.) in dessen Tradition der Naturphilosoph argumentiert, selber aufgrund seines Augenleidens zu solchem Wissen am eigenen Leibe gekommen und dann sich daran erinnernd.

> Die von Fechner zitierten Quellen, was z.B. das Magnetische und Somnambule anbelangt, entstammen dem Kreis und der Zeit „romantischer" Begeisterung für solche Phänomene (Zitate von PASSAVANT und CARUS). Der Gedanke, im Schlaf bzw. in Trance das Tiefste entdecken zu können, nebst der damit verbundenen Faszination des Magischen, führt später S. FREUD zu seinen Experimenten mit Hypnose.

Die Topoi „Auge" und „Licht" sind, um es nochmals hervorzuheben, biographisch motiviert.

Dem Zeitpunkt des Todes, gedeutet als „ *zweite* Geburt" (nicht als n-te, wie in Seelenwanderungslehren angenommen, die Fechner grundsätzlich ablehnt) und „Eingeburt in ... (ein) höheres Leben" (II:199,213), folgt die Dauer des jenseitigen Lebens, dessen Ausgestaltung mittels der Analogie Erinnerung-Tod Fechner im nächsten Kapitel in Angriff nimmt.

Die Metaphern und Analogien versprechen für das Jenseits ein „höheres" Bewußtsein mit folgenden Merkmalen:

- unmittelbarere, lichtere Erkenntnis (vgl. II:215f.)

- vollständiges und helles Selbstbewußtsein (II:215)

- freies, selbsttätiges Schaffen des Geistes (a.a.O.)

- räumlich freiere Beweglichkeit, „größte Freiheit" des Bewußtseins (II:231)

- „höhere, umfassendere, weiter vorgreifende Voraussicht" (II:245)

- „ein gestaltendes Vermögen von viel höherer Stufe ... als unsere Phantasie" (II:248)

Zusammengefaßt beinhaltet die Verheißung gesteigerte Fähigkeiten des Geistes in Richtung auf das Ideal der vollständigen, völlig klaren Erkenntnis; eine Verheißung, die vornehmlich Kopfarbeitern, die die Grenzen ihrer geistigen Fähigkeiten als Mangel erfahren, reizvoll erscheinen mag.

Aber das Verheißene, führt Fechner später aus, sei noch nicht Paradies und noch nicht Hölle, sondern nur Rahmenbedingung des jenseitigen Lebens. Ob man mit seinen Erinnerungen dort glücklich sein wird oder nicht, hängt vom diesseitigen Leben ab.

> „Wehe uns also, wenn im Jenseits die Erinnerung eines ganzen verlorenen oder verderbten Lebens ... über uns hereinbricht ..." (II: 217)

Das wäre die Hölle, die der Mensch sich selbst bereitet.

> „Heil aber ... dem, der hier ein Leben im Sinne des höheren Geistes geführt hat ..." (a.a.O.)

So wird sich die „Gerechtigkeit ... dort ganz erfüllen" (II:216). Wer diesseits „um einer guten Sache willen" verzichtete und litt, wird jenseits dafür belohnt werden.

> Im „Zarathustra" F. NIETZSCHE wird eine solche Sehnsucht nach einer höheren Gerechtigkeit als Auswuchs von Neid und Rachegelüsten gesehen. „Zarathustra" will von der Rache erlösen und damit die (vom Menschen erdachte, christliche) Hinterwelt der jenseitigen Gerichts-, Belohnungs- und Bestrafungsinstanzen entlarven und zerstören. NIETZSCHES Ansatz berücksichtigt das Menschlich-Allzumenschliche, daß nämlich kein Mensch völlig frei von Trauer um Versäumtes und Reue angesichts seiner menschlich-notwenigen Fehler lebt.
> Existierte ein Jenseits, wie es Fechner vorschwebt, dann würde *jeder* dort in die Hölle kommen; und jeder müßte fürchten, bestraft zu werden, und die das nicht fürchten, weil sie sich selbst moralisch höher schätzen als andere, werden nach verbreitetem christlichen Verständnis schon deshalb erst recht Strafe leiden müssen. Dies liegt in der Logik eines christlichen Denkens und ergibt sich ebenso aus Fechners Lehre vom jenseitigen Leben.

Nochmals zurück zur Steigerung der Fähigkeiten des menschlichen Bewußtseins. Die sechs angeführten Punkte (s.o.) geben nach Fechner zugleich Tätigkeiten an, womit wir dem „höheren Geist" im Jenseits ausschließlich, im Diesseits wohl hauptsächlich dienen. Die von Fechner genannten Gottesdienste fallen in die Sphäre des Denkens (Theorie), nicht in die des tätigen Handelns (Praxis). Demnach ist es das rechte geistige Schaffen, welches seinem Gott am besten dient. *Zu der Gott dienlichen Geistesarbeit zählt er bemerkenswerterweise auch das einsame Phantasieren, das aktive Errichten einer Welt im Inneren, das den Dichter auszeichnet* (vgl. II:248,251). Die Phantasie des Poeten solle nur am Klaren, Vollen, Schönen, Erhabenen, Harmonischen orientierten Maßstäben folgen (vgl. II:249) und müsse vor solchen bestehen können. Für Fechner sind Phantasie und Poesie untrennbar mit Wahrheit und Wirklichkeit verbunden. Auch die in uns beschlossene

> „... kleine Erinnerungs-und Phantasiewelt hat ihre Wirklichkeit in sich. Für alle Gestalten, die darin erscheinen, wandeln und weben, ist dies die wahre Wirklichkeit. Eben so, wenn wir in der Erinnerungs-und Phantasiewelt des höheren Geistes erscheinen, wandeln und weben, ist dies für uns die wahre Wirklichkeit ..."
> (II:249)

Die gesteigerte Phantasie bringe eine „neue höhere Wirklichkeit" hervor (II:249).

Der die Welt schaffende höchste Geist ist kein Handwerker (Demiurg), sondern ein Dichter. Der dichtende, phantasierende Mensch ist auf einer niederen Ebene grundsätzlich ebenso tätig, darin selbst ein kleiner Gott und dem Gotte verwandt (vgl. I:162f.), als Teil des göttlichen Ganzen am göttlichen Dichtungswerk mitwirkend.

Obschon Fechner mehrmals – wohl aus argumentationstechnischen Gründen – der Vorstellung des die Welt denkenden Gottes widerspricht und auch hier einmal mit dem Begriff der „*W*iederspiegelung" die gängige Interpretation ermöglicht, der schöpferischen Phantasie entsprüngen bloß „irreale" Kopfgeburten, verleiht er der Phantasie und mit ihr der Dichtung besonderes Gewicht: Ohne Phantasie und Dichtung gebe es überhaupt keine Wirklichkeit – man mag „Wirklichkeit" fassen, wie man will (z.B. als *materiale*, äußere Wirklichkeit). In der untrennbaren Einheit von Geist und Materie besteht nur eine Wirklichkeit, das folgt aus den Eckpfeilern seines „Parallelismus'", dem Zweiseitentheorem und dem Identitätstheorem. Unter diesen Theoremen bedeutet *„Phantasie" für Fechner ein Erkenntnisse gewinnendes und Wirklichkeit erzeugendes Vermögen.*

Mit der Betonung der Phantasie und überhaupt der geistigen Arbeit
als dem Ganzen bzw. dem „höheren Geist" dienliche Tätigkeiten zeichnet Fechner sein eigenes Profil, sofern er das, was er vorwiegend zu tun
pflegt, für dem Gott dienlich hält und sein eigenes Tun zum Maßstab
des Gottgefälligen erhebt.

Das menschliche Bewußtsein behalte im Jenseits seine personale Geschlossenheit, seine „Individualität" (vgl. II:232), aber sei nicht einsam
tätig. Alle „Geister" könnten miteinander verkehren. Die Reiche diesseits und jenseits seien verbunden, so daß ein „Verkehr der Geister beider
Welten" möglich sei (II:219). Die Fähigkeiten des jenseiten Bewußtseins,
im Diesseits wenigsten ansatzweise vorhanden, entwickelten sich aus diesseitigen Fähigkeiten fort. Die Toten (Tot-Lebendigen) wirkten mittels
ihrer Werk gewordenen Ideen und durch ihren Beitrag zum „höheren
Geist", welcher alles lenkt, auf die diesseits Lebenden und in ihnen fort.
Umgekehrt werde

> „... der ganzen jenseitigen irdischen Geisterwelt die ganze Sin-
> nesphäre, der ganze Sinnesapparat der Erde ... zu ihrer Fortbe-
> stimmung zu Gebote stehen, wie der ganzen Erinnerungswelt in
> uns die ganze Sinnesphäre unseres Leibes zu ihrer Fortbestim-
> mung zu Gebote steht ..." (II:240).

Weiterhin

> „... dürfen wir glauben, daß... die Bande, durch welche die
> Menschen im Anschauungsleben ... hienieden mit einander ver-
> schlungen sind, beim Eintritt in deren Erinnerungsleben nicht zer-
> rissen werden ..." (II: 219).

Was den „Verkehr der jenseitigen Geister" betrifft, läßt Fechner seiner Phantasie freien Lauf, um eine nach seinem Ermessen iedale Gemeinschaft zu skizzieren. Rückschlüsse auf seine politische Meinung – er hält
sich mit konkreten Äußerungen zur Politik erkennbar zurück – sind in
diesem Zusammenhang geboten:
Sämtliche „Einzelgeister" stehen stets in Diensten, Arbeitsdiensten
des „höhern Geistes" (vgl. II:193). Jeder bleibe unter seiner „Herrschaft und Leitung" (II:249). Bei aller „höhern Freiheit" im Jenseits
gebe es dort kein „zügelloses Hin-und Herschweben der Geister", sondern es herrschten „Ordnung und Regel" (II:220), so daß „... keiner
... nach törichten Launen schalten kann, oder, ist es ein Törichter und
Böser, doch endlich in die allgemeine Ordnung einlenken muß" (II:249f.).
Von einer klassenlosen Gesellschaft kann keine Rede sein. Im Jenseits

sei die Gesellschaft ebenfalls gegliedert. Man werde dort „Über- und Unterordnungen" finden (II:220). Wie unser Bewußtsein darauf aus sei, alles „... in angemessene, harmonische, verträgliche Beziehung zu setzen ..." (II:221), so auch der höhere Geist nebst den ihm willfährigen Geistern, so daß die dem Erdengeist innewohnende Menschengesellschaft sich ebenfalls zu mehr Verträglichkeit und Harmonie entwickle.

Dazugenommen die Wortbildungen mit der Vorsilbe „fort-" läßt sich nun zusammenfassen, daß Fechner einen allgemeingesellschaftlichen Fortschritt unter Bedingungen der Interessenharmonie ungeachtet der seit 1848 unübersehbaren Disharmonie als gegeben annimmt.

Es ist der Summe der in Richtung auf Fechners politische Anschauungen interpretierbaren Äußerungen zu entnehmen, daß er der „bürgerlichen Revolution" von 1848 zumindest skeptisch gegenübersteht, und das deshalb, weil er deren Ideale bzw. Ziele nicht versteht, wie z.B. folgendem Satz entnommen werden kann: „Man ziehe in Betracht, daß es, welcher Freiheitsansicht man auch huldigen mag, kein ganz freies Wesen überhaupt gibt ..." (II:233). Eine überflüssige Bemerkung, die nur der Herrschende oder der im Sinne des Herrschenden Denkende äußern wird. Seitens der Herrschenden wir ihre Herrschaft nicht mit der Unfreiheit der Beherrschten in Beziehung gebracht. Der revolutionär Aufbegehrende aber weiß, welche Freiheit er meint. Demselben Blickwinkel entstammt der als Forderung zum Stillhalten und Einlenken zu deutende Harmoniebegriff. Ideale der harmonischen Gemeinschaft wurden damals und werden heute vor allem von denen hochgehalten, die in ihren sozialen Positionen soziale Ungleichheit und damit Disharmonie verkörpern. Interessenkonflikte werden von denen geleugnet bzw. in Ihrer Berechtigung bestritten, deren Interessen innerhalb bestehender Herrschaftsstrukturen gewahrt sind.

Berücksichtigt man zudem noch die Begriffe „Ordnung" und „Dienst" in Verbindung mit „Herrschaft" und „Leitung", kann an Fechners autoritätskonformer, affirmativer Haltung kein Zweifel sein.

KUNTZE berichtet, Fechner habe sich auch tätig gegen „die Bewegung des Jahres 1848" engagiert. Als das Militär aus Leipzig auszog, „ um in Dresden den Entscheidungskampf gegen die Aufständischen zu vollziehen", schloß Fechner sich einer „freiwilligen Ordnungscompagnie" an, d.h. er bezog gemeinsam mit einer Gruppe Gleichgesinnter, „uniformlos", mit „langem Speer" bewaffnet, ein „Wachlokal" (KUNTZE 1892:194f.).

Die uneingeschränkt positiv besetzten Schlüsselbegriffe „Harmonie", „Ordnung", „Dienst", „Regel" sowie anderenorts „Gesetz" stecken Fechners politisches Welt- und Wunschbild ab.

Wollte man ein Wunschbild des Lebens malen, könnte es doch eines sein, worin „Geister zügellos hin- und herschweben", jeder ledig aller Pflichten das ihm Genehme tut, jeder jeden läßt, ein buntes Treiben ohne Zwänge, Ängste und Grenzen. Aber Fechner gibt den Zügeln den Vorzug, ohne das es dafür „ästhetische" Gründe gibt; denn die Ästhetik des Zügellosen steht der des Gezügelten nicht nach.

Zurück zu Fechners Bemerkung, daß die „Geister" diesseits und jenseits nicht voneinander geschieden seien, sondern miteinander „verkehren" könnten. Wie der Leser vielleicht vermuten mag, führen die Erläuterungen dieses Verkehrs der Lebenden mit den (lebendigen) Toten ins Gebiet des Okkulten, Magischen. Fechner zieht erläuternd seitenlang Material aus EMANUEL SWEDENBORGS „Schrift von Himmel und Hölle" heran (II:223-227; 236-238), sowie auch die gegen SWEDENBORGS haltlose Phantastereien gerichtete satirisch-philosophische Schrift KANTS „Träume eines Geistersehers", ohne daß die Gegenstellung von Fechner bemerkt wird. SWEDENBORGS Ansichten stimmten mit seinen

> „... vielfach so genau überein, daß man sagen möchte, es sei von uns weiter nichts geschehen, als seinen Offenbarungen eine theoretische Grundlage untergebreitet, ungeachtet mir seine Lehre in der Tat erst bekannt wurde, als diese Schrift schon fast beendigt war" (II:225).

SWEDENBORG stelle jenseits Geschautes einfach als Wahrheit hin, und er begründe seine Ansicht „nicht durch Argumente" (II:223). Bereits im vorigen Kapitel kam Fechner auf „Übersinnliches" wie das „magnetische Hellsehen" zu sprechen. In diesem Kapitel fallen letzte Zweifel daran, das Fechners Psychologie auch einen Bereich gelten läßt, der von der Hauptströmung psychologischer Forschung ausgegrenzt wird, seit diese zu akademischen Würden kam. Der neue „Irrationalismus" und Lehrstühle für „Parapsychologie" haben an dieser Ausgrenzung bis heute nichts geändert.

Fechner fragt nicht, ob „übersinnliche Phänomene" vielleicht leerer „Hokuspokus" sind oder wie weit sie es sind, und er bemüht sich auch nicht, in diesem „Grenzgebiet" weiterhin vernünftig zu argumentieren, sondern unterbindet alle diesbezüglichen Zweifel kategorisch:

„Das versteht sich aus allgemeinem Gesichtspunkte, daß wir einem derartigen Unglauben nicht beipflichten können, welcher die Möglichkeit für den Menschengeist, noch in anderer Weise als durch unsre jetzige gewöhnliche Sinnesvermittelung Erkenntnis zu gewinnen überhaupt leugnet, weil hiermit die Möglichkeit seiner künftigen Fortexistenz zugleich geleugnet wäre." (II:241).

Der jenseitige Leib

Nun gilt es für Fechner, darzulegen, welche „leibliche Grundlage" der freischwebende Geist im Jenseits hat. Denn der jenseitige Geist *muß* eine solche haben, das folgt aus seinem „Parallelismus". Und aus zwei praktischen Gründen bedarf es dort einer „leiblichen Grundlage": erstens, um erkennen zu können, zweitens, um erkannt werden zu können. Wie sonst sollten Totengeister miteinander „verkehren"?! Und weiterhin fordert ein menschliches Bedürfnis einen jenseitigen Leib: „wir wünschen, ... eine individuelle ... menschliche ... Gestalt" auch für das Jenseits (II:271). Der Wunsch ist Fechner auch hier wieder Vater des Gedankens. Zwar sei es schwer, die oft unbestimmten und einander widersprechenden Herzenswünsche zu befriedigen (vgl. II:280), doch am Ende des Kapitels zieht Fechner positive Bilanz: „Unstreitig können wir nichts besseres wünschen, als was ... (in seiner) Ansicht geboten wird" (II:281). Was geboten wird, sei in aller Kürze zusammengefaßt, zumal Fechner einräumt „... etwas weiter gegangen (zu sein), als die Dunkelheit des Gegenstandes zuläßt" (II:283):

Lebende und (lebendig) Tote bewohnen denselben Raum derselben Welt. Die Lebenden können die Totengeister gewöhnlich nicht wahrnehmen, weil ihr Standpunkt und ihre beschränkten geistigen Kräfte das nicht zulassen.

Von der sinnlichen Wahrnehmung ausgehend – Modellfall mit autobiographischen Bezügen ist wieder die optische Wahrnehmung – erläutert Fechner das Bild eines relativ geschlossenen (Systems) Mikrokosmos (Seele, Geist), welchem ein in sich geschlossener Makrokosmos strukturanalog ist. Nichts geht verloren, jede Wirkung bleibt erhalten (Parallele: Satz der Erhaltung der Energie in der Thermodynamitk) und erzeugt neue Wirkungen. Daraus folgerte Fechner zuvor unter Hinzuziehung seines „obersten Gesetzes" der den Ursachen gleichen (-den) Folgen, daß das Lebende lebendig erhalten bleibe, es also nach dem Tode „fortgehen" müsse. Die sinnliche Wahrnehmung ist für die erkennende Aktivität des Geistes entbehrlich, sofern Erinnerungen verfügbar sind.

Die Wirkungen, welche ein Lebewesen gewollt und ungewollt *erzeugt,* bleiben und wirken fort, wenn sein Leib längst vermodert ist, und *bilden eine bleibende materiale „Unterlage" für das jenseitige Leben.* Fechner denkt dabei durchaus im Sinne der Redensart, ein Toter lebe in und durch seine Werke und Taten fort. Aber nicht nur die großen Taten hinterlassen bleibende Spuren, sondern jeder Fußtritt, der „die ganze Erde erschüttert" (II:268), löst eine „kontinuierliche Kette materieller Folgewirkungen" aus (II:262).

Die vielfältigen Wirkungen – mechanisch, statisch als „Abdruck" gefaßt (II:258) – bilden in ihrer Gesamtheit den neuen Leib des Totengeistes, weitflächig auf Erden verstreut, ausgebreitet. Daher nennt Fechner den Planeten Erde den Leib aller irdischen Totengeister. Darin bezieht jeder Geist ein besonderes Geflecht von fortwirkend Bewirktem.

Der jenseitige Geist, geschärft in seinen erkennenden Kräften, konstruiert aus den erkannten Wirkungen eines anderen jenseitigen Geistes dessen Gestalt bzw. dessen Leib. Dieser lichte, leichte Leib – so beschreibt ihn Fechner in Anlehnung an Vorstellungen einer „Hauchseele" – verhalte sich zum „grob körperlichen, schwer auftretenden" Leib der Lebenden (II:271) wie ein „Erinnerungsbild" zum sinnlichen „Anschauungsbild". Daß die Elemente, aus denen der jenseitige Leib sich konstituiert, weit auseinanderliegen, sei kein Grund, daß uns nicht eine abgegrenzte Gestalt „objektiv erscheinen" könne (II:271f.); schließlich erkennen wir im Diesseits auf prinzipiell ähnliche Weise den Anderen an leiblichen Wirkungen seines Geistes (z.B. am Körper als „Ausdrucksfeld").

Bemerkenswert sind die Begriffe aus dem Horizont der Physik, die zur Be- und Umschreibung des kaum Darstellbaren und Sagbaren verwendet werden. Von „Kontinuum", „System", „Wellen", „Kreisen von Wirkungen" (mittelbar: Interferenzmustern), von „Kräften" und „Stoffen" ist die Rede, vermischt mit Begriffen wie „Ganzheit", „Gesamtheit", „Zusammenhang" und „Gewebe". *Fechners Ausdrucksweise erhält eine eigentümliche Prägung von der Allianz abstrakter Begriffe der Physik und metaphorischen Umschreibungen einer unteilbaren Ganzheit.*

Dieselbe eigentümliche Allianz findet man heute in den maßgebenden Schriften der „New-Age-Bewegung". Derart frappierend stechen besonders in diesem Kapitel (Kap. XXII) stilistische, argumentationstechnische, begriffliche und inhaltliche Parallelen hervor, daß diese Passagen des „Zend-Avesta", geringfügig geglättet und vereinfacht, problemlos als Text der „New-Age-Bewegung" glaubhaft ausgegeben werden könnten. Innerhalb der „New-Age-Bewegung" verselbständigen sich häufig die von ihrem ursprünglichen Gegenstandsgebiet losgelösten physikalischen Begriffe, suggerieren aber nach wie vor eine Wissenschaftlichkeit und Exaktheit, die der populären Meinung nach besonders in der Physik anzutreffen ist, und verweisen auf den Anspruch, *wissenschaftlich* zu arbeiten.

Fechner erhebt ebenfalls den Anspruch auf Wissenschaftlichkeit (ungeachtet der Einschränkung, er bewege sich im Raum des Nicht-exakt-Beweisbaren), reiht sich damit in die seinerzeit rasant aufstrebende Strömung einer neuen, positiven Forschung ein, bestrebt, gegenüber einer alten „spekulierenden" Wissenschaft Distanz zu schaffen. Jedoch verbietet er hier nach II:241 zum zweiten Male energisch jeden vernünftigen Zweifel: Wie solches jenseitige Leben möglich sei, interessiere nicht; er wolle dieses doch nicht *erklären*, sondern nur von der diesseitigen Wirklichkeit ausgehend erschließen bzw. *beschreiben*, wie es sei (vgl. II:274).

Mit dieser Wendung kann er keine Bedenken entkräften oder verdrängen. Er zeichnet für das „Jenseits" nur die Bankrotterklärung des durchgehenden Vernunftsweges.

Um nur zwei schwerwiegende Einwände zu nennen: Können die verstreuten Wirkungen derart funktional integriert sein, daß sie wie der lebendige Leib Bewußtsein zu tragen fähig sind? Und: Wie soll ein jenseitiger Geist ohne eigene Sinnesorgane Wirkungen fremder Geister aktuell (nicht bloß erinnernd) wahrnehmen können? Über allen „Schwierigkeiten verschiedenster Art", deren Beseitigung Fechner im vierundzwanzigsten Kapitel jedenfalls versucht, muß anerkannt werden, daß er immer wieder die Rückbindung an diesseitige Erfahrungen sucht, den Leib des jenseitigen Geistes ganz aus Diesseitigem erdichtet, jeder Vorstellung einer „doppelten", zweigeteilten Welt abgeneigt ist, und dabei doch mit dem Begriffspaar „Diesseits-Jenseits" eine Kluft aufreißt, mit deren unmöglicher Schließung es der ganze zweite Teil des „Zend-Avesta" zu tun hat.

Dieses selbstgeschaffene Problem entsteht dadurch, daß Fechner seinem und vieler Menschen „Bedürfnis" folgt, daß es ein Leben nach dem Tode geben möge.

Die beiden folgenden Kapitel dienen der argumentativen Stützung und Ausgestaltung der Lehre vom Jenseits.

Zunächst geht es um die „innere Bildung", ob und wie sie ins Jenseits hinübergerettet werden kann. Einem „Kopfarbeiter" wie Fechner mag dieses Problem besonders wichtig erscheinen. Er muß sich dabei folgendes gedacht haben: Die Taten im Diesseits konstituieren den Leib des Jenseits. Was aber, wenn die diesseitigen Taten qualitativ kaum verschieden wären? Dann wären sich die jenseitigen Leiber sehr ähnlich, gemäß den „parallelistischen" Theoremen die Geister dann ebenfalls, so daß sich im Jenseits eine Klassengesellschaft, wie sie Fechner entsprechend der bestehenden wünscht, kaum einstellen wird. Also behauptet er große qualitative Unterschiede zwischen den Taten eines „innerlich fein Gebildeten" und eines „Ungebildeten", wo sie kaum oder nicht wahrnehmbar sind, wo sie sich gleichen „wie ein Ei dem anderen" (II:286). Es sei nur der „grobe", „rohe" Blick, welcher die Unterschiede nicht erfasse.

Nicht nur das mit der Hand Vollbrachte (Handlungen) konstituiere den jenseitigen Leib, sondern auch die inneren Gründe einer Handlung (z.B. „Ideale") strahlten wie unsichtbare Wellen in den Äther. Das gute Denken – schöne, erhebende Gedanken, reiche Phantasie und Beschäftigung mit Inhalten „feiner Bildung" – erzeuge so schon allein einen qualitativ ausgezeichneten jenseitigen Leib, ohne daß es besonderer Taten bedarf – eine Aufwertung der Theorie und die Rechtfertigung jeder Geistestätigkeit, die nicht (erkennbar) handlungswirksam wird, und eine Selbstrechtfertigung Fechners.

„Selbstrechtfertigung" muß aber nicht im Sinne selbstgerechter Selbstbestätigung negativ bewertet werden, denn es ist doch notwendig, vor sich selbst bestehen zu können; man kann positiv vermerken, daß Fechner derart selbst in seinem Hauptwerk vorkommt, sein Philosophieren also für sein Leben bedeutsam ist, wie er schon in der Vorrede zu erkennen gab. Und hierin liegt ein Unterschied zu den Texten des „Dr. Mises", deren Autor die dort „bewiesenen" Inhalte nicht glaubte, und zu denen er sich nicht *entschloß*.

Nach Fechner bildet diesseits besonders *fein Organisiertes* die „Unterlage des Geistigen" (vgl. II:286ff), darunter das fein strukturierte „Gehirn" (vgl. II:289). Von dem fein Organisierten gingen feine Wirkungen aus, die fortwirkend eine weitere feine Organisation bildeten: den jenseitigen Leib als Träger feiner geistiger Tätigkeiten in einem Leben nach dem Tode.

Mit der Betonung der *Feinheit* der Strukturen und Wirkungen sucht Fechner das Nicht-Greifbare, nicht handfeste Beweisbare plausibel zu machen und sich den Forderungen nach solchen Beweisen zu entziehen. Der Begriff des „Feinen" führt später erneut in Bereiche des Übersinnlichen, mit den Methoden der aufstrebenden exakten Wissenschaft nicht Erfaßbaren. Experimente versagen, Meßinstrumente und Maßstäbe greifen nicht, wo es um den Nachweis der konkreten materialen Grundlage eines Gedankens oder einer Vorstellung geht. Fechner zeigt die damaligen

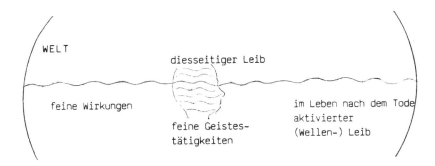

Grenzen der Physiologie auf, entzieht einerseits mit dem Begriff des „Feinen" seine Spekulationen über das Jenseits der exakten Überprüfung, bindet aber andererseits den Begriff des „Feinen" wieder an Begriffe der exakten Wissenschaft, indem er das „Feine" als „ *Welle* " physikalisiert: „Welle", „Erzitterung", „Erschütterung", „Schwingung" lauten die Umschreibungen der Arbeitsweise unseres Gehirns. Entsprechend dieser Rückbindung gibt Fechner Beispiele und stützende Analogien aus Physik (vgl. II:290ff.), Physiologie und Pathologie (vgl. II. 298ff.). Der Wellenbegriff führt jedoch auch über den Horizont exakter Wissenschaft hinaus in die „Grenzgebiete" des Erfahrbaren. Dementsprechend beschäftigt Fechner sich hier mit Ergebnissen introspektiver, „empirischer" Psychologie sowie mit „übersinnlichen" Phänomenen. Er zitiert Berichte von Vorausahnungen, die er als Wahrnehmungen des äußeren Wellenleibes des Menschen deutet, und nimmt diese Berichte als indirekte Belege für die Existenz dieses Wellenleibes, welcher schon diesseits erzeugt werden und da sei, aber erst im Jenseits zu vollem Bewußtsein erwache. Zweifel an dem Berichteten, daß es sich um „Zufall oder Dichtung" handeln könne, beurteilt er in bereits bekannter Manier als ungerechtfertigt (vgl. II:316). Es sei wahrscheinlich, daß es Übersinnliches wirklich gibt, weil die „induktive" Verlängerung der „Gesetze ... diesseitigen Seins" ins Jenseits übersinnliche Wahrnehmungen fordere (II:324f.). Die herrschende Wissenschaft sehe in Phänomenen wie somnambulen Zuständen allenfalls das Sonderbare, nicht aber das *Wunderbare* (vgl. II:322), und sie versuche, Übersinnliches wegzuerklären (vgl. II:323).

„... wenn sich von den Forderungen, die wir an das Jenseits stellen, in abnormen Zuständen des Diesseits schon etwas wirklich erfüllt zeigt, so können wir an der möglichen Erfüllung dieser Forderungen auch für das Jenseits nicht mehr zweifeln, und die Lehre, welche diese Forderungen stellt, gewinnt ihrerseits dadurch an Wahrscheinlichkeit. So vermögen zwei an sich zweifelhafte und dunkle Gebiete doch wechselseitig etwas zu ihrer Unterstützung und Erläuterung beizutragen, wie zwei schief stehende Balken sich durch ihr Lehnen gegen einander halten." (II:325)

Man könnte einwenden, daß verschiedene Unwahrscheinlichkeiten sich nicht positiv addieren lassen.

Der Tod als neue Geburt

Folgen wir nun der *Umdeutung des Todes als neue Geburt*. Zunächst muß an den Grundsatz der *Erhaltung der seelischen Energie* erinnert werden. Dann führe man sich dies Modell vor Augen:

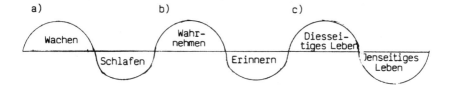

Fechner bringt Perioden unseres Lebens – „Schlaf und Wachen, Puls, Atmen, den Wechsel von Ruhe und Bewegung überhaupt" – direkt mit dem Wellenbegriff (vgl. II:303) und indirekt mit dem Bild der Schwingung eines Pendels in Verbindung (vgl. II:301), sieht zudem die Möglichkeit eines „Absinkens" des Bewußtseins in dunkle Tiefen (vgl. II:319) und unterscheidet verschiedene Qualitäten des Schlafes (vgl. II:311), so daß man auf die zugrundeliegende Vorstellung einer Wellenbewegung bzw. -form schließen muß.

Im Wellenmodell geht jeweils ein Zustand der Seele in einen anderen über, ohne das die Seele dabei Schaden nimmt. a), b) und c) werden parallelisiert, um zu zeigen, wie ein jenseitiges Leben als anderer Zustand der Seele gedacht werden kann. Als Paradigma fungiert zunächst der Wechsel von Wachen und Schlafen. Das „Prinzip der Vertretung"

(II:299), welches Fechner auf physiologischer Ebene aus Hirnläsionen ableitet, wird generalisiert und mit dem Wellenbild verbunden: An die Stelle des wachen Bewußtseins tritt das Schlafbewußtsein usw..

In diesem Kapitel (Kap. XXV) stößt man erneut auf einander ergänzende Beispiele aus Physiologie, „Parapsychologie" und „empirischer Psychologie". In den Bereich der „empirischen Psychologie" gehört folgende Reflexion auf das eigene Bewußtsein: Fechner beschreibt, was geschieht, wenn wir unsere sinnliche (hautpsächlich optische) Wahrnehmung so konzentriert wie möglich auf einen Gegenstand richten: Man „... fühlt nichts vom Zustande der Wärme und Kälte ... Hunger Durst schweigen .... alles eigentliche Nachdenken erlischt, vorausgesetzt nur, daß.... (man) sich möglichst rein in die sinnliche Anschauung versenkt ..." (II:311) Es geht Fechner hier darum, zu zeigen, daß bei vollkonzentrierter Wahrnehmung diffuse (Neben-) Wahrnehmungen und Störreize zurücktreten, die Summe des Wahrgenommenen aber gleich bleibt. Etwa so:

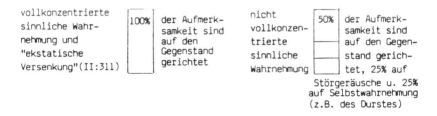

Der Wechsel von vollkonzentrierter Wahrnehmung zu weniger konzentrierter läßt sich ebenfalls ins Wellenbild bringen.

Fechner schließt aus seinem Gedankenexperiment, daß der Sitz des Bewußtseins mit den Seelenzuständen bzw. mit der Richtung der Aufmerksamkeit den Ort wechselt, beispielsweise, wenn wir von optischer zu akustischer Wahrnehmung übergehen (vgl. II:325). Von solchen diesseitigen „Seelenwanderungen" hofft Fechner, auf den Übergang der Seele vom „engeren" diesseitigen Leib zum weiteren Leib des Jenseits im Moment des Todes „induktiv" schließen zu können.

Allerdings wirft sein Vergleich auf der Grundlage des Wellenmodells zwei Probleme auf. Das erste Problem ist das der Degeneration, welches sich im Halbkreismodell (der linken Hälfte der Wellenfunktion) stellt: Das diesseitige Leben steigt bis zu einem Höhepunkt, dann nehmen die Kräfte von Körper und Geist allmählich ab bis der Tod alles zunichte macht – und aus nichts heraus soll sich ein jenseitiges Leben entwickeln können?! Solange der Kreuzungspunkt der Funktion mit der Nullachse bloß als Ort eines seelischen Zustandswechsels gedeutet wird, besteht kein Anlaß, den Kurvenverlauf zwischen dem ersten und zweiten Wendepunkt als Degeneration aufzufassen. Doch Fechner begibt sich in das Halbkreismodell der Lebensgeschichte (vgl. II:301), vermutlich weil er meint, die alltägliche Erfahrung der ab einem bestimmten Alter schwindenden Kräfte ohne Gefährung einer Sache berücksichtigen zu können. Daneben läßt er aber auch die Vorstellung einer kumulativen, stetig steigenden Entwicklung der Lebenserfahrung gelten (vgl. II:301). Vom Nullpunkt im Sinne völliger Vernichtung mit dem Tod kann dort keine Rede sein.

Das zweite Problem besteht darin, das diesseitiges und jenseitiges Leben nicht nur keine wechselnd aufeinanderfolgenden Phasen wie Wachen und Schlafen darstellen (daß wäre nur in einem Modell fortlaufender Reinkarnation möglich), sondern nicht einmal als eine durchgehende Wellenfunktion gezeichnet werden können; allenfalls folgende Darstellungen sind möglich:

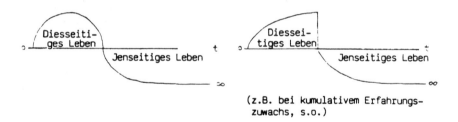

(z.B. bei kumulativem Erfahrungs-
zuwachs, s.o.)

Denn das jenseitige Leben, wie es Fechner vorschwebt, hat weder Ende noch „Schwächephasen".

Fechner begeht noch einen weiteren Lösungsweg, indem er eine zweite, gegenläufige Funktion ergänzt.

> „Wir finden, daß in unserem engern Leib zwischen dem Wachsein verschiedener Organe ein antagonistisches Verhältnis besteht, so daß das relative Wachsein eines Teiles mit einem relativen Schlafe anderer für das Bewußtsein verknüpft ist." (II:317)

Nachfolgend werden die „Teile" als Bewußtseinsfunktionen und Aufmerksamkeitsleistungen gefaßt. Zu jedem Zeitpunkt halten sich also wache und schlafende bzw. bewußte und unbewußte „Teile" die Waage.

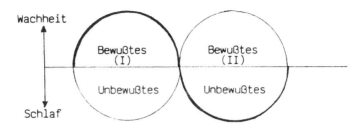

Auch der Übergang ins Jenseits soll von einem „antagonistischen Verhältnis" bestimmt sein.

> „... der tiefste, keinem Erwecken mehr Raum gebende Schlaf unsers engern Leibes ist der Tod, wo alles Bewußtsein für denselben gänzlich unrettbar verloren geht. Aber eben dies muß die kräftigste Bedingung sein, daß es im weiteren Leibe erwache." (II:317)

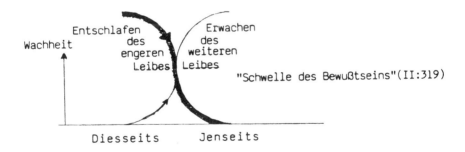

Schon diesseits führten bestimmte Zustände der Bewußtlosigkeit – man denke an Fechners Beispiele des „Somnambulismus" und des „magnetischen Hellsehens" – in die Nähe des jenseitigen Seelenzustandes.

> „... der weitere Leib (des Jenseits steht) mit dem engern in einem derartigen antagonistischen Konnex, daß, je tiefer der engere Leib unter die Schwelle des Bewußtseins sinkt, um so mehr Disposition zum Erwachen des weiteren entsteht, in abnormen Fällen ein zeitweises partielles Erwachen des weiteren Leibes auch wohl schon stattfinden kann, wenn der engere Leib nur partiell sehr tief einschläft ..." (II:319; siehe obenstehende Darstellung).

Im Jenseits erwache das im Diesseits Unbewußte zum Bewußtsein; die innere Traumwelt diesseits werde jenseits wache bewußte Wirklichkeit. Zuvor galten dem Sprachgebrach und den Parallelisierungen nach folgende begriffliche Zuordnungen:

Diesseits:	Jenseits:
Bewußtheit	Unbewußtheit
Wachen	Schlafen
Wahrnehmen	Erinnern

Vom Jenseits aus gesehen soll nun diese Zuordnung gelten:

Diesseits: (ewige) Unbewußtheit (ewiger) Schlaf (alles uns Bewußten)	Jenseits: Bewußtheit Wachen Erinnern (und Wahrneh-men)

Die Begriffsverschiebungen bzw. -umwertungen fügen sich nur in das Wellenmodell, wenn man Kunstgriffe wie die Rotation der Figur anwendet.

Das vormals Bewußte muß jenseits schließlich vollständig verloren gehen wie der Leib, dem es gemäß den parallelistischen Theoremen untrennbar verbunden ist. Nicht Ich erwache mit dem Tode neu, sondern ein anderer erwacht. Das Dunkelste meines diesseitigen Inneren – mit FREUD: mein „Es" – beginnt ein eigenes Leben. Dies ergibt sich aus dem zuletzt dargestellten Modell.

Es kann in Fechners Jenseits weder Unbewußtes noch Schlaf geben, und damit wird das Wellenmodell endgültig hinfällig, weil der Gegenbegriff bzw. der „antagonistische" Zustand fehlt. Soviel sollte die genaue Betrachtung des Argumentationsgangs ergeben: Die Bilder sind nicht durchgehalten und nicht durchzuhalten, die Begriffe ebensowenig. Fechner bemüht Bilder und Modelle, um das außerhalb jeder Erfahrung Liegende plausibel zu machen. Er bietet verschiedene Illustrationen, aber weder „induktive" Schlüsse noch logische „Beweise", auf die er Anspruch erhob. Zieht man die Illustrationen ab, bleiben unbegründete Spekulationen über den Tod und ein Jenseits. Alle Erfahrungen, die auf ein jenseitiges Leben verweisen sollen, sind einfach und vollständig im Rahmen des Diesseitigen erklärbar.

Fechner nimmt die für die Annahme eines jenseitigen Lebens notwendige *Umwertung des Todes* unter Rückgriff auf eine Analogie vor, die schließlich in die Gleichsetzung zweier dem gewöhnlichen Verständnis nach einander entgegengesetzter Begriffe mündet. Fechners *Gleichsetzung von Geburt und Tod* liegt unausgesprochen eine Denkfigur zugrunde, die er bereits in der Erkenntnistheorie und im Rahmen des Parallelismusproblems anwendet: Tod und Geburt seien nur zwei Seiten bzw. Bezeichnungen desselben Vorgangs, nämlich des Übergangs von einem Entwicklungsstadium in ein anderes. Aus der Innensicht eines Stadiums erscheinen Anfangs- und Endpunkt dieses Stadiums als Geburt und Tod; vom folgenden Stadium aus erscheint der Tod als Geburt. Das Stadienmodell der menschlichen Entwicklung (Ontogenie), das Fechner nach dem Vorbild der Entwicklung des Schmetterlings zeichnet – „Eizustand ... Raupen- und Puppenzustand" (II:329) – sieht so aus:

	Übergang		Übergang		Übergang	
	Tod	Geburt	Tod	Geburt	Tod	Geburt
Eizustand (unbefruchtetes Ei)		Ungeborenes (im Mutterleib)		Mensch des Diesseits (auf die Welt gekommen)		Mensch des Jenseits

Durch die (phantasierte) Bewegung des Standpunktes entdeckt man die Doppelseitigkeit von Tot und Geburt. Fechner verlängert die drei diesseitigen Stadien nur „vorwärts" in die Zukunft, nicht aber „rückwärts" in die Vergangenheit vor dem Eizustand. Also gibt es für ihn kein Leben (des Einzelnen) vor dem Leben. Der Gedanke der „Seelenwanderung" wird (indirekt) abgewiesen, jedoch hier wie auch anderenorts nicht offen angesprochen.

Nach welchen Kriterien gibt Fechner seiner Lehre vom jenseitigen Leben den Vorzug vor Seelenwanderungslehren? „Forderungen der Vernunft" und „Induktionen" ergeben keinesfalls das Bild einer künftigen, jenseitigen Existenz, wie sie Fechner vorschwebt; bleibt also wieder nur die Berufung auf ein „Bedürfnis" nach einer solchen Existenz. Ein derartiges Bedürfnis, von Fechner stillschweigend als universell (identisch) vorhanden angenommen, wird jedoch kaum kulturübergreifend anzutreffen sein. Fechner verallgemeinert Bedürfnisse der vom Christentum geprägten Kulturen. Soweit die von ihm vorgestellte Religion von Bedürfnissen der Christen ausgeht, ist sie *ethnozentrisch orientiert*.

Wer heute die Mechanismen der Konsumgesellschaft kritisch reflektiert, achtet „Bedürfnisse" anders, als Fechner es tat und tun konnte. Bedürfnisse können geweckt, erzeugt, anerzogen werden.

Der Bedürfnisbegriff stellt eine vielseitig verwendbare Deu-
tungsschablone dar und kann zur Rechtfertigung jeder Handlung
und Theorie herangezogen werden. „Kürzt" man „unter dem
Strich" den Bedürfnisbegriff als gemeinsamen Nenner fort, entfällt
die Legitimationsinstanz, von der sich Fechner die letzte Rechtfertigung seiner Religion erhofft. Seine Lehre erschiene dann aller
überzogenen Ansprüche entkleidet nunmehr als ein freischweben-
des Konstrukt (wie alle anderen vergleichbaren religiösen Lehren)
und könnte allein durch besondere innere Schlüssigkeit und Anziehungskraft den Vorzug gegenüber anderen Lehren erhalten (sieht
man einmals vom Einfluß gesellschaftlicher Interessen ab).

Fechner entdeckt bei allen Lebenwesen Entwicklungsstadien. Über
allen Besonderheiten arteigentümlicher (Bau-) Pläne gebe es „etwas Ge-
meinschaftliches in den Gesetzen aller Entwicklung" (II:329). Das Pha-
senmodell, wie es oben skizziert wurde, wird zum Stufenmodell, sobald
mit dem Gedanken stetigen Fortschritts eine weitere Dimension hinzu-
tritt:

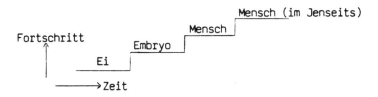

„... so ist das Leben, das wir jetzt führen, schon ein gesteigertes und zwar hoch gesteigertes gegen das, welches wir vor der
Geburt geführt haben, und so werden wir auch in dem Leben,
daß wir künftig führen werden, nicht bloß eine Wiederholung, sondern eine Steigerung der früheren Steigerung zu erwarten haben."
(II:329)

Jede Lebensstufe habe ihre besondere Wahrnehmung, die nur das
auf gleicher oder niederer Lebensstufe Befindliche erkenne, nicht aber
das Höhere. *Alles* diesseits Beseelte gehe einem jenseitigen Leben entgegen: Woher sollten sonst die Blumen in den Paradiesgarten kommen, in
welchen wir einzugehen hoffen (vgl. II:332)?!

„Der Lappe glaubt sein Renntier, der Samojede seine Hunde
im anderen Leben wiederzufinden, und wer von uns einen treuen
Hund hat, wird ihn auch dereinst gern wiederfinden." (II:332)

Und Fechner mutmaßt auch hier, daß eine diesem Bedürfnis entsprechende Wirklichkeit existiert.

Gegen Ende der Darstellung seiner Lehre vom Jenseits rückt Fechner die Sphären des Diesseits und des Jenseits zusammen: Es ist „dieselbe materielle Welt", der wir nach dem Tod verhaftet bleiben, und kein anderer Ort „über der Milchstraße" (II:330).

> „Es wird die alte Welt sein, in der wir einst fliegen werden, und in der wir jetzt kriechen. Wozu auch einen neuen Garten schaffen, wenn in dem alten Garten Blumen blühen, für die sich im neuen Leben ein neuer Blick und neue Organe des Genusses öffnen." (II:330)

Diesem „*Eine-Welt-Theorem*" entspricht, daß Fechner mehrere Elemente seiner Jenseitslehre diesseitig denkt: die Gleichzeitigkeit in einem für unsere „normale" Wahrnehmung „übersinnlichen" Raum; die Wahrnehmungen des Jenseits von Hellsehern und Somnambulen; die unentbehrliche materiale Grundlage eines Lebens nach dem Tode; Merkmale jenseitigen Lebens, die sich lediglich aus der Annahme einer Erhaltung und des Fortwirkens diesseitiger Wirkungen ergeben.

Sofern sich Fechner bei der Konstruktion eines Jenseits eng an Diesseitiges hält, führen Brücken hinüber und die Welt bleibt ungeteilt, wie mangelhaft die Analogien und Argumente auch sein mögen. Da er sich aber nicht zu bescheiden weiß und Jenseitiges ausmalt, das von keiner Erfahrung und keiner Vernunft zwingend oder auch nur als wahrscheinlich erschlossen werden kann, zieht er sich den berechtigten Vorwurf zu, spekulierend eine „Hinterwelt" zu errichten.

Andere Unsterblichkeitslehren

Wie steht Fechners Lehre zu anderen Unsterblichkeitslehren? Um diese Frage zu beantworten, erörtert Fechner sechs seiner Meinung nach verbreitete Positionen. Damals äußerten sich viele über ein Leben nach dem Tode, so daß Fechners diesbezügliche Bemühungen seit seinem „Büchlein" (1836) seinerzeit keinesfalls als Kuriositäten galten.

> Fechner nennt folgende damals aktuelle Schriften: GROSS, „Meine Lehre von der persönlichen Fortdauer des menschlichen Geistes nach dem Tode" sowie „Der zweifache, der äußere und

der innere Mensch" (1846); HÜFFEL, „Briefe über die Unsterblichkeit"; DROßBACH, „Wiedergeburt oder die Lösung der Unsterblichkeitsfrage auf empirischem Wege nach den bekannten Na-
turgesetzen" (1849); WIDEMANN, „Gedanken über die Unsterblichkeit als Wiederholung des Erdenlebens" (1851) (II:338f., 399).

Das wiederholt vorgebrachte Argument, er nehme „induktiv" Ausgang von der Erfahrung, hält er sich hier mit positivistischem Pathos zu
Gute: Wir fassen

> „... Tatsachen und nur Tatsachen ins Auge und befriedigen
> und täuschen uns nicht mit Worten und Wortspielen, wie es nur
> zu häufig geschieht" (II:333).

Die sechs „gewöhnlichen Versuche, die Unsterblichkeitslehre zu begründen", widersprächen der Erfahrung und der Vernunft. Indirekt beansprucht Fechner, auf „wissenschaftlich entwickelten Gründen" zu fußen
und mit dem „klaren Blick der Wissenschaft" zu Werke zu gehen (II:347).
Er habe mit seiner widerspruchsfreien, konsequenten „Lehre von Leib
und Seele" ein „breites Fundament" für die hier dargelegte Lösung der
Unsterblichkeitsfrage gewonnen (II.349).
    Betrachtet man diese Ansprüche isoliert, käme man kaum darauf,
daß sie in einem Buch wie dem „Zend-Avesta" erhoben wurden. Fechner
dichtet sich eine Distanz zu anderen Positionen, die nicht vorhanden ist.
Dabei sieht er durchaus, daß die Protagonisten der sechs „Irrwege" wie
er mit „Analogien und Induktionen" arbeiten. So wird die Behauptung,
sein Ansatz hebe sich durch streng erfahrungsorientiertes, wissenschaftliches Vorgehen von anderen Ansätzen ab, angesichts derselben begrenzten
Mittel jedes Versuchs der Begründung der Unsterblichkeit relativiert.
Übrig bleibt seine Meinung, bislang habe nur er die verfügbaren Mittel
bewußt eingesetzt (vgl. II:334).
    Trifft man in diesen Passagen auf ein uneingeschränkt positives Bild
der aufstrebenden exakten Wissenschaft, so greift Fechner anderenorts
diese Wissenschaft ihrer Folgen für die vorherrschende Weltansicht wegen
heftig an. Wie paßt das zusammen? Zur Beantwortung dieser Frage muß
man die Wissenschaftsgeschichte, wie Fechner sie sieht, einbeziehen:
    Zur Zeit der von der Theologie bevormundeten Wissenschaft galt
folgender Grundsatz: „... durch je mehr Bande der Geist an den Leib
gekettet, ... desto mehr drohe unsrer dereinstigen Fortexistenz Gefahr
..." (II: 348). Daher wurden der „freien Forschung", die immer wieder
auf Bande zwischen Leib und Seele stieß, „Fesseln angelegt", um „eine
trübe Hoffnung auf das Jenseits zu erhalten" (II:334). Die Kluft zwischen

Glaube, Theologie und Metaphysik einerseits und Wissen und (Natur-) Wissenschaft andererseits brach auf und blieb Jahrhunderte bestehen. – So läßt sich Fechners Sicht der Wissenschaftsgeschichte, die heute wohl von vielen geteilt werden dürfte, kurz rekonstruieren.

Nun paßt es so zusammen: Fechner tritt für die Union von Wissen und Glauben ein. Die historische Strömung, die Wissen (-schaft) um eines vernunftwidrigen Glaubens willen verbat – dazu zählt Fechner auch „die Metaphysik" – muß deshalb kritisiert werden. Andererseits muß auch eine positive Wissenschaft, die in der Befreiung von den Fesseln der Theologie und Metaphysik über das Ziel hinausschießt, indem sie überhaupt nichts mehr glaubt, abgelehnt werden. *Freie, positive Wissenschaft ist nur uneingeschränkt zu begrüßen, solange sie einen Glauben zuläßt.*

Die sechs Gegenpositionen werden von Fechners pauschaler Kritik in den Horizont einer vernunft- und wissenschaftsfeindlichen Metaphysik gerückt, aber Fechner übt auch im Detail Kritik:

1. Die Seele führe im Jenseits „ein rein körperliches Dasein" (II: 335).

   Fechners Kritik: Diese Ansicht kann nicht von der diesseitigen Erfahrung mittels Analogien begründet werden. Eine leiblose Existens ist nicht vorstellbar (vgl. II:335, 340).

2. Die Seele baue sich überall, wo sie sei, ihren Leib. (Das setzt voraus: Die Seele existiert autark und war schon vor dem Leib da.)

   Kritik: In der diesseitigen Entwicklung alles Lebendigen ist Seele von Anfang an mit Materie verbunden. Die Materie in der Form des Leibes macht erst möglich, daß die Seele sich einen Leib für ihr jenseitiges Leben „baut".

3. Die Zerstörung des Leibes im Tode lasse etwas „für die Seele Grundwesentliches", Leibliches unberührt (II:336).

   Kritik: Der gesamte Leib wird zersetzt. Man könnte also nur den grundwesentlichen leiblichen Träger der Seele in einem „bevorzugten Atom" bzw. „unzerstörbaren Kern" vermuten – ein durch keine wissenschaftliche Erkenntnis gestützter Aberglaube.

4. Der „grobe Leib" berge einen „ätherischen Leib", welcher als Träger der Seele fortlebe (II:336f.). – Die verbreitetste Ansicht, betont Fechner.

Kritik: Nichts weist darauf hin, daß der „Ätherleib" – gibt es einen solchen – ohne den „groben Leib" fortbestehen kann.

5. Nur in niederen (z.b. sinnlichen) Funktionen sei ein Teil der Seele vom Körper abhängig, und nur dieser Teil gehe mit dem Körper zugrunde.

Kritik: Von einem Begriff „höherer" geistiger Funktion darf nicht geschlossen werden, es gebe einen höheren Teil der Seele, welcher unabhängig vom Körper fortbestehen kann. Eine Spaltung der Seele in zwei Teile ist nicht weniger eine „widernatürliche Trennung" wie der Dualismus von Leib und Seele.

6. Die Seele sei ein einfaches Wesen, eine einfache Einheit (Atom), und als solche unzerstörbar. – Ein allezeit beliebtes Argument, das schon die „alten Philosophen" vorgebracht hätten, meint Fechner.

Kritik: Eine Einheit muß nicht einfach strukturiert sein. Die Seele ist eine Einheit von Vielem, Mannigfaltigem. Reduziert man ihre komplexe Fülle auf ein Einfaches, geht sie verloren.

Auf das Problem, wie der Mensch in der Vielfalt verschiedener Erlebnisse „ganz" bleiben kann, geht Fechner später ausführlich ein.

Empirische Psychologie oder Phänomenologie der menschlichen Seele

Fechner stellt die bisherige Begründung seiner Unsterblichkeitslehre rückblickend dar, als handle es sich um eine juristische Beweisführung. Die These, vorgestellt im Kapitel XXI, sei zunächst unter Hinzuziehung vergleichbarer Fälle (Analogien) *indirekt* begründet worden (Kap. XXII bis XXV); im vorigen Kapitel (XXIV) habe er seine Lösung mit anderen verglichen; hier nun werde die *direkte* Begründung in Angriff genommen (Kap. XXVII), und eine „praktische Begründung" schließe sich an (vgl. II:333f.).

Es folgt die „direkte Begründung mittels „empirischer Psychologie". Die Nähe zu HUSSERLS „Phänomenologie" ist hier deutlicher als je zuvor erkennbar.

Bereits zuvor wurde das Problem der Einheit der Seele angesprochen.

„Gewöhnlich zwar fußt man auf folgender Betrachtung: in aller Mannigfaltigkeit und allem Wechsel der Bewußtseinsphänomene bleibt doch das Gefühl oder Bewußtsein unseres Ich etwas einfach Identisches, gar nicht weiter Analysierbares. Und dieses ist das Wesentlichste unsrer Seele. Bleibt dies unzerstört, als Einfaches ist es aber unzerstörbar, so sind wir geborgen." (II:343).

Dem liegt, so Fechner, ein falscher Seelenbegriff zugrunde, denn das Gefühl der Einheit erwüchse allein aus der „konkreten Mannigfaltig- keit" der Akte. „Die ganz konkrete Seele ist nicht das Einfache, wofür man sie ausgibt ..." (II:344). Die Seele und ihr „Selbstbewußtsein" bestehe nur aus und in den mannigfaltigen Vollzügen.

> „Sebst wenn wir auf die Einfachheit unsers Ich reflektieren, ist dies nur ein einzelner Gedanke unsers Ich, eine besondere Bestimmung unsers konkreten Ich, nicht das ganze, an so vielen Bestimmungen reiche konkrete Seelen-Ich." (II:343).

Fechner veranschaulicht die Einheit und Vielfalt des Seelischen mit der bereits von T. WAITZ und C. G. CARUS verwendeten *Kreismetapher:* Die mannigfaltigen Akte denke man sich als die unzähligen Punkte der Kreislinien, die Seele bzw. das Ich in seiner einheitsstiftenden Kraft wäre dann der Kreismittelpunkt (vgl. II:343f.). Kein Kreis ohne Mittelpunkt; kein Kreismittelpunkt ohne Kreislinie. Kreislinie und Kreismittelpunkt bedingen einander wechselseitig: Fechners Begriff der „Wechselbestimmtheit".

Hier geht es Fechner zunächst um die Frage, wie es möglich ist, daß man in den mannigfaltigen „COGITATIONES" des Erlebnisstroms (so die Terminologie HUSSERLS) und durch alle Lebensalter hindurch „glaubt, ... ganz derselbe geblieben zu sein" (II:349). Über allem Wechsel der Wahrnehmungen, Stimmungen und des Wissens bleibe „... die Einheit des Geistes, in der sich jedes Menschen Wesen zusammenfaßt ..." unverändert bestehen (II:350).

Der Begriff des *Erlebnisstromes* ist nicht erst seit der Lebensphilosophie des ausgehenden neunzehnten Jahrhunderts in Gebrauch. Bereits Fechner bedient sich, wo es um den Wechsel der Wahrnehmungen geht (er faßt diesen auch als „Wechsel der Bestimmungen der Seele"), wiederholt der Begriffe „Strom" (II:191,194) und „Fluß" (II:194, 245, 350f., 354, 358). Was seit der Antike Sinnbild des Laufs der Welt war, wird, als sich das Interesse vom objektiven Gegenstand „Leben" zum subjektiven „Erleben" kehrt, zur Metapher der inneren Wahrnehmung: „Erlebnis-Strom".

Die Seele verknüpfe *aktiv* alles unter sich, sowohl verschiedene Sinnesdaten bzw. Wahrnehmungsinhalte in einer *Momentaufnahme* (synchron) als auch verschiedene Bilder des im Inneren fortlaufenden „ *Films*" (diachron) – so kann man das Gemeinte, was zunächst nur die optische Wahrnehmung betrifft, mit Begriffen der Photographie interpretieren. Fechner führt am Beispiel eine Landschaftswahrnehmung (Momentaufnahme) vor, daß kein Teil darin sich ändern kann – „Baum, Haus, Burg" oder „See" – , „ohne daß alles anders erscheint", und wenn sich alles Wahrgenommene ringsum verändert, kann auch ein Teil bzw. ein einzelner Gegenstand davon nicht unberührt bleiben (II:350). In Kapitel XXI wies er darauf hin, daß Erinnerung und aktuelle sinnliche Anschauung einander beeinflussen, und daß die Seele verschiedene Sinnesdaten (z.B. optische und akustische) bzw. „Wellen" zusammenfügt.

Die Seele integriere „Einwirkungen der Außenwelt" – der objektivistischen Seinsglaube wird von Fechner nicht „ausgeschaltet" – in den Kausalzusammenhang der inneren Welt je-meiniger Wahrnehmung. Indem die Seele bzw. das Ich – Fechner verwendet diesen Begriff hier gleichsinnig – nicht nur aktuell Wahrgenommenes zusammendichtet („Wechselbestimmtheit"), sondern auch das zeitlich aufeinander Folgende („Folgebestimmtheit"), bilde sie ein sich ständig vermehrendes Sediment des Wissens bzw. der Erfahrung. Sofern die Seele „tätig" (II:350f.) alles verknüpft und verknüpft hält und derart als „Wirkungseinheit" fortbesteht, sei sie identisch und sich als identische bewußt (bzw. in der Wahrnehmung mitbewußt). Aus der verknüpfenden Seelentätigkeit, worin und wodurch Seele überhaupt existiert, erwüchsen „Einheitsgefühle" und das „Identitätsgefühl".

> „… es ist dasselbe Ich, was in einer Gegenwart Verschiedenes zusammenfaßt, und was das Verschiedene in der Aufeinanderfolge einigt, und es läßt sich nicht einmal denken, daß diese Identität sich je lösen könnte …" (II:352).
> „Die identische Forterhaltung des Ich … durch allen innern und äußern Wechsel hängt also kurz gesagt an der Forterhaltung des … *Kausalzusammenhanges* zwischen unseren geistigen Phänomenen." (II:352, Hervorh. B.O.)

Die Verbundenheit von Bewußtseinsinhalten deutet Fechner als kausale, ohne Annahme spezieller Gesetze der Logik oder der Assoziation. Es gibt nur eine Natur und darin ein grundlegendes Gesetz, das Kausalgesetz, welches selbstverständlich auch in der Seele wirksam sein muß. Die Begriffe „Geist", „Seele" und „Ich" bezeichnen dieselbe *Ursache*, die alles verknüpft und sich durch diese Wirkungen selbst erhält. Bewußtsein ohne ein identisches, individuelles, personelles Ich kann es überhaupt nicht geben. Deshalb muß, existiert das Bewußtsein fort, wie

alles Bewirkte bzw. jede Folge fortexistiert und fortwirkt, auch das individuelle Ich fortexistieren. Ich werde im Jenseits also als Indiviuum fort-
leben d.h. mein persönliches Ich behalten (vgl. II:353). Freilich werde
ich dort gänzlich Neues lernen, doch Neues lerne ich auch diesseits schon,
ohne daß meine Identität dabei verloren geht. Unmöglich also auch, daß
mein Bewußtsein jemals völlig in einem „Allgemeinbewußtsein" aufgeht.

Gemäß der parallelistischen Theoreme muß, was für die Seele bzw.
den Geist gilt, ebenfalls für den Leib gelten, der sich mit dem Alter
verändert und dabei doch stets mein Leib und als solcher derselbe bleibt
(vgl. II:356f.).

Recht und Gerechtigkeit vor und nach dem Tode

Fechner behandelt nun die ethisch-praktischen Konsequenzen seiner
Lehre vom Jenseits. Diese Konsequenzen gehören nicht mehr zur „induktiven" Begründung, sondern stellen lediglich einen wichtigen Prüfstein
dar: Wenn die ethisch-praktischen Folgen nicht *gut* sind, kann die Lehre
nicht *wahr* sein; daß ergibt sich aus dem „allgemeinsten Prinzip der
Verknüpfung des Guten und Wahren" (II: 360).

Seine Lehre vom Jenseits erweise sich anderen Lehren auch auf der
praktischen Ebene als überlegen, weil sie den *„Realzusammenhang"* und
die „Realbeziehungen" (II:361) von Diesseits und Jenseits berücksich-
tige, und aus der so gewonnenen „ganzheitlichen" Weltansicht eine un-
gespaltene Ethik ableiten könne. Theorie und Praxis fügten sich bei ihm
widerspruchslos ineinander, während andere Lehren, soweit sie die Verbundenheit von Diesseits und Jenseits nicht erfassen, „die Realbezüge für
das Wissen" und damit die „Wissensbezüge für das Handeln verlören"
(II:362).

Bevor Fechner seine praktische Philosophie erläutert, gibt er einen
wichtigen Hinweis, für welche Leser er den „Zend-Avesta" schrieb: Philosophen sind es nicht, die „Masse", das „Volk" ebensowenig. Die „um-
ständliche, in Argumenten sich abmühende Form" macht den „Zend-
Avesta" zu einem esoterischen Studienbuch für den denkenden „Prediger", der die Essenz der „Studien" in populärer Form „grundlos, schlicht
und einfältig, aber in anschaulicher Form" dem Volke nahebringen muß
(II:362f.).

Fechner bringt die Begriffe „Volk" und „Kindheit" zusammen. Erinnert man die Äußerungen über den „Kinderglauben" roher Völker,
liegt offen, daß er jedes Volk – aus der Masse hervorragender Individuen

ausgenommen – durch Unwissenheit und Naivität gekennzeichnet hält. Daher bedarf das Volk der richtungweisenden *Autorität* (des Predigers). Hiermit verläßt der Sohn eines evangelischen Pfarrers den lutherischen Grund des Protestantismus, nämlich die Forderung, jeder solle selbst die Bibel lesen, auslegen, verstehen (lernen), woraus das sogenannte „Laienpredigertum" einiger protestantischer Kirchen folgte, und begibt sich auf die Seite der römisch-katholischen Orthodoxie.

Die Bewertung des Evangeliums, welche Fechner hier implizit vornimmt, ist ebensowenig protestantisch. Die für die Masse anschauliche *Form* seiner Religion sei die Lehre Christi in der biblischen Überlieferung. Was er in seinem „Zend-Avesta" erarbeitete, stimme mit dem „*Inhalt*" der christlichen Lehre überein. Er könne sich daher der biblischen „Gleichnisse und Bilder" zu recht *bedienen*. Die gute, aber „einfältige" Botschaft Jesu genüge dem „Denkenden" („Prediger") nicht, welcher nach Wissensgründen verlange, und „Wissensgründe" vermittelt ihm Fechner.

Entsprechend der autoritären Gesinnung ist die praktische Philosophie, die nun dargelegt wird, gerichtet auf das, was „von oben" Gesetz, Ordnung und Herrschaft erhält, nämlich auf Strafe und Belohnung. Die Gerechtigkeit werde sich spätestens im Jenseits für jeden vollständig erfüllen, so daß diesseitiges Unrecht sich selbst richte und Rechttun sich *auszahle:* „jeder (wird) ernten, was er gesät hat" (II:364). Das einmal Getane wirkt *gnadenlos* fort (vgl. II: 371f.), Wiedergutmachung ist ausgeschlossen. Fechner verwirft die verbreitete christliche Vorstellung, alle Taten nebst ihren Motiven würden im Jüngsten Gericht gewogen, und je nachdem, ob Gutes oder Schlechtes überwiege, folgten Himmel oder Hölle (vgl. II:368). Sein Modell einer sich selbst unaufhaltsam vollziehenden Gerechtigkeit, konstruiert und getragen vom Bedürfnis nach Rache und Vergeltung einerseits, und Forderung der Entlohnung des diesseits nicht Entlohnten andererseits, läßt niemanden ungestraft: *jeder* muß „durch ein Fegefeuer", jeder muß seine Sünden sühnen (II:368), jeder muß

> „... eine unnachlaßliche, ... eine ewige (!) Pein, d.h. die keinen Augenblick ... Ruhe läßt, bis das der letzte Heller ihrer Schuld bezahlt, der böse Sinn von Grund aus gebrochen ist." (II:369)

erdulden, weil niemand frei von Fehlern ist . - Eine eiskalte Welt ohne Versöhnung, Verzeihung, Gnade, Wohlwollen und einfühlendes Verständnis für menschliche Unzulänglichkeiten, die Fechner entwirft. Seine Religion ist nicht die der Liebe, sondern eine Religion der Rache, sein Gott kein Liebender, sondern ein Rächer, der bis hinein ins siebte und siebenmal siebte Glied straft (vgl. II:367).

Fechner rechtfertigt die in Aussicht gestellten furchtbaren, exzessiven Strafen mit den Formeln autoritärer „Prügelpädagogen":

> „Es wird nicht gestraft, um zu strafen, sondern gestraft, daß der Schüler sich bessern muß; der Böseste wird am härtesten gestraft, weil es das meiste bei ihm zu überwinden gilt; aber nicht aus Rache, sondern eben um der Besserung willen; dann ist ihm vergeben." (II:371)

Wie aber Absicht, Tat, Folgen, Urteil, Strafe, Sühne, Einsicht und Besserung sinnvoll zusammenhängen können, führt Fechner nicht einmal ansatzweise aus. Dieses sowie die irrationale Neigung, Strafe ausschließlich als Marter, endlose Qual, Leiden und Pein zu begreifen, verweisen darauf, daß Fechner ungeachtet obenstehender Erklärungen doch einem Rachebedürfnis folgt, welches der Rachsüchtige nur nicht wahrhaben will.

Fechner gesteht zwar zu, die Absicht einer Handlung werde berücksichtigt (vgl. II:374), doch allein, um Gläubige und Ungläubige bei äußerlich gleichen Taten qualitativ unterscheiden zu können (vgl. III:374f.). Selbst „Heiden", die am „falschen" Ort in einer „falschen" Kultur geboren nicht in den Genuß der Verknüpfung christlicher Wahrheiten kamen, sowie „schlecht Erzogene oder mit schlechten Anlagen Versehene" sollen „minder günstig gestellt sein", und - schuldlos, weil ohne böse Absicht, oder weil sie nicht ändern können, weswegen sie schuldig sein sollen - müßten diese „zu leiden haben" (II: 386), d.h. „brennen" im Fegefeuer (II:370f.). Die Lehre der Erbsünde ist in Fechners Modell also bestens aufgehoben.

Man kann allerdings sehen, daß unverschuldetes Leiden „falsch" Geborener hienieden tagtägliche Wirklichkeit ist, und wenn Diesseits und Jenseits verbunden sind, wie Fechner es annimmt, scheint nur folgerichtig, daß dort ebenso gelitten wird. Nur geht das gegen die „Herzensbedürfnisse" der modernen Menschen und dürfte nicht als „gerecht" fortgeschrieben werden, sofern er für seine Lehre Übereinstimmung mit solchen Bedürfnissen beansprucht.

Die Summierung und überhaupt die *Verrechnung* der Taten ist ein wesentliches Merkmal von Fechners Gerechtigkeitsmodell. Summiert werden selbst kleinste Fehler und auch Irrtümer, denn Irrtum ist Sünde (vgl. II:385f.). Weit über das Maß dessen, was in Strukturaffinitäten der Sprache liegt, gesellen sich hier ethischen und juristischen Begriffen solche der Ökonomie, im engeren Sinne solche der *Buchhaltung* zu:

„Der Tod bildet einen Abschnitt zwischen Diesseits und Jenseits, wie der Abend zwischen zwei Tagen eines Arbeiters. Der Herr stand seitwärts oder war im Haus verborgen; der Arbeiter meinte wohl, der Herr kümmere sich nicht um das Werk: aber der Herr sah alles und bescheidet den heimkehrenden Arbeiter vor sich und rechnet ab mit ihm; dem wird nun auf einmal kund, was er für sein Tageswerk noch zu empfangen hat; nicht daß er auch den Lohn, die Strafe sofort auf einmal ganz empfinge; doch erfährt er auf einmal die Summe des Betrags. Das ist jenes mit dem Tode laut werdende Gefühl des Gewissens, das des bisherige Lebens Wert in einen Ziffer faßt, eine Ziffer, die in innerer Freude oder Pein vornweg zählt, was kommen wird; denn nach der Rechnung dieser Ziffer beginnt nun die fernere Vergeltung sich zu entwickeln; der Gute lebt fortan im zweiten Leben vom Lohne eines früheren Lebens, der Böse in der Strafe für sein früheres Leben ...“ (II:372).

Es bedarf kaum eines Hinweises auf die politischen Implikationen dieses *Buchhaltermodells der Gerechtigkeit,* worin die abhängige Arbeit einmal mehr als Metapher für das diesseitige Leben genommen wird.

Obwohl die Folgen der *einzelnen* Tat „sich nicht wohl berechnen lassen" (II:377) - vermutlich der Kurzsichtigkeit der Menschen wegen- soll jeder im Hinblick auf spätere Folgen *rechnen* - je mehr, desto besser. Keine andere Ansicht als die seine könne „... geeigneter sein, uns ... mehr zur Berechnung der fernsten und besondersten Erfolge unserer einzelsten Handlungen anzutreiben ..." (II:378). Vorsicht aber! Die „Rechnung aufs einzelne ... kann fehlschlagen" (a.O.).

MAX WEBER hätte in Fechners Buchhaltermodell vielleicht eine späte Blüte des Calvinismus gefunden, sicher aber eine Spielart der „Protestantischen Ethik", die den „rational wirtschaftenden" Kapitalismus hervorbrachte. Fechner duldet keine „Schlaffheit" (II:386) und fordert, daß wir „unsre Zeit hienieden möglichst nutzen" (II:385).

„Nur die Sorgfalt, der Fleiß und die Arbeit, womit wir ... (Schätze) erwerben, und die Absicht, in der wir sie verwenden, gehören unserem Ich, und nur mit den Folgen hiervon kann sich einst der Reiche Lohn im Jenseits erwerben ..." (II:381).

Es geht Fechner, wie er zuvor darlegte, vor allem um „... eine Gerechtigkeit, deren Aussicht beiträgen soll, uns zum Guten anzutreiben, vom Bösen zurückzuhalten" (II:363). Immer wieder ist von „Erwerb" und „Antrieb" die Rede (vgl. II: 376,378,385f.). Eine Gesellschaftsmetapher des früheren Liberalismus zeichnet das Bild eines Kessels, in

welchem zu aller Vorteil stets Hitze und Druck herrschen muß, damit das
gedeihliche Kochen und Garen fortschreitet. Eine ähnliche Vorstellung
müßte auch Fechner geleitet haben, sonst wäre die Themen- und Wortwahl nicht zu erklären. Furcht (vor Strafe) und Hoffnung (auf Lohn)
halten das Bestehende aufrecht.

Wer sich angesichts zwangsläufiger Strafen getreu dem Motto: wer
nichts macht, macht auch nichts verkehrt! durch Untätigkeit oder gar
Selbstmord vor Strafen zu retten sucht, rechnet nach Fechner jedenfalls
falsch, denn alles diesseits nicht Getane bleibe im Jenseits zu tun. Darum
(allerdings nicht logisch zwingend): „... haltet aus, haltet aus, ... sonst
tretet ihr aus einer Marterkammer nur in eine größere Marterkammer,
worin ihr doch gezwungen seit auszuhalten, denn der Mensch wird solange gehämmert, bis er hart geworden ist ..." (II:385). Wenn NIETZ-
SCHE der Äußerungen des SOKRATES, er schulde dem Asklepios noch
einen Hahn, entnimmt, Sokrates sei des Lebens überdrüssig gewesen und
hätte es als Last empfunden, so muß man hier aus den Schreckensbildern
schließen, daß Fechner das Leben eine sehr große Last war. Daß er vor
der Warnung vor der Selbsttötung darlegt, man müsse auch krankheits-
bedingtes Leid aushalten (II:383f.), läßt vermuten, daß er zur Zeit seiner Krankheit an Selbstmord dachte, nach seiner schweren Entscheidung
für das Leben dann diese Entscheidung auch für alle anderen zum Maß
erhob.

> Diese Vermutung wird in Fechners autobiographischer
> „Krankheitsgeschichte" bestätigt (vgl. FECHNER in KUNTZE
> 1892:116 u. 118).

Weiterhin kann das hier beschriebene Modell einer unerbittlichen Gerechtigkeit als Psychogramm eines Menschen, der sich selbst nicht ver-
zeihen kann und niemanden liebt, gedeutet werden. Trifft das zu, muß
Fechner – zumindest zum Zeitpunkt der Abfassung – ein unglücklicher
Mensch gewesen sein.

Bislang drehte sich alles darum, wie sich im Laufe des Lebens Gerechtigkeit ereignet. Konkrete Handlungsweisungen für gutes Tun, welches
wenn nicht auf diesseitige, so auf jenseitige Entlohnung zu rechnen erlaubt, sollen die „Prediger" dem Volk durch das Evangelium geben. Wie
erkennt aber der denkende Prediger, was gut ist und was böse? Was
versteht Fechner unter Gerechtigkeit?

Gerechtigkeit ist für Fechner nicht etwas vom Menschen zu Schaf-
fendes oder Gesetztes, sondern *eine Eigenschaft des Laufs der Natur.*
Wo Fechner in Verbindung mit dem Gerechtigkeitsbegriff vom Gesetz

redet, meint er kein starres, von außen bzw. vom erkennenden Subjekt
herangetragenes Schema.

> „Das oberste Gesetz, nach welchem die Gerechtigkeit sich voll-
> zieht, ist trotz seiner Unverbrüchlichkeit nicht das mechanische
> Gesetz eines toten Naturvorganges, sondern das lebendige Gesetz
> eines obersten geistigen Waltens selbst." (II:373)
> „Der Natur des Guten und Bösen nach aber ist gut nur, was
> im Sinne, und böse nur, was wider den Sinn des höchsten Wollens
> und Trachtens geht, das die Weltordnung beherrscht . . ." (II:366).

Man kann jetzt, zuvor an anderer Stelle Gesagtes einbeziehend, Fechners unausgesprochene Position konstruieren: Der Mensch als Teil des
Ganzen trägt das der Natur lebendig innewohnende Gesetz und den Sinn
in sich. Wie der Kosmos nach ständiger Optimierung der Lust, des
Glücks und des Guten strebt (vgl. 379f.), so auch der Mensch. Der
Maßstab dessen, was im „Sinne des höchsten ... Trachtens" ist und
was nicht, kann durch die Rückwendung ins Innere wahrgenommen werden als „unmittelbares Gefühl der Einstimmung oder des Widerstreits"
(II:366). Man kann auch von einem „Gefühl der *Harmonie*" – Fechner
faßt „Harmonie" allerdings widersprüchlich sowohl als Übereinstimmung
mit einem mittleren Maß – und von Gewissen sprechen.
Jeder Mensch vermag seinem Gefühl zu folgen. Wozu dann die Ver-
kündigung verbindlicher Anweisungen?!
Fechner vertritt eine extreme Naturrechtsposition: *Zwischen Naturgesetz, menschlichen Gesetzen und „moralischen Grundregeln" (II:377)
wird nicht unterschieden.* Das Naturrecht, wie Fechner es begreift, macht
eigentlich jede Forderung nach Gerechtigkeit überflüssig, sofern das Recht
bereits durchgesetzt ist als immer schon waltende Kraft. Nirgends gelangt dieses Naturrecht über die Bestätigung alles Bestehenden hinaus.
Moralische Grundregeln erwachsen für Fechner unmittelbar aus dem
Gefühl bzw. dem Gewissen. Schließlich mündet seine Religion abseits
der Grundlegung in schlichte, aus sich selbst verständliche, überflüssige
Wahrheiten, die im Bürgertum bis heute keinen Widerspruch finden dürften:

> „Ein rechtes Handeln aus guter Gesinnung heraus in standhaf-
> ter Befolgung der moralischen Grundregeln ist ... der sicherste
> Quell dauernd segensreicher, d.i. den Glücks- und Friedenszu-
> stand der Welt im ganzen erhaltender und fördernder Folgen."
> (II:377)

Ebenso allgemein wie leer, was konkrete ethisch-praktische Forderungen anbelangt, lautet ein weiterer zentraler Grundsatz:

> „Wissen, das wir Gott durch ein gutes Handeln genug tun und
> aus Liebe zu ihm so zu handeln, das ist überhaupt das Höchste,
> wozu es der Mensch bringen kann ..." (II:374.)

Fechner hat den beschwerlichen Weg vom Diesseits zum Jenseits begangen, um endlich wieder dorthin zu glangen, von wo er ausging. Das Christentum, wie er es kennt, soll unverändert bestehen – mit Ausnahme des Fundaments, an dessen Stelle die Lehre des „Zend-Avesta" treten soll.

Höchstwahrscheinlich deutete Fechner die Krise des alten Glaubens bzw. die Prozesse, welche häufig unter dem Begriff „Säkularisierung" gefaßt werden, als Krise des theologischen (theoretischen) Fundaments. Mit einem neuen Fundament hoffte er, die alte Lehre stützen, retten und sogar erneuern zu können. Die Krisenerscheinung, um die es ihm vornehmlich ging, ist der Konflikt zwischen Glaube, Theologie, Metaphysik einerseits und der modernen, aufstrebenden, positiven Wissenschaft andererseits. Er nahm also nur einen eng begrenzten Ausschnitt des Säkularisierungsprozesses wahr, der als isolierter Konflikt gar nicht bestehen kann.

Seine Hoffnung, mit einer „alle Bedürfnisse befriedigenden Lehre" den Konflikt zu lösen, konnte sich schon darum nicht erfüllen. In Kenntnis der zu erwartenden Widerstände seitens der Theologie, fachfremde Belehrungen „von außen" anzunehmen, hätte es mehr als nur unwahrscheinlich erscheinen müssen, daß dem „Zend-Avesta" auch nur ein Teilerfolg beschieden sein würde. Vielleicht sah und wußte Fechner keine Alternative und hoffte, „das lebendige Wort" werde sich dennoch aus sich selbst heraus durchsetzten – aber durchsetzen nur bei den Denkenden („Predigern")?!

Es sei dahingestellt, ob Fechner die historische Situation, die geeigneten Gegenmaßnahmen und seine Mittel richtig einschätzte oder nicht. Wenden wir uns der Frage zu, ob die dargelegte Praxis bzw. Ethik wirklich aus den Lehren vom Diesseits und vom Jenseits in der behaupteten linearen Verbundenheit folgt.

Stimmt man der Feststellung KANTS zu, daß aus Tatsachen keine Ethik ableitbar ist, kann die „induktive Begründung", wie Fechner sie für seine praktische Philosophie meint geleistet zu haben, nicht möglich sein. Daraus, daß etwas ist, folgt noch nicht, daß es auch sein soll. Wäre

also die Welt und das Leben so, wie Fechner es uns glauben macht,
begründet das allein weder Wert noch Sinn.

Daß etwas außer mir lebt, wird erst durch einen sinngebenden Akt gefunden. Dem All „... Ordnung, Gliederung, Form, Schönheit, Weisheit
und wie alle unsere ästhetischen Menschlichkeiten heißen" (NIETZSCHE
KSA 3:468), zuzusprechen, beruht allein auf Akten der Sinngebung. In
den ersten Kapiteln spricht Fechner mit dem Prädikat der Lebendigkeit
dem All eine „unserer ästhetischen Menschlichkeiten" zu, er anthropo-
morphisiert damit den Kosmos. Gesetzt den Fall, das All sei wirklich
lebendig, beseelt, menschlich, wie Fechner es glaubt; dann muß aber auch
der Blick auf „ganzheitliche" Zusammenhänge innerhalb der als Organismus aufgefaßten Welt beibehalten werden: Was liegt dem lebendigen
All, unserem Gott, an Gerechtigkeit für den Einzelnen? Fechner hat –
vielleicht wohl wissend – nicht beachtet, daß die mittlere Gerechtigkeit
immer schon gewahrt ist, sofern das Leid des Geschlagenen durch die
Lust des Schlägers ausgeglichen wird.

Und müßte nicht, wenn diesseits alles so eingerichtet ist wie jenseits,
beides also linear verbunden ist, denselben Gesetzen unterworfen, der
Leidende im Jenseits weiter leiden?! Auch dies ließ Fechner ... außer
acht.

Ein weiteres Problem: Wenn das gute Leben glücklich ist und sich
somit selbst belohnt, wozu dann jenseitiger Lohn?! Die von Fechners
gebrauchte Figur des Sich-selbst-Belohnens und -Bestrafens, zentral für
seine Gerechtigkeitslehre, beruht auf der Annahme einer Autarkie des
Einzelnen, die sein Denken der Zusammenhänge nicht bestätigen kann.

Fechners Definition des guten Tuns zielte, wie zu sehen war, auf die
„Welt im ganzen", daß es ihrer Erhaltung und Förderung dienlich sei
(vgl. II:377). Im selben Satz ist von moralischen Grundregeln die Rede.
Ist aber etwa die moralische Grundregel: „Du sollst nicht töten!" vom
Ganzen her zu rechtfertigen? Zweifellos nicht, denn soll der Wolf das
Lamm nicht reißen?! Es dient dem Ganzen, oder anders gesagt, es dient
dem „ökologischen Gleichgewicht", wenn er es reißt. Es ließen sich auch
Beispiele der Tötung arteigenen Lebens finden, die ähnlich zu rechtfertigen sind. Trennt man jedoch das Verhalten von Mensch und Tier, ist
die Perspektive universeller Spannweite, welche Fechner im ersten Teil
des „Zend-Avesta" erarbeitete und durchhielt, preisgegeben. Was den
Menschen betrifft, kann Tötung ebenfalls im Dienste eines Ganzen gesehen werden. Fechner muß diese Konsequenz wenigstens ansatzweise
bedacht haben, denn er betont mehrmals, die Verrechnung bzw. Selbstbewertung einzelner Taten könne fehlschlagen. Das könnte z.B. heißen:

Eine Tötung muß nicht „böse" sein und Strafe nach sich ziehen, wenn sie in einem „höheren Interesse" sich als gut bzw. nützlich erweist.

Es ist ein entscheidender Widerspruch, daß Fechner Gesetz, Gerechtigkeit und den Maßstab für Gut und Böse in die Natur projiziert, um all dieses dann aus ihr begründen zu wollen, ohne die wirkliche Vielfalt natürlicher Vorgänge zu berücksichtigen. Denn was schon der Menschennatur nach möglich ist, ohne dem Ganzen zu schaden und in diesem Sinne „böse" zu sein, wird von dem, was Fechner unter „moralischen Grundregeln" versteht, nicht annähernd erfaßt.

Wollte man also Fechners Sinngebung und Bewertung des Weltalls folgen und daraus eine Praxis ableiten, so führte diese Praxis über jede bekannte Moral hinaus, weil jede Moral in ihrer Kulturgebundenheit beschränkt ist; somit bedeutet sie Zerstörung der bestehenden Moral.

Auf ein Problem sei noch hingewiesen: Fechner sollte die Menschen nicht als derart schlecht darstellen, daß alle schuldig seien und Qualen erleiden müßten, denn die Schlechtigkeit der Menschen fällt in der Konsequenz seines Denkens auf das Ganze zurück und verdirbt es. Er hatte das Theodizeeproblem mit dem Argument zu lösen versucht, das Ganze (Gott) sei grundsätzlich wohl gut, aber nicht frei von „Disharmonien". Seine Parallelisierungen der Ordnung des alles, des Planeten Erde und des Menschen, daß von der Beschaffenheit einer Ordnung auf die der anderen geschlossen werden kann, müßten mit der Annahme eines guten Alls bzw. Gottes auch einen göttlichen Menschen ergeben. In seiner „praktischen Begründung" zeichnet Fechner allerdings einen von göttlicher Vollkommenheit weit entfernten Menschen.

Wenn der Mensch derart negativ zu bewerten ist, warum bessert die „gute Natur", die den Menschen rings umgibt, in die er eingebunden ist, den Menschen nicht? Fechner erläuterte doch, wie der Organismus (Leib-Seele des Menschen, der Parallelisierung zufolge aber auch der Organismus Weltall) Krankes in sich zu heilen vermag (zuletzt II:383f.). Und wie anders wäre ein Teil, der „böse" ist, sofern er sich gegen das Ganze bzw. den Organismus verhält, in welchen er eingebunden ist, treffender zu nennen als „krank".

Die genannten Einwände deuten sämtlich darauf, daß Fechner im Rahmen seiner praktischen Philosophie in die *anthropozentrische Perspektive* zurückfällt, die zu überwinden er sich zuvor erfolgreich große Mühe gab. Sofern Fechner die kosmozentrische Perspektive und *organismische* Betrachtungsweise verläßt, folgt seine Ethik nicht aus dem Vorherigen, sondern ist angefügt, aufgesetzt.

Eine rückwirkende Widerlegung der vorstehenden Passagen des

„Zend-Avesta" von dieser Ethik aus ist deshalb nicht möglich, und ebensowenig die Bestätigung, die Fechner sich erhoffte (vgl. II:360).
Wenn man Fechners praktische Philosophie beiseite läßt und auch die gesamte Lehre vom Jenseits noch – denn deren Verbindung zur Lehre vom Diesseits ist ebenfalls fragwürdig – , behält man nur die Lehre vom Diesseits, deren Schlußfolgerungen, Sinngebungen, Erwartungen man annehmen kann oder nicht; und nimmt man sie an, kann man auf dieser Grundlage nach einer praktischen Philosophie suchen, und vielleicht findet man auf diesem Wege eine solche, die die Bedürfnisse zufriedenstellt und eine Lösung der drängenden Probleme unserer Welt verspricht.
Freilich liefe diese Demontage bis auf die Lehre vom Diesseits gegen jede Absicht Fechners, und wollte man seinen „Zend-Avesta" derart reduzieren, gerieten wesentliche Motive und Elemente seines Denkens aus dem Blick.
Mit der kurzen Darlegung der praktischen Konsequenzen endet die positive Ausarbeitung der Lehre. Es geht Fechner anschließend nunmehr darum, im Vergleich mit anderen Positionen Gemeinsamkeiten zu betonen, um für die „Akzeptanz" des „Zend-Avesta" zu sorgen, sowie um Zusammenfassung und den abrundenden Schluß des Werkes.

Fechners Religion innerhalb der Grenzen des Christentums

Eingangs des dreißigsten Kapitels gibt Fechner wichtige Informationen zum Verständnis der Werksgeschichte des „Zend-Avesta" und darüber hinaus seiner Lebensgeschichte. Bei dem Entwurf seiner Religion sei er nicht „... in bewußter Weise von den Lehren des Christentums ausgegangen ...", aber gegen Ende seines Weges sei er nachträglich „gewahr geworden", daß seine Ergebnisse sich ebenso aus den christlichen „Mysterien" hätten ableiten lassen, und daß das ihn unbewußt „ursprünglich treibende und leitende Prinzip" ein christliches gewesen sei (II:405). Die Interpretation muß die nachträgliche Christianisierung des Unchristlichen, welche das Bisherige umdeutet und eine Vorsehung Gottes hineindichtete, mit kritischen Anmerkungen versehen, da Umdeutungen der Vergangenheit für jede „Bekehrung" typisch sind. „Gereinigt" von solchen Umdeutungen ergibt sich folgende Biographie:
Fechner versteht sein Werk anfangs nicht als christliches, achtet nicht auf Übereinstimmungen mit christlichen Lehrsätzen und beabsichtigt keinesfalls, einen Beitrag zur Stützung bzw. Neubegründung der christlichen Religion zu leisten. Wo er sich am Christentum orientiert, bezieht

er zunächst eine kritische, ablehnende Haltung: Die christliche Religion hat Gott aus der Welt entfernt, ihn über die Welt hinaus ins Unerkennbare, Unwirkliche entrückt. Sein „Zend-Avesta" richtet sich gegen diesen verhängnisvollen Irrtum und ist der Ausgangsintention nach Negation des Christentums.

Mit der Errichtung eines Jenseits und vollends mit der Begründung einer jenseitsorientierten Ethik wendet er sich dem Christentum zu, beginnt schließlich, sich selbst als Christ zu sehen. Die Wendung von einem diesseitsorientierten Pantheismus zu einer jenseitsorientierten Religion liegt nicht als Bruch oder Spaltung im Werk vor (ungeachtet des zweigeteilten Aufbaus), läßt sich aber kontinuierlich verfolgen. Die „Bekehrung" zum Christentum um das Jahr 1850 dürfte wenig dramatisch verlaufen sein, eine *Rückkehr* zu der Religion seines Elternhauses, seines sozialen Umfeldes, seiner Kultur durch eine einfache Umdeutung: ein Standpunktwechsel ohne einschneidende Konsequenzen und ohne Krise.

Zu fragen bleibt nun, *welchem* Christentum Fechner zuneigt. Zwar spricht er von „unserer protestantischen Lehre" (II:390), aber in einigen Punkten entfernt er sich vom Protestantismus. Was die Verkündung göttlicher Wahrheit „von oben" durch Eingeweihte, das Verständnis der Funktion des Evangeliums und den Gebrauch bestimmter Begriffe betrifft (z.B. dem des „Mysteriums"), steht er auf seiten des Katholizismus. Außerdem bekundet er, in einem „Punkt von hoher Bedeutung" weder die protestantische noch die katholische Auffassung zu teilen (II:408). Seine pantheistische Anschauung steht ohnehin jenseits jeder christlicher Orthodoxie. Und was den Blick auf die Anschauungen der „rohen Völker" und besonders auf die Religionen des mittleren Orients betrifft, sucht er außerhalb der christlichen Kulturen nach Orientierung.

Nachfolgend behandelt Fechner „Christi Lehre", „Sakramente" und Dogmen unter der leitenden Frage nach dem *„Sinn"* (vgl. II:405).

Mit dem erklärten hermeneutischen Ansatz, nicht „alles wörtlich anzunehmen", sondern „zu deuten" (II:407), öffnet sich für Fechner jedoch kein Raum interkulturell ähnlicher Sinngebungen.

Als es um die Sakramente geht, zieht er nicht die Konsequenz, daß vermöge der sinngebenden Vernunft *alles* sakrale Bedeutung erhalten kann.

Gemäß den pantheistischen, panpsychistischen Ausgangspunkt liegt jene Auffassung näher: Der Sinn ist von Gott gestiftet in seiner Welt bzw. in ihm gegenwärtig und von jedem Menschen in jeder Kultur zu jeder Zeit wahrnehmbar. Oder vom Begriff eines Schöpfergottes aus: Gott hat jeden Menschen mit einer sinngebenden Vernunft ausgestattet, damit dieser die Schöpfung heilige.

Aber Fechner überhöht die Rolle des Propheten derart, daß er schließt, jeder müsse leiden bzw. habe Nachteile, der durch den Zufall falscher Geburt den von Christus verlauteten Sinn nicht vernehmen konnte (II:422 f.). Alles stellt er hier auf Christus zu, und die anfangs so weit gefaßte Religion wird intolerant und ethnozentrisch enger und enger umgrenzt. Darüber wird schließlich der Sinn belanglos, und es zählt nurmehr der Wortlaut. Das einer ohne das Wort Christi zum rechten Sinn gelangt, hält Fechner für unmöglich.

Zur weiteren Standortbestimmung sei an die zentralen Begriffe der Jenseitslehre erinnert: Dienst, Herrschaft, Arbeit, Strafe, Lohn, Leiden, Schuld. Auf das von diesen Begriffen Umrissene muß die Religion, welche sich den Namen des Gesalbten zu eigen machte, durchaus nicht gerichtet sein. Es gibt auch eine Strömung in dieser Religion, die die Befreiung des Menschen von Herrschaft, Unterdrückung, Gewalt und Angst mittels Verkündung einer guten, frohen Botschaft erstrebt. Was Fechner betont, weckt Schuldgefühle und Ängste und beugt die Menschen unter ein selbstgeschaffenes Joch.

Dabei setzt Fechner von Anfang an auf Vernunft und Wissen, die wichtigsten Instrumente zur Selbstbefreiung des Menschen. *Sein „Zend-Avesta" kann als Versuch verstanden werden, sich zu befreien durch die Konstruktion einer Religion und sich freizumachen von einem Christentum, das Gott aus der Welt vertrieb.*

Ist mit seiner Rückkehr zum Christentum dieser Versuch gescheitert? Geht man von den Umwertungen alles Vorherigen aus, daß er seine phantheistische Auffassung völlig dem Christentum verdanke und diese „... eben so gut aus den Mysterien der christlichen Lehre herzuholen ..." gewesen wäre (II:405), wird man diese Frage bejahen. Andererseits vermag nicht zu überzeugen, daß Fechner seiner Argumentation für eine beseelte Erde und ein beseeltes All nun den Zweck zuerkennt, eine möglichst widerspruchsfreie Begründung christlicher Glaubenssätze zu liefern. Denn darum ging es zumindest im ersten Band des „Zend-Avesta" gar nicht. Wäre Fechner bloß auf eine widerspruchsfreie Fassung der christlichen Lehre ausgewesen, so hätte er das mit einem seiner Prinzipien leicht erreichen können: einfach nichts zu glauben, was der Vernunft und dem Wesen widerspricht: fort also mit allen vernunftwidrigen Dogmen!

Was kümmert es, ob und in welchem Sinn das beim Abendmahl gereichte Brot der „Leib Jesu" genannt werden kann (II: 4415ff.). Läßt man den Begriff „Leib" fort, so ist der Vernunft Genüge getan, und nichts geht verloren. Brot zu brechen und zu teilen behält weiterhin einen guten Sinn und läuft der Vernunft durchaus nicht zuwider.

Fechner stellt die Frage „... was ist der Sinn von Christi Lehre?" (II:405) und beantwortet Fragen nach dem Sinn dunkler Textstellen. Seine Antworten und Folgerungen berühren an keiner Stelle die praxisrelevante Sinndimension, in welcher z.B. das Teilen dessen, was man hat, sinnvoll erscheint.

Unübersehbar, daß Fechner nur bestimmte Sinnfragen stellt und diese einseitig erörtert, stets abstrakt bleibt, nicht die gute Praxis darlegt, sondern überkommene Lehrsätze argumentativ stützt. Das von ihm befürwortete Christentum ist das des vermögenden Bürgertums, eine Religion, die den eigenen sozialen Status rechtfertigt, die selbstgerecht bestätigt, was und wie man ist. Diese Religion umfaßt auch die erwähnte protestantische „Arbeitsethik". Fechners Christentum tritt für die Erhaltung der bestehenden sozialen Ordnung ein, als mit fortschreitender Industrialisierung Forderungen nach sozialer Gerechtigkeit laut werden.

Was die Einschätzung von Fechners „Bekehrung" betrifft, neige ich zu der Ansicht, daß es sich um eine „opportunistische" Wendung handelt. Etwa so: Fechner weiß, daß er seine neue Religion nicht an den Christen vorbei erfolgreich begründen kann. Er betont bzw. behauptet deshalb mehrmals, seine Lehre stimme mit der christlichen im Grunde überein. In seiner Jenseitslehre und vor allem bei den ethisch-praktischen Überlegungen kommt ihm überliefertes Christliches gelegen. Je mehr er sich mit der Bibel beschäftigt, desto mehr Berührungspunkte und Gemeinsamkeiten mit seinem pantheistischem Ansatz entdeckt er, und er findet Gefallen daran, das zuvor Erarbeitete zur Deutung christlicher Glaubenswahrheiten einzusetzen.

Am Ende scheinen Fechner die diesseitsorientierte Erdreligion und das jenseitsorientierte Christentum glücklich verbunden als ein Beitrag zum „Wachstum von Christi und seiner Jünger Lehre" (II:426). Zur Bekräftigung der – seiner Einschätzung nach – gelungenen Synthese und als krönenden Abschluß des Werkes legt Fechner zwölf Glaubenssätze dar, die nach dem Vorbild des apostolischen Glaubensbekenntnisses und zunächst parallel dazu ausgeführt sind.

> 1879 verfaßt Fechner nochmals zwölf Glaubenssätze (vgl. 1879:65-68)), allerdings nicht mehr nach dem Vorbild christlicher Glaubensbekenntnisse – ein weiterer Anhaltspunkt dafür, daß seine Religion im Ursprung und Kern keine christliche ist.

Die vier letzten Punkte fügt er frei in seinem Sinne an. Der abschließende Punkt, der, wie einige andere, aus mehreren Glaubenssätzen besteht, beginnt folgendermaßen:

> „Ich glaube, daß die Vernunft der Unmündigen sich zu beschei-
> den hat vor einer höheren Vernunft, die ihr Recht bewährt hat in
> der Geschichte durch die Erziehung der Mündigen." (II:434)

Auch die Mündigen sollten sich, so Fechner, bescheiden und nicht „... bessern wollend an dem was bisher feststand, die Grundlagen des Guten selber ..." *erschüttern*. Neues könne nur aus Altem wachsen durch „Fortbildung", aber „nicht durch den *Umsturz*" (II: 434, Hervorh. B.O.).

Das bestätigt, was bezüglich der politischen Implikationen von Fechners religiöser Anschauung geäußert wurde, bedenkt man das Naheliegende: die bürgerlich-nationale Revolution von 1848, drei Jahre vor Erscheinen des „Zend-Avesta". Blutige Unruhen im weniger als hundert Kilometer von Leipzig entfernten Dresden – Barrikadenkämpfe im Mai 1849 – liegen zeitlich noch näher und dürften den Sachsen 1851 noch in bester Erinnerung gewesen sein. An welche „Mündigen" Fechner indirekt appelliert, von Umsturzplänen Abstand zu nehmen, liegt auf der Hand.

Zwölf Glaubenssätze waren es, zwölf Unterpunkte enthalten die Kapitel neunundzwanzig und einunddreißig, je zwölf Kapitel umfassen die inhaltlich an den „Zend-Avesta" anschließenden Bücher „Über die Seelenfrage" (1861) und „Die Drei Motive und Gründe des Glaubens" (1863). Fechner scheint zuweilen einer Vorliebe für das volle Dutzend nachzugehen.

Der „Zend-Avesta" besteht aus zweiunddreißig Kapiteln; der Nazarener soll im dreiunddreißigsten Lebensjahr gekreuzigt worden sein.

Kapitel 5

Die Natur als Symbol des Geistes (1856)

„Professor Schleiden und *der Mond*", das „Mondbuch", wie Fechner dieses Werk kurz nennt (vgl. 1861:V), erschöpft sich bei weitem nicht in Verteidigungen gegen Angriffe des (Mit-) Begründers der Zelltheorie, sondern stellt die Position in Sachen Seele und Beseelung nochmals dar. Die 130 Seiten des ersten Teils liefern kapitelweise zunächst folgendes:

a) eine kommentierte Übersicht über Fechners bisher zum Thema Seele erschienene Schriften,

b) Antworten auf Einwände SCHLEIDENS,

c) eine Rechtfertigung der teleologischen Naturbetrachtung.

Das vierte Kapitel, „Die Natur als Symbol des Geistes", ist im Rahmen des Themas dieser Arbeit besonderer Beachtung wert, denn darin wird leicht verständlich und knapp vorgetragen, was zuvor meist unzusammenhängend und recht umständlich dargelegt wurde.
Erst im zweiten, durchaus selbständig zu nehmenden Teil, wird auf annähernd 300 Seiten der Bezeichnung „Mondbuch" Rechnung getragen. Von Zeit zu Zeit kommen allerlei „selenologische" Themen stärker ins Gerede, als es der unbezweifelbare, kontinuierliche Einfluß des Begleiters unseres Planeten auf die Rhythmen irdischen Lebens rechtfertigt. Im Kontext einer „lunatischen" Geistesmode, wie sie auch heute wieder zu verzeichnen ist, muß Fechners „Mondbuch" gesehen werden. Das Modische sei dahingestellt. Hier wird lediglich das erwähnte vierte Kapitel referiert und interpretiert.
„Die Natur als Symbol des Geistes" lautet die griffige Formel für einen bereits früher von Fechner skizzierten Sachverhalt: Die Natur zeigt uns Geist an, ist *Zeichen* des Geistes und Zeichen für Geist. Anstatt „Natur" kann man ebensogut „materielle, äußere Erscheinung" oder

„Leib" setzen, anstatt von „Geist" ebensogut von „Seele" sprechen. Der
Begriff „Symbol" ist eigentlich nicht erforderlich und sogar verfehlt, wo
die gewöhnliche Bedeutung dieses Wortes verlassen wird, vor allem in
der Vorstellung eines „hohlen Symbols", welches hinter sich nicht hat,
worauf es verweist. Es geht Fechner um die Frage, ob die Natur ein „leeres", „hohles" Symbol ist, welches uns „täuscht", welches uns eine Seele
vortäuscht, die nicht existiert; oder ob wir dem Symbol trauen können,
ohne unseren Verstand ausschalten zu müssen.

Eingangs führt Fechner „in Gedanken" einen Dialog mit jemandem,
„den er sehr lieb hat" :

> „‚Hast du auch eine Seele?'
> -‚Wozu die Frage?'
> -‚Ich bin auf den Verdacht gekommen, du möchtest blos ein hohles
> Symbol der Seele sein.'
> -‚Und was hat dich auf den Gedanken gebracht?'
> -‚Ist es nicht ganz natürlich, daß ich aus dem Bedürfnis, das Un-
> sichtbare, was ich im Herzen trage, verkörpert vor mir zu sehen,
> eine Seele in dich hineinlege, indeß ich doch nichts als einen Körper
> vor mir habe. Du kannst es mir doch mit nichts beweisen, daß du
> wirklich eine Seele hast, oder womit?'
> -‚Nun, damit, daß ich dich ansehe und wie ich dich ansehe.'"
> (1856:117)

Das tautologe Muster dieses Dialogs begegnete bereits im Gespräch
des DSCHUANG DSI (DSE), dessen Sinn ich Fechner unterstellte. Für
die Gegner sei das „Ansehen" kein Beweis, fährt Fechner fort, denn diese
meinten, wir seien

> „ ... es nur, die (der Blume) ... die Seele ansehen, eine Seele
> in sie hineinsehen, sie mit unserer Seele füllen, im Bedürfnis un-
> ser eigenes Inneres zu veräußerlichen, ein Unsichtbares sichtbar
> vorzustellen." (1856:118)

Die Theorie der Erkenntnis des Fremdseelischen, welche seine Gegner
vertreten, skizziert Fechner mit Hilfe der Begriffe „Spiegel" und „Spie-
gelung" (118f., 122, 124, 126, 129): Alles Licht der Erkenntnis ginge für
sie vom erkennenden Subjekt aus, strahle hinaus und käme von dort, wo
es auftreffe, als Reflexion zurück. Unter den erkannten Gegenständen
befänden sich solche, die mehr als andere „verführten", ihnen *unsere*
Seele zuzusprechen. Das verführerischste, „täuschendste, Symbol der
Seele", weil das uns ähnlichste, sei der Körper des Mitmenschen (vgl.
119). Fechner hält diese subjektzentrierte Erkenntnistheorie weiterhin

dadurch gekennzeichnet, daß ein „Gegenüber" von Subjekt und Objekt
(„Spiegel") angenommen werde.

Der vorschnelle Einwand, ohne die Annahme eines ins räumliche Bild
des „Gegenüber" gebrachten Verhältnisses gehe es nicht, verfehlt das
von Fechner Gemeinte: Mit dem „Gegenüber" der subjektzentrierten
Erkenntnistheorie wird die Einheit der Welt, darin eingebunden das Subjekt lebt, preisgegeben zugunsten einer Weltanschauung im Zeichen von
Konfrontation und *Spaltung.* Fechner würde, wenn er von einem „Gegenüber" sprechen muß, zugleich den gemeinsamen Grund, den Zusammenhang und die enge Verwandtschaft aller Dinge mit dem erkennenden
Subjekt betonen.

Zwar nähmen die Protagonisten der kritisierten erkenntnistheoretischen Position fremde Seelen an, hätten jedoch, indem sie das einfache Verhältnis von äußerer Erscheinung und innerer Seele verwarfen,
die Möglichkeit der Erkenntnis der Seele ausgeschlossen, so daß fremde
Seelen nurmehr „irgendwo, irgendwie außer, über, abgesehen" von den
äußeren Erscheinungen (Symbolen) vermutet würden (vgl. 120). Höchstwahrscheinlich denkt Fechner hier an Varianten der LEIBNIZschen Monadologie, die sich seinerzeit – z.B. bei LOTZE und HERBART – großer
Beliebtheit erfreuten. Für diese Vermutung spricht, daß er sich kurz
zuvor (1855) mit „philosophischer Atomistik" beschäftigte, worin die
Monadologie eine zentrale Stellung einnahm. Später wird in ähnlichem
Kontext die Beziehung zur Monadologie hergestellt (vgl. 1879:227f.).

Seit alters habe man für wahre Weisheit gehalten, Täuschungen zu
entdecken und den Verführungen der „natürlichen Einstellung" des Menschenverstandes zu widerstehen (vgl. 1856:119). So entfernten sich Philosophen vom Offensichtlichen und zogen dunkle Vermutungen vor. Das
Geistesreich der Dunkelheit kenne den lebendigen Zusammenhang der
Welt nicht länger, sondern nur mehr eine entseelte Natur, „ ... ein
durchlöchert, zerissen Wesen ... gleich einem Netz, aus dem man die
Knoten herausgerissen". Im Trüben nach Fragmenten fischend, erhöben
die Protagonisten einer verdunkelnden Erkenntnistheorie „die Zusam-
menhanglosigkeit ... zum Prinzip der Betrachtung" und erklärten „die
Dunkelheit ... für das Licht" (122).

Setzt man statt „Dunkelheit" „Nacht" – der Begriff fällt wenig später
(vgl. 129) – , statt „Licht" „Tag" und bezeichnet mit diesen Begriffen
zwei entgegengesetzte „Weltansichten" – auch dieser Begriff fällt (vgl.
131) – , erhält man die Dichotomie der „Tagesansicht gegenüber der
Nachtansicht", den leitenden Gedanken des so betitelten philosophischen
Spätwerks.

Die vorherrschende „Nachtansicht" begreift das Erkennbare nicht nur mit dem Prädikat „gegenüber" falsch, sondern irrt auch in der Annahme, es gebe etwas „hinter" dem „Spiegel".

> „Mit dem Mikroskop vor dem Auge ist Gott nicht zu erkennen, und wer sein Gesicht hinter statt in dem Spiegel sucht, der sieht nur eine Wand." (129)

Also: *In der Wahrnehmung liegt die Wahrheit der beseelten Welt,* nicht dahinter. Freilich muß Fechner an anderen Stellen ein „Dahinter" bzw. eine „Rückseite" implizit zugestehen, da sonst der Prozeß der Assoziation der Seele nicht veranschaulicht werden kann. Denn die Theorie des „Hineinsehens" (Projizierens) deckt einen durchaus zutreffenden psychischen Mechanismus auf. Für völlig verfehlt hält Fechner lediglich die Voraussetzung, was wir „hineinsehen", sei Irrtum und Täuschung, außer uns sei gar nicht vorhanden, was wir einem Gegenstand zuerkennen.

Der Begriff der Projektion wird von Fechner, wie bereits gesagt, positiv gedeutet: *Was wir, unseren „natürlichen" und „höheren" Bedürfnissen folgend (vgl. 131), von uns hinauswerfen in und auf die Welt, trifft die Wahrheit bzw. ist die Wahrheit.* Andere dagegen meinen, sobald sie die psychischen Mechanismen der projektiven Bildung von „Anthropomorphismen" offengelegt haben – „Pantheismus" gilt dabei als Ergebnis einer besonderen „Anthropomorphisierung" (vgl. 123!) –, dies seien die Quellen aller Irrtümer und Selbsttäuschungen. Und eben darin irren sie.

Unschwer erkennbar, daß Fechner mit dieser Argumentation dem Problem der Unterscheidung zwischen Wahrheit und Irrtum nicht entrinnt: Sollen wir projizieren, träumen, dichten dürfen, wie wir wollen, und alles so Entworfene ist gleich wahr? Wo bliebe dann der Irrtum?!

Aber so denkt Fechner nicht. Man soll sein Denken nicht „nach seinem Wollen ... richten", sondern nach der „Wirklichkeit" (123). Welcher positive Begriff von „Wirklichkeit" schwebt Fechner hier vor? Keinesfalls ein „objektivistischer" Wirklichkeitsbegriff. Fechner würde dem Satz AUGUSTINS, die Wahrheit wohne im Inneren des Menschen, durchaus zustimmen.

Wahrheit und Wirklichkeit erzeugende Momente sind für Fechner folgende:

1. das *Bedürfnis* nach Wohlgefügtem, Lebendigem, Beseelten, Schönem usw.,

2. das Vermögen, Ungefügtes zu entdecken und zu beheben in Richtung auf eine wohlgefügte Welt (*Vernunft*),

3. die leitende *Erfahrung*, welche nicht als „blind" und „begriffslos" gedacht wird, sondern bereits bestätigtes, anschaulich gefülltes Wissen vermittelt.

Diese drei Momente, von Fechner bloß genannt und hier interpretiert zusammengestellt, werfen Fragen auf. Sowohl das *Bedürfnis* als auch die *Erfahrung*, wie Fechner sie begreift, müssen *Vernunft* enthalten. *Die Vernunft für sich kann keine wohlgefügte Welt konstruieren, wenn nicht das Bedürfnis und die Erfahrung Antrieb und Richtung geben.* Eine Entsprechung der bedürftig erstrebten und wirklich erfahrenen Welt wird dabei unhinterfragt angenommen – eine harmonistische Prämisse, die für Fechner unverzichtbar ist.

1863 entwickelt Fechner eine andere dreifache Fundierung seiner „Tagesansicht" einer beseelten Welt. Er bedient sich dabei der schon 1851 erwähnten Wege (theoretischer, praktischer und historischer Weg).

Eine wesentliche Frage steht noch offen: Kann „die Natur" als hochabstraktes Universalium ein „Symbol" sein? Wohl kaum, sofern nur ein eng umgrenztes Gegenständliches „Symbol" bzw. Zeichen (s.o.) zu sein vermag. Man kann gegen Fechner so argumentieren: In der Natur finde ich unzählige Gegenstände, von denen *nur einige* mir eine Seele anzeigen, andere – und das sind die meisten – aber nicht; die Natur birgt Lebendiges und Totes, Beseeltes und Unbeseeltes. Fechner schreibt von beispielhaften Erfahrungen des Beseelten und nennt als solche die Deutungen von menschlichem und tierischem Verhalten. Dann schließt er unzulässig, dies seien Belege, daß *alles* „Körperliche die Bedeutung habe, Symbol des Geistigen zu sein" (121). Er appelliert an den Gedanken der Einheit der Natur: die Natur, ein Ganzes, und wenn bloß eines ihrer Teile Seele habe – mehr als bei einem einzigen Teil, nämlich dem erkennenden Subjekt selbst, ist Beseelung ohnehin nicht zu beweisen – , müsse also die gesamte Natur beseelt sein. Diese Argumentation wurde in verschiedenen Varianten bereits 1848 und 1851 vorgebracht.

Letztlich hängt das Urteil über den Grad der Beseeltheit der Natur aber davon ab, wieviel(e) Seele(n) man findet, wobei dies nach Fechner keine Sache der Willkür ist, sondern, wie gesagt, abhängig von Bedürfnissen, Vernunft und Erfahrung.

Mit Hilfe des ungenannten Arguments, das Ganze sei mehr als die Summe seiner Teile, wird folgende Analogisierung möglich: *Wie mein Körper Symbol einer Seele, sei auch der „Körper der Natur" Symbol einer Seele, nämlich der Seele Gottes.*

Nun ließe sich „die Natur als Symbol Gottes" derart mißverstehen, als habe der Demiurg sie als totes Abbild seiner selbst geschaffen, sie

sich *gegenüber* gestellt (vgl. 124), wie ein Bildhauer eine tote Marmor-
statue erschafft. Fechners Erkenntnistheorie, die Ursachen und Wahrheiten *hinter* den Dingen bestreitet, sowie sein Theorem der durchgängigen
Verknüpfung von Leiblichem und Seelischem legen den Ort Gottes fest:
Gott steht nicht außerhalb seiner Schöpfung – über oder hinter dieser
oder dieser gegenüber – , sondern *in* dieser selbst. Doch gilt es wohl
auseinanderzuhalten: Die sich unserer Betrachtung darbietende Natur
ist ebensowenig schon Gott selbst, wie mein Antlitz bzw. mein Äußeres
ich selbst ist.

> „Das Antlitz mit seinen Zügen, das Auge mit seinen Blicken
> bleibt an sich immer etwas total anderes als eine Seele ...“ (120).

Die Kapitelüberschrift läßt sich also transformieren: *„Die Natur als
Antlitz Gottes“.*

Wer Gott erkennen will, sei auf die Betrachtung der Natur, wie
sie sich uns darbietet, verwiesen. Weder Spekulationen noch die Natur*forschung* mit mikro-und makroskopischen Hilfsmitteln können der
Gotteserkenntnis dienen. Man mikroskopiert schließlich auch nicht die
Gesichtshaut eines Mitmenschen, um dessen Charakter zu ergründen.
Ob man dem zustimmen kann, hängt davon ab, wieweit man die Formel
von der „Natur als Symbol Gottes“, die für Fechner stets die obenstehende Transformation enthält und somit direkt zu einer pantheistischen
Religion führt, anzunehmen bereit ist. In der Formel steckt ebenfalls
schon die Antwort auf die (rhetorische) Frage, ob es sich um ein „volles“
oder „leeres“ Symbol handelt, denn letzteres kann es dem Begriff nach
gar nicht geben. Läßt man sich auf die durch ihre Griffigkeit verführende
Formel ein, gelangt man leicht zu der Ansicht, die Fechner überzeugend
entfaltet, und man kann am Ende finden, diese Ansicht sei „vernünftiger“, „klarer“, „fruchtbarer“, „erfahrungsmäßiger“ und entspreche mehr
den Bedürfnissen des Menschen (vgl. 130f.) als das, was von den Kan-
zeln gepredigt wird.

Kapitel 6

Die drei Motive und Gründe des Glaubens (1863)

Nachdem Fechner zuvor schon mehrfach darlegte, daß man nur glaubend, nicht aber wissend, zur Seele des Mitmenschen gelangt, geht es ihm nun darum

> „ ... zu zeigen, wie der Glaube aus seinen *Motiven* erwächst, die Motive des Glaubens zu *Gründen* erwachsen zu lassen, und damit den Glauben selbst wachsen zu lassen" (1863:IV, Hervorh. B.O.).

Auch hier liegt also im Prinzip die bereits bekannte Verlängerung der menschlichen Bedürfnisse zu einer Weltanschauung vor.

Wer sein Weltbild direkt auf Bedürfnisse zurückführen kann, meint heutzutage meist, damit die Quelle von Selbsttäuschung entdeckt zu haben. Der Ernüchterungsweg zum „kritisch" denkenden Erwachsenen ist gepflastert mit Entdeckungen „naiver" Irrtümer, durch die der Mensch zu einem Wahrheits- und Wirklichkeitsbegriff vordringt, worin „Wahrheit" als etwas im Grunde Unerkennbares und unseren Wünschen Entgegengesetztes gilt. Zahlreiche „Widerstandserlebnisse" dienen als Belege für Konstruktionen einer feindlichen „wahren Welt", mit welcher wir uns fortlaufend im Kampf befinden.

Fechner dagegen behauptet mit Mut zum Schönen und Guten eine paradiesische „wahre Welt", die die Erfüllung unserer Herzenswünsche nicht nur erlaubt, sondern bereits darstellt – trotz des Bösen in der Welt. Setzt man voraus, daß Fechner nach eigenem Bekunden die oben skizzierte „kritische" Haltung durchlief und überwand, muß man auf eine vorschnelle abschätzige Beurteilung seines Weltbildes verzichten.

Zwischen Fechners Position der Kongruenz von Wunsch und Welt und der „kritischen" Gegenposition liegt eine dritte, welche überhaupt keine einheitliche Beziehung zwischen Wunsch (bzw. Bedürfnis) und

Welt (bzw. Wahrheit) annimmt, sondern feststellt, daß wir einmal unsere Bedürfnisse erfüllt finden, ein andermal nicht, und das, was uns Erfüllung, dem Mitmenschen ein Ärgernis sein kann, also, daß Welt und Wahrheit weder stets den Bedürfnissen entsprechen, noch ihnen ständig widersprechen. So formuliert ist gegen diese dritte Position kaum etwas einzuwenden. Aber Fechner denkt anders, ausgehend von seinen Prämissen universellen Zusammenhangs: Welt und Bedürfnis stehen in derselben Wahrheit, die alles in der Natur und im Menschen wie mit einem Band zusammenhält (vgl. 1863:V).

Fechner will auch hier „von unten" „den Glauben erbauen" und damit einem anderen Ansatz folgen als „Lehrbücher" und „Erbauungsbücher", die schon von einer festgestellten (Glaubens-) Wahrheit ausgehen (vgl. 1863:V). Zunächst aber: Was ist Glaube? Fechner liefert eine Arbeitsdefinition, unter „glauben" verstehe er „... ein Fürwahrhalten dessen, was nicht durch Erfahrung oder logischen Schluß ... gewiß ..." sei (1863:1), löst diese Definition anschließend jedoch auf, weil es Erfahrungen gebe, die uns glauben machen, und weil eben doch Gewißheit im Glauben liege, wenn auch Wissen und die Gewißheit des Wissens davon unterschieden werden können. Übereinstimmend mit einer verbreiteten christlichen Position behauptet er den Vorrang des Berge versetzenden Glaubens:

> „Sehen wir nun zu, so wird das ganze Handeln, Denken, Fühlen
> des Menschen viel mehr vom Glauben ... als vom Wissen ...
> bestimmt; da es doch so wenig giebt, was wir wirklich wissen."
> (1863:11)
> C. S. PEIRCE begründet diese Auffassung mit seiner Theorie einer
> „dritten Schlußart", „Abduktion" (im Unterschied zu Induktion und
> Deduktion), die seit knapp einem Jahrzehnt - u.a. durch U. ECOS
> „Der Name der Rose" - weiteren Kreisen bekannt geworden ist.

Die Grenze zwischen Wissen und Glauben wird entlang der zweifelsfreien, vollständig evidenten Selbsterfahrung gezogen. Schon die „Erkenntnis" der Seele des Mitmenschen fällt für Fechner in den Bereich des Glaubens; sie ist Modellfall (Paradigma, Urereignis) für alle Akte des Glaubens bis hin zum Gottesglaube, so daß - und eben das ist der Zweck der Grenzziehung - die Plausibilität der Annahme von Fremdseelischem übertragbar wird auf Gegenstände, die zu glauben weit weniger nahe liegt. Außerdem bereitet die Beschränkung des Wißbaren Fechners antiszientistischer und antiphilosophischer Argumentation den Boden.

Da Fechner aber nicht „von oben" (deduktiv) Glaubenswahrheiten verkünden will, wie es die Protagonisten einer Erkenntnistheorie göttlicher Inspiration und Offenbarung zu tun pflegen, sondern „von unten" (induktiv), sich an Erfahrungen haltend, einen Glauben argumentativ entwickeln will, kann er auf Wissen und Wissenschaft nicht verzichten. Also wird die scharfe Grenze zwischen Glaube und Wissen schließlich verwischt: Mit der *Glaubensgewißheit* sei immer schon Wissen im Glauben, und selbstverständlich bedürfe der Glaube eines Wissensfundaments. „So sehr der Glaube das Wissen überragt, nimm ihm alles Wissen, und du hast nur noch reinen Aberglauben" (1863:16).

Auch hier hält Fechner Vernunft und Glaube für problemlos vereinbar, denn sonst wäre ein *vernünftiges Erschließen des besten Glaubens* – das zentrale Anliegen seines Buchs – nicht möglich. Erst mit Hilfe der Vernunft kann der Mensch den Glauben vorantreiben, das heißt widerspruchsloser, klarer, überzeugender fassen.

Die Ablehnung des Offenbarungsglaubens richtet sich gegen die Vorstellung, daß man die göttliche Wahrheit ohne eigenes Zutun fertig erhält und unverändert behält (vgl. 1863:25ff.). Der Glaube müsse vielmehr durch den Gebrauch der Vernunft gestützt und verbessert werden. Das Ziel der Fortschrittsgeschichte des Glaubens, an dessen Verwirklichung Fechner nicht zweifelt, wird wie folgt ausgemalt:

> „Die Religion am Ende der Tage, wie ich sie mir denke, wird den festesten Glauben, den es überhaupt geben kann, durch die vollkommenste Befriedigung der drei Prinzipien erzeugen. (...) Indem sie zugleich die Vernunft in Allem befriedigt, was die Vernunft verlangt ..." (1863:243).

Das Ideal eines solchen Glaubens liefert Maßstäbe zur Beurteilung der verschiedenen Religionen und Glaubensüberzeugungen.

> „Weshalb nennen wir einen Glauben wahr und gut? weil er der Natur der Dinge und den Bedürfnissen des Menschen entspricht. Weshalb falsch und schlecht? weil er damit in Widerspruch steht. (...) Das letzte Ziel ist die Einstimmung aller (drei Glaubensprinzipien) nach allen Beziehungen; und sie kann endgültig blos bei einem wahren und guten Glauben stattfinden." (1863:62f.)

Wie ein Feuer greife der rechte Glaube um sich, so daß wir „ ... einen Irrthum, eine Fabel immer mehr fallen, die Wahrheit aber sich immer mehr festigen ..." sehen (1863:64). Dabei könnten „thörichte und schädliche" Glaubensüberzeugungen „gestürzt werden" (1863:65).

So allgemein das Thema „Glaube" behandelt wird, Fechners religiöse „Weltansicht" ist ungenannt in der unaufhaltsamen Fortschrittsgeschichte des Glaubens enthalten als diejenige Lehre, welche zur widerspruchsfreien Vereinigung von Glaube und Wissen bisher am weitesten vordrang (vgl. 1863:153), weiter noch als der verbreitete christliche Glaube, dessen Fortführung und Verbesserung betrieben zu haben er beansprucht. „Sturz", Revolution soll – wieder mit Blick auf die „Revolution" von 1848 (vgl. 1863:60) – auch in der Glaubensgeschichte nur die Ausnahme sein. Positive „Entwicklung" ist gefordert.

Kommen wir nun allmählich zu den „drei Motiven und Gründen", deren „Gemeinsames" Fechner „unter dem Namen *Principien* des Glaubens" zusammenfaßt (1863:V; vgl. auch 1863:27). Nachdem seit dem „Zend-Avesta" der Inhalt seiner religiösen Weltansicht feststand und 1856 eine erkenntnistheoretische Klarstellung erfolgte, versuchte Fechner 1861 in „Über die Seelenfrage", formal straff strukturierte Gründe für seine Religion vorzubringen. 1861 ist ganz ähnlich, wie hier von „drei Motiven und Gründen", von „sechs Hauptwurzeln" (1861:25) und „sechs Argumenten" (1861:47) die Rede. Diese sechs Argumente, allesamt Varianten eines Analogieschlusses, brachte Fechner, vielleicht angeregt durch den Erfolg der Mathematisierung seiner psychophysischen Lehre gegen 1860, abschließend jeweils formallogisch vor. Allerdings ließ die „Trennschärfe" der sechs Argumente zu wünschen übrig, so daß folgerichtig mit den „drei Gründen" ein anderer Weg beschritten wurde, den man bereits 1851 vorgezeichnet findet (vgl. 1851:XVIII).

Ausgehend vom Modellfall der Konstruktion des Fremdseelischen fragt Fechner, *warum* wir an die Seele des „Nebenmenschen" glauben (vgl. auch 1863:15,112,150). Er antwortet:

„Wir glauben daran: 1) weil uns der Glaube daran von Kindheit an eingepflanzt ist. Hindus und andere rohe Völker glauben auch an Pflanzenseelen, weil ihnen der Glaube daran von Kindheit an eingepflanzt ist, wir nicht, weil uns das Gegenteil eingepflanzt ist.

2) Weil wir den Glauben an andere Menschenseelen brauchen, Befriedigung darin finden, ja ohne denselben praktisch nicht auskommen können. Bei Thierseelen und Pflanzenseelen macht sich dieß Motiv wie die übrigen weniger geltend; daher ist auch der Glaube daran weniger allgemein. Selbst Thierseelen werden ja hier und da geleugnet.

3) Weil die Analogie, Erfahrungsschlüsse überhaupt, Vernunft auf Grund der Erfahrung uns zu unserm Geiste entsprechende Geister in andern Körpern annehmen läßt. Verlangen wir auch keine volle Ähnlichkeit andrer Körper mit unserm Körper, um Seele darin anzunehmen, so verlangen wir doch eine gewisse nach Puncten, von denen wir voraussetzen, daß sie charakteristisch für das Seelendasein sind, wobei sich freilich noch fragen und streiten

kann und wirklich streitet, welche es sind." (1863:35.)

Diese drei Punkte werden wenig später kurz unter leitenden Begriffen gefaßt:

> „*Historisches Motiv.* Man glaubt, was uns gesagt wird, was vor uns geglaubt worden ist und um uns geglaubt wird.
> *Praktisches Motiv.* Man glaubt, was uns zu glauben gefällt, dient, frommt.
> *Theoretisches Motiv.* Man glaubt, wozu man in Erfahrung und Vernunft Bestimmungsgründe findet." (1863:38)

Das historische Motiv verweist auf aktuelle soziokulturelle Einflüsse (Erziehung, Normen), das praktische Motiv bezieht sich auf allgemeine menschliche Bedürfnisse und Einrichtungen, die deren Befriedigung dienen. Erst gemeinsam ergeben diese drei Motive den rechten Glauben.

Die ersten beiden Prinzipien – reich illustriert mit Material der frühen Ethnographie und Missionswissenschaft – bedürfen keiner weiteren Erläuterung. Gebe es nur diese Prinzipien, nichts führte über eine Natur-Geschichte und die Natur menschlicher Bedürfnisse hinaus. Die Entwicklung des Glaubens vom universalen „Urmonotheismus" (Pater W. SCHMIDT) des „alten Eies" des Glaubens zu verschiedensten Religionen konnte sich dadurch vollziehen, daß die drei Prinzipien zu verschiedenen Anteilen, also nie gleichwertig, berücksichtigt wurden.

Im Rahmen der Erörterung der drei Prinzipien bricht immer wieder Fechners politische Einstellung durch. Obwohl er die Frage stellt, wem Religion nutzt, und „Priester" und „Regenten" als Nutznießer ausmacht (1863:94,98), obgleich er Beispiele nennt, daß ein „falscher" Glaube blutigste Folgen haben kann (vgl. 1863:56f.,98,100), heißt es nach zahlreichen polemischen Anspielungen auf „Materialisten" und „Atheisten": besser ein schlechter Glaube als keiner (vgl. 1863:103).

Kapitel 7

Die Tagesansicht gegenüber der Nachtansicht (1879)

1879 erscheint Fechners letztes philosophisches Werk, ein Alterswerk, das nichts vom hohen Alter des Autors verrät. „Die Tagesansicht ..." dient ebenso wie „In Sachen Psychophysik" (1877) der Sicherung des Lebenswerks; sie soll verhindern, daß die philosophischen Schriften vergessen werden. Zudem gab die bisherige Wirkung dieser Schriften zu keiner Zufriedenheit Anlaß.

Im Rahmen dieser Aufgabenstellung faßt Fechner bereits Dargelegtes zusammen und spitzt es zu auf die Antithese zweier Sichtweisen. Er durchbricht in diesem Buch mehrfach die zuvor fast ausschließlich ablehnende Haltung gegenüber der „Philosophie". Seine „Tagesphilosophie" steht vielen „Nachtphilosophien" gegenüber. Wer eine Weltanschauung erstrebt, die Herzensbedürfnisse und Hoffnungen befriedigt, ist auf die „Tagesansicht" verwiesen.

Die Geistesgeschichte der Neuzeit kennt vielerlei lichtmetaphorische Bezüge. „Der Ausgang des Menschen aus der selbstverschuldeten Unmündigkeit" (KANT) wurde als Weg zum Licht der Wahrheit gedeutet. Die deutsche Romantik war der Aufklärung überdrüssig, sofern man sich als hinreichend aufgeklärt betrachtete, und wendete sich der „Nachtseite" des Lebens zu. Das Dunkel barg lockende Rätsel und gab Raum für Träume und Dichtung. Im dunklen Inneren des Menschen entdeckte man unergründete Kräfte, die Macht des Unbewußten, „magnetische" Fähigkeiten. Die moderne, wissenschaftliche Psychologie entsprang der „Nachtseite" der Romantik. Konnotationen des Nächtlichen und Belege eines Interesses für Themen der „Nachtseite der Naturwissenschaft" (G. H. SCHUBERT) findet man auch bei Fechner, der daher als „Spätromantiker" bezeichnet werden kann. Auch Fechners Stellung zur Natur und sein Pantheismus tragen typisch „romantische" Züge und rechtfertigen damit diese Bezeichnung.

Die Nachtansicht gilt in NOVALIS' zweiter „Hymne an die Nacht" als Form mystischer Erkenntnis: die Nacht „öffnet uns die unendlichen Augen". Fechner teilt nicht die über aller Ambivalenz positive Grundstellung der Romantik zum Begriff der Nacht, worin die Nacht als Möglichkeit und Reich der (dichterischen) Freiheit aufgefaßt wird. Der Ort des Mystischen war für alle, die die „blaue Blume" suchten, die Nacht.

Mit der These seiner „Tagesansicht" erhebt sich Fechner über den positiv belegten Nachtbegriff der Romantik und wertet ihn um. Sofern er dies als romantisch bewegter Denker tut, bringt er damit die Romantik zu Ende. *Die „Tagesansicht" ist Ende und Vollendung der romantischen Weltsicht* wie sonst kein zweites Werk, ohne allerdings als solches Aufsehen zu erregen, denn die hohe Zeit der Romantik liegt zur Zeit der Veröffentlichung mehr als ein halbes Jahrhundert zurück.

Fechners „Tagesansicht" tritt mit zwei großen Positionen in Konkurrenz, die ihrerseits Ansprüche auf ein Reich des Lichts erheben: die Lehren christlicher Kirchen im Licht göttlicher Offenbarung und die neue, positive Wissenschaft. Fechner lehnt diese Ansprüche der Kirche und der positiven Wissenschaft ab, indem er beide der „Nachtansicht" zuordnet. Die Kirche hebt, wie schon erwähnt, Gott zu hoch über die Welt hinaus und die neue Wissenschaft hat für Gott keinen Platz, so daß beidenfalls die Welt „gottlos" und „seelenlos" wird.

> „Und nun ist die nicht nur entgötterte, sondern aus Gott mit einer Gabe mechanischer Kräfte entlassene ja sündhaft von ihm abgefallene Welt als CAPUT MORTUUM für die Messungen und Experimente der Physiker, für die Lukubrationen der Philosophen und für die Scheltworte der Theologen zurückgeblieben." (1879:11)

Zeitlich nicht allzu fern und vom Sinn her nahe liegt MAX WEBERS Begriff „Entzauberung". Fechner ist der Überzeugung, daß sich die entzauberte Welt mit (natur-) gesetzlicher Notwendigkeit wieder verzaubern wird. Seine „Tagesansicht" soll einen Beitrag zu der notwendigen Umkehr liefern. WEBER dagegen verbindet mit dem Begriff „Entzauberung" (pessimistisch) einen unaufhaltsamen Prozeß der Rationalisierung aller Lebensbereiche. Fechner konstatierte schon früher Tendenzen, die in diese Richtung laufen.

„Entzauberung" kann auch als „Entmyth(olog)isierung" begriffen werden. Zahlreiche Varianten zeitgenössischer Kulturkritik im Rahmen des Diskurses über Wesen und Grundlagen der Moderne schließen sich an.

Fechner bezieht die „Tagesansicht" auf die Schwingung des „Pendels" der Gechichte und betont, man befinde sich an einem Wendepunkt (vgl. 1879:12). Ein Wechsel stehe bevor. Den Menschen der „Wendezeit" am Ende des Jahrtausends sind solcherlei Formulierungen und Prognosen wohl vertraut. Angesichts dieser Parallelen kann man Fechners „Tagesansicht" als „modern" und heute besonders aktuell betrachten, wobei aber die Einschätzungen, man befinde sich vor jeweils einmaligen Aufgaben einer besonderen historischen Situation, umso fragwürdiger erscheinen, je stärker die zu verschiedenen Zeiten wiederholten Appelle an eine „Wende" auf eine ihnen zugrunde liegende historische Kontinuität verweisen.

Die kulturkritische Zuspitzung erleichtert die Übersetzung seiner Thesen in unsere Zeit – allerdings unter der Gefahr verfälschender Vereinnahmung. Die „Tagesansicht" läßt am deutlichsten von allen seinen Schriften erkennen, was er eigentlich will und wogegen er sich wendet. Die angegriffenen Positionen werden genau beschrieben vorangestellt und dann entkräftet, so daß sein Standpunkt leicht lokalisiert werden kann. Dazu trägt er die Argumente straff formuliert vor – nicht so umständlich und langatmig wie im „Zend-Avesta" – , passagenweise gedanklich und stilistisch brillant, was die Rezeption sicherlich erleichtert.

Die „Tagesansicht" ist nicht Fechners erste Schrift, die Vorheriges zusammenfassend seiner Lehre Geltung verschaffen soll. Das „Mondbuch" (1856) enthält im ersten Kapitel eine Würdigung des bis dahin Veröffentlichten, und „Über die Seelenfrage" (1861) ruft „Nanna" (1848) und „Zend-Avesta" (1851) ins Gedächtnis. Die „Tagesansicht" ist über weite Passagen mit Blick auf ein möglichst großes Publikum geschrieben, widmet sich aber auch Fragen von speziellem philosophischem Interesse. Kapitelweise werden Themen wie Kausalität, Teleologie, Freiheit, Erkenntnis, und Lust erörtert, einiges davon schwer verständlich, anderes aber hervorragend gelungen, darunter vor allem das Kapitel „Was veranlaßt und bewegt uns, eine Außenwelt anzunehmen ...", eine Erkenntnistheorie auf neun Buchseiten, die zu den dichtesten und gedankenreichsten Texten dieser Art gezählt werden kann. Ohne die Verdienste HUSSERLS schmälern zu wollen, findet man in diesem Kapitel zahlreiche Thesen und die Perspektive der „Phänomenologie" vorweggenommen, und das sozusagen „nebenbei". Fechners diesbezügliche Äußerungen spiegeln wohl – allerdings bei kritischer bis ablehnender Grundhaltung – den Stand der erkenntnistheoretisch orientierten Philosophie seiner Zeit, in der sich auch anderenorts (Prä-) Phänomenologisches entdecken läßt. Die Parallelstellen zum „Außenweltkapitel" im „Zend-Avesta" können meines Erachtens für sich genommen nicht verstanden werden, weil nicht erkennbar ist, ob Fechner dort einen „objektivistischen" oder einen „subjektivistischen" Standpunkt einnimmt; höchstwahrscheinlich wechselt er in kurzen Abständen – sogar innerhalb einzelner Sätze – die Perspektive. Hier aber geht Fechner unmißverständlich vom Ich und den ihm gegebenen Bewußtseinsinhalten aus; sein Denkweg zur Außenwelt ist der einer Cartesianischen Meditation. Liest man die Parallelstellen des „Zend-Avesta" bezogen auf das Spätwerk, ist man versucht, sie leichtfertig auf diesen klaren („subjektivistischen") Standpunkt hin zu deuten. Dabei wird man durch Äußerungen Fechners bestätigt, die nur von einem nicht-objektivistischen Standpunkt aus gedacht werden können, z.B. die „Sinngebungstheorie" des Fremdseelischen. Und dennoch denkt Fechner dort stellenweise objektivistisch, ohne – wie hier – den Objektivismus zu fundieren.

Eine wesentliche Stoßrichtung der „Tagesansicht" geht gegen die seiner Zeit gängigen Erkenntnistheorien, da diese die „wahre Welt" zur „Illusion" – NIETZSCHE: zur „Fabel" – machten (vgl. 1879:4 u. 22f.). Die Auflösung der Wirklichkeit in erkenntnistheoretischen Konstrukten ist für Fechner ein wesentliches Merkmal aller „Nachtphilosophien". Seine „Tagesphilosophie" will die von den „Nachtphilosophien" nur als schemenhafte Phänomene vermeinten Sachen wieder ins rechte Licht rücken, worin die Sachen in ihrer gegenständlichen Klarheit und Fülle als zweifelsfrei wirklich außerhalb unserer selbst erscheinen. Durch die heterogenen und, wie Fechner urteilt, selten konsequenten „Nachtphilosophien" geht eine Welt verloren, die durch die Tagesansicht zurückgewonnen werden soll.

Als „Grundpunkte der Tagesansicht" nennt Fechner die Annahmen

- der „Ausbreitung der sinnlichen Erscheinung durch die Welt über die Geschöpfe hinaus",

- des „Zusammenhanges der sinnlichen Erscheinungen in einer höchsten bewußten Einheit", und die Annahme,

- daß „ ... unser eignes Bewußtsein dem ganzen, d.i. dem göttlichen, Bewußtsein zugleich ein-und ..." untergeordnet ist (1879:15).

Die Nachtansicht beruht dagegen auf einem *destruktiven Denken*, daß folgendes nach sich zieht:

- *Spaltung* des Zusammengehörenden,

- wodurch u.a. Gott und Welt sowie Seele und Leib auseinandergerissen werden und

- *Lücken* im Netz der lebendigen, beseelten Welt aufbrechen, so daß schließlich *vereinzelte* kleine Seeleninseln in einem Meer des Toten zurückbleiben.

Was bedeutet „Ausbreitung der sinnlichen Erscheinung ..."? Die positive Naturwissenschaft führt die farbenfrohe, lichte Welt auf tote, kalte, bewußtlose physikalische Kräfte zurück und entzaubert damit die Welt: Was uns sinnlich als bunt erscheint, seien außer uns in (der) Wirklichkeit bloß elektromagnetische Wellen. Demnach ist das Bunte nur ein Phänomen, eine „Illusion", produziert vom Gehirn, allein in uns vorhanden. Fechner behauptet nun, daß die Empfindungsqualitäten der sinnlichen Wahrnehmung auch außer uns und unabhängig von unseren Bewußtseinsleistungen als *Eigenschaften* der Sachen und damit der Welt bestehen, also, daß der blühende Garten uns nicht nur bunt *erscheint*, sondern bunt *ist*! Nach diesem Muster hebt Fechner jede Grenze zwischen Innen und Außen auf, so daß allem, was wir empfinden, auch außer uns dieselbe Wirklichkeit zukommt: Wenn wir (Lebens-) Lust beim Anblick des sonnenüberfluteten Gartens spüren, ist im Garten dieselbe Lust lebendig! Und wir haben Teil an der allgemeinen Lust, weil wir Teil des Ganzen sind.

Die Subjekt-Objekt-Spaltung, mit der jede Erkenntnistheorie zu tun hat, ist damit überwunden und abgelöst durch einen den damals gängigen „Nachtphilosophien" der Erkenntnis entgegengesetzten *Objektivismus*, der jedoch vom Subjekt aus begründet ist! *Die positive Wissenschaft sieht Fechner gerade nicht objektivistisch eingestellt, sondern im Gegenteil subjektivistisch*: Wahrnehmungen der Welt seien für die positive Wissenschaft Illusionen; der menschliche Geist müsse mit Hilfe von Begriffen „dahinter kommen", was diesen „Illusionen" zugrunde liegt, d.h. die wahre Welt hinter den Illusionen entdecken. Dieses sei die programmatische Prämisse der neuen Wissenschaft. Mit der Nachtansicht und ihrer Ablehnung der Annahme

> „ ... sinnlicher Erscheinung über Menschen und Tiere hinaus hängt dann das begriffliche Getriebe zusammen, was sich in diese Nacht einzubohren, ja sie zu durchbohren sucht, um damit hinter das Wesen der Dinge zu kommen; es ist ein Suchen des Grundes des Spiegelbildes hinter dem Spiegel" (1879:15).

Es wird dem Leser aufgefallen sein, daß „Objektivismus" hier einen anderen Sinn erhält, als es z.B. bei HUSSERL der Fall ist. Fechner hätte die „Phänomenologie" mit ihren destruktiven Reduktionen vermutlich zu den „subjektivistischen" Nachtphilosophien gezählt, die mit der positivistischen Forschung seiner Zeit Hand in Hand gingen. Dennoch gibt es, wie bereits mehrfach aufgezeigt, zahlreiche Gemeinsamkeiten zwischen Fechners Tagesansicht und HUSSERLS „Phänomenologie" auch in grundlegenden Punkten. Schließlich trat HUSSERL nicht anders als Fechner dafür ein, unsere Wahrnehmung für wahr zu nehmen.

Die Selbsterfahrung des psychophysischen Ich liefert für Fechner den maßgebenden Modellfall dafür, wie sinnlich Wahrgenommenem Empfindungen und Seele assoziiert werden, den einzigen Modellfall, der durch unmittelbare Evidenz bestätigt werden kann. Ausgehend von sich selbst *schließt* der Mensch auf beseelte Mitmenschen und lernt, sein Inneres hinauszuprojizieren in die Welt bzw. hineinzuprojizieren in Gegenstände. Nachfolgend möchte ich diese Projektions-, Assoziations- oder Appräsentationsleistungen wieder mit dem Begriff „Sinngebung" bezeichnen.

Welche Sinngebungen welcher Sachen als angemessen und vernünftig gelten, hängt von soziokulturellen Normen ab. Menschen mit mangelnder Sinngebungsfähigkeit oder -bereitschaft und solche, die extensive, wuchernde Sinngebungen verlauten, gelten als Verrückte, liegen ihre Äußerungen zu weit abseits des für „normal" Erachteten. Die Sinngebung des Beseelten ist in unserer Kultur nur bei wenigen Gegenständen zulässig. Fechners Sinngebungen überschreiten die Grenzen des bei uns Zulässigen. Vollzieht man den sinngebenden Akt, mit dem man Gegenständen Seele zuerkennt, jenseits dieser Grenzen, erhält man schließlich eine beseelte Welt. Der Panpsychismus ist also ein Ergebnis der konsequenten Fortführung der zunächst auf den Anderen (Mitmenschen) gerichteten Sinngebungsakte über den Anderen hinaus. Es bedarf eines weiteren Schrittes, den in sich selbst aus der Fügung des Ganzen erschlossenen Gott mit der Beseelungsprädikation in die objektivierte Außenwelt zu projizieren, damit die Welt pantheistisch wird. So sind die drei „Grundpunkte" der Tagesansicht – *„Objektivismus"*, *„Panpsychismus"* und *„Pantheismus"* – miteinander verbunden, daß alle Gegenstände der äußeren Wahrnehmung zusätzlich zu den quantifizierbaren und qualitativ empfundenen Eigenschaften die Statuten des

- objektiv, wirklich außer mit Vorhandenen,

- des Beseelten bzw. des Teiles eines Beseelten und

- des Göttlichen (Heiligen) bzw. des Teiles eines Göttlichen (Heiligen)

zugesprochen bekommen.

Wie erwähnt, setzt Fechner der illusionsbildenden Erkenntnistheorie die *objektivierende Sinngebung* entgegen. Der Vorwurf der „Verillusionierung" ist jedoch problematisch, weil bestimmte Wahrnehmungen mit gutem Grund als Illusionen oder Halluzinationen begriffen werden können; und weiterhin müssen von Mensch zu Mensch unterschiedliche Wahrnehmungen erklärt werden. Im „Außenweltkapitel" greift Fechner diese Probleme folgendermaßen auf:

Als Ausgangspunkt seiner objektivistischen Weltsicht nimmt Fechner ein nicht-objektivistisches Axiom: In der Erkenntnis ist uns überhaupt nur Inneres gegeben, nur über Bewußtseinsinhalte kann das Bewußtsein befinden (vgl. 1879:222). Aus diesem Grundsatz folgt unmittelbar ein zweiter:

> „Glaubenssache wird die Annahme einer Außenwelt immer bleiben, da wir doch das, was wir von ihr haben und wissen, tatsächlich nur als unser Inneres haben ..." (1879:225).

Fechner verfolgt zunächst die „Frage ... nach dem psychologischen Grunde" (a.a.O.), wie wir zur Annahme einer Außenwelt gelangen. Offenbar ist die Außenweltannahme für viele Menschen selbstverständlich. Es „erklärt nichts", von einer „instinktiven Nötigung" zu dieser Annahme zu sprechen (1879:222). Hinter der Rede von „Instinkten" verbirgt sich die (unentscheidbare) Frage, ob die Außenweltannahme angeboren, ererbt oder gelernt, erlernt wurde durch „Erfahrung und Übung".

Einer verbreiteten Denkart zufolge werden Bewußtseinsinhalte geschieden in solche, die der eigenen Person unmittelbar zugehören (*meine* Träume, Wünsche, Geschichte usw.) als von der eigenen Bewußtseinsaktivität allein im Bewußtsein ursächlich erzeugte, und in solche, die man kausal auf etwas Äußeres, nicht dem eigenen Ich zugehörendes, zurückzuführen strebt. Darüber hinaus ist ein „Kausalzusammenhang zwischen äußeren Wahrnehmungen" denkbar. Diese Kausalität stehe „sozusagen senkrecht" auf der „inneren Kausalität" (1879:223,225). Man kann das bildlich so vorstellen:

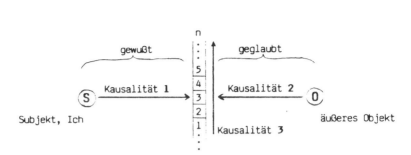

Von den Wahrnehmungen im Fluß meiner Erlebnisse (1,2 ... n) führe ich einige ursächlich auf mich zurück (Kausalität 1), andere auf äußere Objekte (Kausalität 2). Weiterhin können Kausalzusammenhänge zwischen verschiedenen Wahrnehmungsinhalten festgestellt werden (Kausalität 3): wenn z.B. der sinnlichen Wahrnehmung der Sonne die Wahrnehmung eines warmen Steins folgt, kann ich die Sonne zur Ursache der Erwärmung erklären. Mit einer solchen – nach wie vor bewußtseinsimmanenten – Kausalität aufeinander folgender äußerer Wahrnehmungen hat laut Fechner die Naturwissenschaft zu tun. Das naturwissenschaftliche Denken kann nach weiteren Wahrnehmungen (bzw. Folgen) suchen, z.B. die weniger warme sonnenabgewandte Seite des Steins oder dunklere Steine, die sich stärker erwärmen, und zu überprüfende Annahmen über Ursachen des Beobachteten erstellen.

Die naturwissenschaftliche Kausalität (3) „fällt nicht so einfach und unmittelbar ins Bewußtsein" wie die innere Kausalität (1) (1879:223). In der „natürlichen Einstellung" nimmt man an, daß alles, was nicht ursächlich auf das eigene Ich zurückgeführt wird, in eine andere Sphäre fällt: die Außenwelt. Die Kausalität 3 tritt gewöhnlich „unwillkürlich" als Kausalität 2 ins Bewußtsein (vgl. 1879:223). Man könnte die Kausalität 2 als eine Ableitung der Kausalität 3 begreifen, fände diese Ableitung bewußt statt, doch das ist gewöhnlich nicht der Fall. Sofern die Naturwissenschaftler nicht den naheliegenden Schritt zur Kausalität 2 vollziehen, sondern im bewußtseinsimmanenten Raum meinen, sich zu bewegen, nehmen sie einen „subjektivistischen" Standpunkt ein, der von dem objektivistischen Standpunkt, welcher die Hypothese der Kausalität 2 enthält, geschieden ist. – Ob ein solcher *„Subjektivismus"* damals bei der Mehrheit der Naturwissenschaftler wirklich vorlag, sei dahingestellt.

Dies anzunehmen ist für Fechner unverzichtbar, da sonst seine Antithese
(die „Tagesansicht") hinfällig wird.
Was die Frage betrifft, „ ... ob uns die Forderung (einer) Kausalität
aprioristisch eingeboren sei ..." (1879:224), so ist zu beachten, daß uns
Kausalität

> „ ... erst durch besondere Reflexion, welche wir in der Regel
> nicht anstellen und zur Unterscheidung einer Außenwelt ... nicht
> brauchen ..." (1879:224),

bewußt wird. In der vorwissenschaftlichen Einstellung lebt man in
der „Folge der Erscheinungen" dahin. Wir fragen nicht nach Ursachen,
sondern „ ... verwechseln ... vielmehr reflexionslos das, was in die Wahrnehmung eintritt, geradezu mit etwas Äußerem" (a.a.O.). Also konstituiert auch das „Vermissen einer inneren Kausalität" (Kausalität 1) nicht
die uns im Alltag selbstverständliche Annahme einer Außenwelt.
Die unbeantwortete Frage nach der Milieu- oder Erbkonditionierung
der Außenweltannahme bewegt sich in der *historischen* Dimension. Die
Darlegung der möglichen Forderung einer Außenwelt aus der Unterscheidung der drei Kausalitäten zielt auf den „psychologischen Grund"
im Rahmen der *praktischen* Dimension. Beide Erörterungen gehen der
übergeordneten Frage nach, *wie* wir zur Außenweltannahme kommen,
aber lassen unberührt, ob und wie diese Annahme zu rechtfertigen ist.
Letzteres will Fechner nun noch auf der *theoretischen* Ebene behandeln
(vgl. 1879:225), womit der dreifachen Fundierung einer Anschauung, wie
sie im „Zend-Avesta" (1851) und ausführlich in „Die drei Motive und
Gründe des Glaubens" (1863) gefordert wurde, Genüge getan wäre.
Die drei Kausalitäten und die Gegenstände, auf die sie verweisen,
können nicht nur allesamt als bewußtseinsimmanent gedacht werden, sie
müssen so gedacht werden („treibt man „empirische Psychologie"). Mit
der Kausalität 2 ist nur das Paradoxon einer immanenten Außenwelt
gewonnen. Aber wie kann ich Gegenstände äußerer Wahrnehmung und
Halluzinationen unterscheiden, wenn es sich gleichermaßen um Erzeugnisse meines Inneren handelt? Äußere Wahrnehmungen, antwortet Fechner sinngemäß, sind mehrheitsfähig, „subjektive Phantasmen" dagegen
nicht. Ich kann anderen Menschen meine äußeren Wahrnehmungen mit-
teilen und deren „Mitteilung darüber empfangen" (S.226). Andere können meine Beobachtung bestätigen, auch wenn sie den Gegenstand der
Wahrnehmung, weil sie andere Standpunkte einnehmen, nicht so sehen
wie ich. Die Veränderung der Ansicht eines Gegenstandes durch den
Wechsel des Standpunktes folgt Gesetzen (der Perspektive). Verschie-

dene Ansichten, die in „*gesetzlichem Zusammenhang*" stehen, lassen auf „ein gemeinsames Ursächliches" schließen. Bei Halluzinationen besteht kein solcher Zusammenhang.

Nun steht allerdings der Beweis aus, daß es unabhängig von meinem Bewußtsein außer mir existierende *Lebewesen* sind, die mit mir über äußere Wahrnehmungen sprechen. Wie komme ich überhaupt zum „alter ego" (HUSSERL) bzw. dazu, einem Gegenstand den Sinn eines Mit-Menschen „wie ich" zuzuerkennen?

Durch einen „*Analogieschluß*", antwortet Fechner. Der Schluß,

> „... an ähnliche Körper und körperliche Äußerungen als unsre eignen auch ähnliche Seelen und Seelenäußerungen als unsre eignen zu knüpfen" (1879:227),

wird in einer Fußnote genauer erläutert:

Ich finde in meinem Bewußtsein z.B. die sinnliche, „äußere Erscheinung" meiner Hand zugleich mit einer „innerlichen Selbsterscheinung ... in solidarischem Zusammenhange" (a.a.O.). Anders dargestellt: Ich kann meine Hand optisch wahrnehmen wie jeden Gegenstand, den ich gewöhnlich der Außenwelt zurechne; und gleichzeitig spüre ich meine Hand innerlich – „spüre" nicht haptisch, sinnlich, sondern eben „innerlich". Es gibt keine hinreichenden Begriffe für diese „innerliche Selbsterscheinung", dieses „spüren" oder „fühlen" ohne Tastsinn. Es ist die Seele selbst, die sich in meinem Leib fühlt auch ohne Sinnesorgane. Von den Haarwurzeln bis in die Fingerspitzen spüre ich mich „angefüllt" mit Seele, durchströmt von Atem und Leben.

Richte ich meine Augen auf meine Hand, tritt zu dem (Beseeltheits-) Gefühl das Bild eines Äußeren, wenn auch zu meinem Leib Gehörenden. Gefühl und Bild überlagern sich ergänzend und konstituieren den Wahrnehmungsgegenstand „meine Hand".

Dazu kommen gewöhnlich noch die visuelle Erinnerung, die ein Wiedererkennen ermöglicht (wenn ich z.B. ein Photo meiner Hand sehe), und Erfahrungen, die ich mit streichelnden, schlagenden, verletzten Händen usw. gemacht habe, einschließlich daraus resultierender Bewertungen und Einstellungen, sowie ein Wissen um die Möglichkeiten der eigenen Hand und fremder Hände. Was überhaupt von der Hand erfahrungsbegründet gesagt werden kann, ergibt sich aus der Reflexion auf dieses alles. Darüber hinaus mögen Mythen erdacht werden (z.B. wie es zur Fünfzahl der Finger kam), doch mit „reiner Erfahrung", die HUSSERL zum Zentrum seiner empirischen Wissenschaft „Phänomenologie" machte, hat dergleichen nichts zu tun.

Obwohl dies alles ausmachen kann, was meine Hand für mich bedeutet, kenne ich doch nur einen (Wahrnehmungs-) Gegenstand „meine Hand". Erst die Reflexion unterscheidet verschiedene „Schichten" und konstituierende Leistungen.

Im Falle der optischen Wahrnehmung einer fremden Hand fehlt das gesamte Spektrum des selbstwahrnehmenden Gefühls, welches die Wahrnehmung meiner Hand auszeichnet. Beide Wahrnehmungen vergleichend entdecke ich die beiden „Schichten", welche den (Wahrnehmungs-) Gegenstand „meine Hand" konstituieren: das der äußeren Beobachtung Zugängliche mit dem Sinn des Physischen und das dem inneren Gefühl Zugängliche mit dem Sinn des Psychischen.

Unter Vernachlässigung qualitativer Unterschiede beider „Schichten" kann man einen Vergleich zu zwei Seiten eines Gegenstandes der optischen Wahrnehmung ziehen:

	die	Vorderseite	verhält sich zur	Rückseite
bzw.	die	Außenseite	verhält sich zur	Innenseite
wie		Physisches	zu	Psychischem

Daher stimmen bei HUSSERL die Mitwahrnehmung der unsichtbaren Rückseite und die Mitwahrnehmung der Seele des „alter ego" strukturell überein, wobei HUSSERL die Rückseitenappräsentation zum Modell der Appräsentation des Fremdseelischen nimmt.

Ähnliche Denkmuster liegen bei Fechner vor, wo es um das Zwei-Seiten-Theorem geht, so daß man annehmen kann, daß er seine Theorie der Wahrnehmung des Fremdseelischen ähnlich dachte. Darauf verweisen außerdem deutlich die erörterten „präphänomenologischen" Passagen.

Fechner und HUSSERL nutzen die alltägliche Erfahrung, daß jedes Ding zwei Seiten hat (ein dreidimensionaler Gegenstand hat natürlich mehr als zwei Seiten), für eine Theorie der Wahrnehmung des beseelten Mitmenschen.

Beider Theorien weisen erst bemerkenswerte Unterschiede auf, nimmt man die Zeitdimension hinzu. HUSSERL stellt mit Blick auf den immer schon fertigen Gegenstand „alter ego" fest, daß wir den Mitmenschen nicht sukzessiv assoziativ erschließen. Fechner spricht zwar von „Schlüssen" und von „Assoziation", registriert aber durchaus das jederzeit selbstverständliche Gegebensein des Anderen.

Wendet man die Wahrnehmung des Fremdseelischen „existentialistisch", d.h. fragt man danach, was es für unser Leben bedeutet, andere

Seelen außer uns an- bzw. wahrzunehmen, gerät man in die Antithese der Tages- und Nachtansicht.

Sieht man die Tagesansicht und die Nachtansicht nicht als Anschauungsweisen Einzelner, sondern als typische Denkgewohnheiten verschiedener Kulturen, ergibt sich folgende Antithese: dort der *Animismus* (in der Vergangenheit und heute bei sogenannten „Primitiven"), hier der *Materialismus*. Da die „Kindheit der Menschheit" unwiederbringlich verloren scheint, könnte nur noch ein *aufgeklärter Animismus* bzw. Panpsychismus die paradiesische Vorstellung einer lebendigen, beseelten Welt erhalten oder eine neue errichten. Aber die Denkgewohnheiten unserer Zeit gestatten diese Rettung nicht. Das aufgeklärte Denken kann vor sich selbst nicht entfliehen. Man mag Fechners Tagesansicht wohl verstehen, zustimmen und den eigenen Bedürfnissen entsprechend finden, doch wirklich glauben kann man sie darum noch nicht. So sehr man sich sehnen mag nach der Geborgenheit einer Welt, worin alles beseelt und als Beseeltes freundlich verbunden ist, kein Weg führt mehr dorthin. Unfähig, die von Fechner aufgezeigte Alternative zu ergreifen, bleibt der moderne Mensch der Nachtansicht verhaftet. Unentschieden auf unsicherem Grund zwischen der Tages-und der Nachtansicht ergibt sich vielleicht diese Konsequenz: Vorsicht und Achtung gegenüber den Dingen, weil Möglichkeiten der Beseeltheit nicht ausgeschlossen werden können. Diese Konsequenz kann aber nur dann gezogen werden, wenn der Mensch sich selbst als beseeltes Wesen schätzt und damit wenigstens eine Seele achtet. Diese Selbstachtung, hinausgeworfen auf Andere(s), schafft ein Verhältnis zur Welt, das ihrer bedenkenlosen Zerstörung Einhalt gebieten kann.

Doch der moderne Mensch stellt keine (ernsthafte) Seelenfrage mehr, weil ihm jeder erfüllte Seelenbegriff abhanden gekommen ist. Fechners Tagesansicht kann nur noch als eine einzige Naivität begriffen werden: Wie kann ein denkender Mensch ernsthaft behaupten, die Welt sei, wie man sie wünscht, die beste aller möglichen Welten, beseelt, lebendig, warm, freundlich und mit allen Eigenschaften ausgestattet, nach denen das Herz begehrt; erfährt man doch tagtäglich die unüberbrückbare Kluft zwischen Wunsch und Wirklichkeit.

Fechners Wunschdenken gibt keinen Anlaß zu überheblicher Geringschätzung, denn eines jeden Träume und Sehnsüchte sind darin mit enthalten. Hinter den Träumen liegt keine seelenleere Realität, die der aufgeklärte Mensch heroisch „aushalten" muß. Die seelenleere Wüste wie der beseelte Garten sind gleichermaßen Dichtungen, und dazwischen steht der Unentschlossene, der nicht zu dichten versteht oder seine Dichtungen nicht für wahr halten kann.

Summary

Gustav Theodor Fechner (1801 – 1877) repeatedly stressed the connection between several of his writings which establish the philosophy of life of his numerous scientific projects. He thereby paved the way for a philosophical interpretation of his works which explores the theme of „soul and ‚Beseelung‘“.

His attempt at a pantheistic worldview, in the form of a „scholarly satire“ that was supported by „romantic irony“, was followed by a comprehensive formulation of a religion based on the material world.

Fechner's trail-blazing formula for measuring the relationship between stimuli and sensations, as well as his mathematic investigation of man as a body/soul unit, stems from the religiously motivated speculation that finds its culmination in the numbers metaphor of the panpsychic world structure.

Consequently, the inauguration of „psychophysics“, which is often seen as a step towards a modern, empirical/analytical psychology, has religious origins as well.

His theory of belief and understanding supports and complements this.

Finally, his later writings once again describe the whole „Tagesansicht“, according to which the world is made up of many irreducible sensual qualities and, as such, is worth living in.

(Critical references to science and culture reflect the pressing concerns of his time.)

Fechner's thinking, which was aimed at the idea of „unity“ and which combined knowledge gained from the natural sciences, paranormal experiences, religious tradition and the need for meaning, deserves to be rediscovered by a modern world that is at war with itself.

Literaturverzeichnis

ADLER, Helmut E. (1977): The Vicissitudes of Fechnerian Psychophysics in America. In: *The roots of American psychology*: Historical influences and implications for the future. New York: Annals of the New York Acad. of Sciences 1977. (Vol. 291). S. 21–32.

ADOLPH, Heinrich: *Die Weltanschauung Gustav Theodor Fechners.* Stuttgart: Strecker & Schröder 1923.

AUGUSTINUS, Aurelius: *Confessiones*/Bekenntnisse. Lateinisch und Deutsch. Eingeleitet, übersetzt und erläutert von Joseph Bernhart. München: Kösel 1955.

BEN-DAVID, Joseph; COLLINS, Randall (1966): Social factors in the origin of a new science: The case of psychogy. In: *American Sociological Review.* (Albany) Vol. 31, No. 4, 1966. S. 451–465

BENEKE, Friedrich Eduard (1833): *Lehrbuch der Psychologie als Naturwissenschaft.* Berlin: Mittler 1833.

BORING, Edwin G. (1950): *A History of Experimental Psychology.* New York: Appleton-Century-Crofts ^{2}1950.

BRINGMANN, Wolfgang G. (1977): The European roots of American psychology: questions of import. In: *The roots of American psychology*: Historical influences and implications for the future. New York: Annals of the New York Acad. of Sciences 1977. (Vol. 291). S. 56–65.

BÜHLER, Karl (1927): *Die Krise der Psychologie.* Jena: Fischer 1927.

COLLINS, Randall (siehe BEN-DAVID, Joseph)

DAHL, Roald (1967): Der Lautforscher. In: ... *und noch ein Küßchen.* Weitere ungewöhnliche Geschichten. Reinbek bei Hamburg: Rowohlt Taschenbuch Verlag 1967. Engl.: The Sound Machine. In: *Someone like you.* London: Michael Joseph 1948.

DANZIGER, Kurt: The Social Origins of Modern Psychology. In: BUSS, A. R. (Hrsg.): *Psychology in Social Context.* New York: Irvington 1979. S. 27–45.

DITFURTH, Hoimar von (1975): *Im Anfang war der Wasserstoff.* (München; Zürich:) Droemer Knaur 1975. (Knaur Tb 395).

DSCHUANG DSI (DSE) oder CHUANG CHOU) (1969): *Das wahre Buch vom südlichen Blütenland.* AUS DEM CHINESISCHEN ÜBERTRAGEN UND ERLÄUTERT VON RICHARD WILHELM. EINFÜHRUNG VON STEPHAN SCHUMACHER. DÜSSELDORF; KÖLN: DIEDERICHS 1969. (DIEDERICHS GELBE REIHE BD. 14; CHINA).

DU BOIS-REYMOND, EMIL (1903): *Über die Grenzen des Naturerkennens.* DIE SIEBEN WELTRÄTSEL. ZWEI VORTRÄGE. 9. AUFL. D. 1. VORTRAGS ... . LEIPZIG: VEIT 1903.

ELIADE, MIRCEA (1986): *Die Religionen und das Heilige.* ELEMENTE EINER RELIGIONSGESCHICHTE. FRANKFURT/M.: INSEL VERLAG 1986. FRZ.: *Traité d'histoire des religions.* PARIS: EDITIONS PAYOT 1949.

- *Geschichte der religiösen Ideen.* AUS DEM FRANZ. ÜBERSETZT VON ADELHEID MÜLLER-LISSNER U. WERNER MÜLLER. (4 BDE.). FREIBURG; BASEL; WIEN: HERDER 1978-. FRZ.: *Histoire des croyances et des idées religieuses.* PARIS: PAYOT 1976-. (BIBLIOTHÈQUE HISTORIQUE).

- *Das Heilige und das Profane.* VOM WESEN DES RELIGIÖSEN. VON EVA MOLDENHAUER REVIDIERTE FASSUNG DER ... DEUTSCHEN ÜBERSETZUNG. FRANKFURT/M.: INSEL VERLAG (1984). (ELIADE; GESAMMELTE WERKE IN EINZELAUSGABEN). FRZ.: *Le sacré et le profane.* PARIS: GALLIMARD 1965.

ELLENBERGER, HENRI FRÉDÉRIC (1985): *Die Entdeckung des Unbewußten.* GESCHICHTE UND ENTWICKLUNG DER DYNAMISCHEN PSYCHATRIE VON DEN ANFÄNGEN BIS ZU JANET, FREUD, ADLER UND JUNG. AUS DEM AMERIKANISCHEN VON GUDRUN THEUSNER-STAMPA. ZÜRICH: DIOGENES 1985. ENGL.: *The discovery of the unconscious*; THE HISTORY AND EVOLUTION OF DYNAMIC PSYCHIATRY. NEW YORK: BASIC BOOKS, PUBLISHERS 1970.

FECHNER, GUSTAV THEODOR; DROBISCH, MORITZ WILHELM (1823): *Praemissae ad theoriam organismi generalem.* (... PUBLICE DEFENDET GUSTAVUS THEODORUS FECHNER ASSUMTO SOCIO MAURITIO GUILIELMO DROBISCH). LIPSIAE: LITERIS STARITII (MDCCCXXIII). (LEIPZIG: STARITZ 1823).

FECHNER, GUSTAV THEODOR (DR. MISES, PSEUD.) (1824): *Stapelia mixta.* LEIPZIG: VOSS 1824. (ERSCHIENEN UNTER DEM PSEUDONYM „DR. MISES").

Vergleichende Anatomie der Engel. EINE SKIZZE. LEIPZIG: BAUMGÄRTNER 1825. (ERSCHIENEN UNTER DEM PSEUDONYM „DR. MISES").

-(1825) VERGLEICHENDE ANATOMIE DER ENGEL. IN: *Kleine Schriften von Dr. Mises.* LEIPZIG: BREITKOPF & HÄRTEL *1875.* S. 195–240.

-(1836) *Das Büchlein vom Leben nach dem Tode.* DRESDEN: GRIMMER 1836. (ERSCHIENEN UNTER DEM PSEUDONYM „DR. MISES").

-**(1846)** *Über das höchste Gut.* LEIPZIG: BREITKOPF & HÄRTEL 1846.

- DER SCHATTEN IST LEBENDIG. IN: *Vier Paradoxa.* LEIPZIG: VOSS 1846. (ERSCHIENEN UNTER DEM PSEUDONYM „DR. MISES").

- ÜBER DAS LUSTPRINZIP DES HANDELNS. IN: (FICHTE, H. J., HRSG.:) *Zeitschrift f. Phil. u. philos. Kritik.* (JG.) XIX. 1848. S. 1–30; S. 163–194.

-**(1848)** *Nanna* ODER ÜBER DAS SEELENLEBEN DER PFLANZEN. LEIPZIG: VOSS 1848.

- *Zend-Avesta* ODER ÜBER DIE DINGE DES HIMMELS UND DES JENSEITS. VOM STANDPUNKT DER NATURBETRACHTUNG. (3 BDE.). LEIPZIG: VOSS 1851.

-**(1851)** *Zend-Avesta* ODER ÜBER DIE DINGE DES HIMMELS UND DES JENSEITS. VOM STANDPUNKT DER NATURBETRACHTUNG. DRITTE AUFLAGE. BESORGT VON KURD LASSWITZ. (2 BDE.). HAMBURG UND LEIPZIG: VOSS *1906*.

- *Über die physikalische und philosophische Atomenlehre.* LEIPZIG: MENDELSSOHN 1855.

- *Über die physikalische und philosophische Atomenlehre.* ZWEITE, VERMEHRTE AUFLAGE. LEIPZIG: MENDELSSOHN 1864.

-**(1856)** *Professor Schleiden und der Mond.* LEIPZIG: GUMPRECHT 1856.

-**(1860)** *Elemente der Psychophysik.* (2 BDE.). LEIPZIG: BREITKOPF & HÄRTEL 1860.

-**(1861)** *Über die Seelenfrage.* EIN GANG DURCH DIE SICHTBARE WELT, UM DIE UNSICHTBARE ZU FINDEN. LEIPZIG: AMELANG 1861.

-**(1863)** *Die drei Motive und Gründe des Glaubens.* LEIPZIG: BREITKOPF & HÄRTEL 1863.

-**(1866)** *Das Büchlein vom Leben nach dem Tode.* ZWEITE AUFLAGE. LEIPZIG: VOSS 1866.

-**(1873)** *Einige Ideen zur Schöpfungs-und Entwicklungsgeschichte der Organismen.* LEIPZIG: BREITKOPF & HÄRTEL 1873.

-**(1875)** *Kleine Schriften von Dr. Mises.* LEIPZIG: BREITKOPF & HÄRTEL 1875.

-**(1876)** *Vorschule der Ästhetik.* (2 BDE.). LEIPZIG: BREITKOPF & HÄRTEL 1876.

-**(1877)** *In Sachen Psychophysik.* LEIPZIG: BREITKOPF & HÄRTEL 1877.

-**(1879)** *Die Tagesansicht gegenüber der Nachtansicht.* LEIPZIG: BREITKOPF & HÄRTEL 1879.

-(1889) *Elemente der Psychophysik*. (HRSG. V. WILHELM WUNDT). ZWEI-
TE, UNVERÄNDERTE AUFLAGE MIT HINWEISEN AUF DES VERFASSERS
SPÄTERE ARBEITEN UND EINEM CHRONOLOGISCH GEORDNETEN VER-
ZEICHNIS SEINER SÄMTLICHEN SCHRIFTEN ... . LEIPZIG: BREITKOPF
& HÄRTEL 1889.

GEBHARD, WALTER (1984): *Der Zusammenhang der Dinge*: WELTGLEICHNIS
UND NATURVERKLÄRUNG IM TOTALITÄTSBEWUSSTSEIN DES 19. JH..
TÜBINGEN: NIEMEYER 1984. (HERMAEA; N.F., BD. 47).

Das Geheimnis der goldenen Blüte. EIN CHINESISCHES LEBENSBUCH. ÜBER-
SETZT UND ERLÄUTERT VON RICHARD WILHELM. MIT EINEM EUROPÄI-
SCHEN KOMMENTAR VON C. G. JUNG. ZÜRICH UND LEIPZIG: RASCHER
VERL. 1939.

HALL, GRANVILLE STANLEY (1914): *Die Begründer der modernen Psycholo-
gie*: LOTZE, FECHNER, HELMHOLTZ, WUNDT. ÜBERS. V. R. SCHMIDT.
VORWORT V. M. BRAHN. LEIPZIG: MEINER 1914. (WISSEN UND FOR-
SCHEN. SCHRIFTEN Z. EINF. IN D. PHIL., BD. 7). S. 64–122. ENGL.:
Founders of modern psychology. NEW YORK: APPLETON 1912.

HERMANN, IMRE (1925): GUSTAV THEODOR FECHNER. IN: *Imago*. ZEIT-
SCHR. F. ANWENDUNG DER PSYCHOANALYSE AUF DIE GEISTESWISSEN-
SCHAFTEN. BD. XI. LEIPZIG UND WIEN: H. HELLER 1925. S. 371–420.

Gustav Theodor Fechner. EINE PSYCHOANALYTISCHE STUDIE ÜBER INDIVIDU-
ELLE BEDINGTHEITEN WISSENSCHAFTLICHER IDEEN. LEIPZIG; WIEN;
ZÜRICH: INTERNAT. PSYCHOANALYTISCHER VERL. 1926. (SONDERAB-
DRUCK AUS: IMAGO, BD. XI, S.O.).

HOFSTADTER, DOUGLAS R.; DENNET, DANIEL C.: *The Mind's I*. FANTASIES
AND REFLECTIONS ON SELF AND SOUL. COMPOSED AND ARRANGED
BY DOUGLAS R. HOFSTADTER AND DANIEL C. DENNET. NEW YORK:
BASIC BOOKS 1981.

HUCH, RICARDA (1985): *Die Romantik*. BLÜTEZEIT, AUSBREITUNG UND
VERFALL. REINBEK BEI HAMBURG: ROWOHLT VERL.; TÜBINGEN: R.
WUNDERLICH VERL. 1985.

HUSSERL, EDMUND: *Ideen zu einer reinen Phänomenologie und phänomenologischen Philosophie*. ERSTES BUCH: ALLGEMEINE EINFÜHRUNG IN
DIE REINE PHÄNOMENOLOGIE. HALLE A. D. S.: NIEMEYER 1922.

-(1977) *Cartesianische Meditationen*. Eine Einleitung in die Phänomenologie. Herausgegeben, eingeleitet und mit Registern versehen von Elisa-
beth Ströker. Hamburg: Meiner 1977. (Phil. Bibl. Bd. 291).

- *Husserliana*. Edmund Husserl. Gesammelte Werke. Auf Grund des Nachlasses veröffentlicht vom Husserl-Archiv (Louvain) unter Leitung von H.
L. van Breda. Bd. 1-. (Den) Haag: Martinus Njihoff 1950-.

JAMES, H. (Hrsg.): *The letters of William James.* (2 Bde.). Boston/Mass.: The Atlantic Monthly Press 1920.

JAMES, William: *The Principles of Psychology.* (2 Bde.). New York: Henry Holt 1890.

JAPP, Uwe (1983): *Theorie der Ironie.* Frankfurt/M.: Klostermann 1983. (Das Abendland; N.F., 15).

KAISER, Rudolf; KAISER, Michaela (1984): *Diese Erde ist uns heilig.* Die Rede des Indianerhäuptlings Seattle. Original und Nachdichtung. Münster: Edition Blaschzok 1984.

KANT, Immanuel: *Die Religion innerhalb der Grenzen der bloßen Vernunft.* Hrsg. v. Karl Vorländer. Mit einer Einleitung von Hermann Noack. 8. durchges. Aufl.. Hamburg: Meiner 1978. (Phil. Bibl.; Bd. 45).

- *Kritik der Urteilskraft.* Hrsg. v. Karl Vorländer. 6. Aufl.. Hamburg: Meiner 1924. (Phil. Bibl.; Bd. 39a).

- *Kant's gesammelte Schriften.* Hrsg. v. d. kgl. Preuss. Akademie der Wiss.. Berlin: Reimer 1900-; Berlin: de Gruyter 1922-.

KLUGE, Friedrich (1975): *Etymologisches Wörterbuch* der deutschen Sprache. Berlin; New York: Walter de Gruyter, 21. Aufl. 1975.

KOESTLER, Arthur: *Die Nachtwandler.* Die Entstehungsgeschichte unserer Welterkenntnis. Frankfurt/M.: Suhrkamp Taschenbuch Verlag 1980. (st 579). Engl.: *The Sleepwalkers.* London 1959.

KUNTZE, Johannes Emil (1892): *Gustav Theodor Fechner* (Dr. Mises). Ein deutsches Gelehrtenleben. Leipzig: Breitkopf & Härtel 1892.

LASSWITZ, Kurd (Kurt) (1896): *Gustav Theodor Fechner.* Stuttgart: Fromann 1896. (Fromanns Klassiker der Philosophie, Bd. 1).

LAZARUS, Moritz (1851): Über den Begriff und die Möglichkeit einer Völkerpsychologie. In: (Prutz, R.E., Hrsg.:) *Deutsches Museum.* Zeitschr. f. Literatur, Kunst u. öffentl. Leben. (Leipzig: Hinrichs) 1. Jg. 1851.

LÖW, Reinhard: *Philosophie des Lebendigen.* Der Begriff des Organischen bei Kant, sein Grund und seine Aktualität. Frankfurt/M.: Suhrkamp Verl. 1980.

LÖWITH, Karl (1981): *Von Hegel zu Nietzsche.* Der revolutionäre Bruch im Denken des 19. Jahrhunderts. Hamburg: Meiner, 8. Aufl. 1981.

LOTZE, Rudolph Hermann: *Mikrokosmus.* Ideen zur Naturgeschichte und Geschichte der Menschheit. Versuch einer Anthropologie. Leipzig: Hirzel 1856–1864.

-(1852) *Medicinische Psychologie*; oder Physiologie der Seele. Leipzig: Weidmann 1852.

MATTENKLOTT, Gert (1984): Nachwort. In: Fechner, Gustav Theodor: *Das unendliche Leben*. (Sammlung). Hrsg. v. Axel Matthes. München Matthes & Seitz 1984.

METZ, Johann Baptist: *Christliche Anthropozentrik*. Über die Denkform des Thomas von Aquin. München: Kösel 1962.

MISES, Dr. siehe FECHNER, Gustav Theodor

MÖBIUS, Paul J.: Ausgewählte Werke Bd. VI.: *Im Grenzlande*. Leipzig: Barth Verl. 1905. S. 143–193.

MONOD, Jacques (1971): *Zufall und Notwendigkeit*. Philosophische Fragen der modernen Biologie. Vorrede zur deutschen Ausgabe von Manfred Eigen. München: Piper 1971. Frz.: *Le hasard et la nécessité*. Paris: Editions du Seuil 1970.

MÜLLER, Rudolph (1892): Chronologisches Verzeichnis der Werke und Abhandlungen G. Th. Fechner's. In: KUNTZE, J. E.: *Gustav Theodor Fechner* (Dr. Mises). Ein deutsches Gelehrtenleben. Leipzig: Breitkopf & Härtel 1892.
(auch in: FECHNER, G. T.: *Elemente der Psychophysik*. 2. Aufl., Leipzig: Breitkopf & Härtel 1889 s.o.)

NIETZSCHE, Friedrich (KSA): *Sämtliche Werke*. Kritische Studienausgabe in 15 Bänden

(KSA) Herausgegeben von Giorgio Colli und Mazzino Montinari. München: Deutscher Taschenbuch Verl.; Berlin, New York: Walter de Gruyter 1980.
Bd. 2: Menschliches, Allzumenschliches I und II.
Bd. 3: Morgenröthe. Idyllen aus Messina. Die fröhliche Wissenschaft.
Bd. 4: Also sprach Zarathustra.
Bd. 6: Der Fall Wagner. Götzen-Dämmerung. Der Antichrist. Ecce homo. Dionysos-Dithyramben. Nietzsche contra Wagner.
Bd. 9: Nachgelassene Fragmente 1880–1882.

PAULSEN, Friedrich (1892): *Einleitung in die Philosophie*. Berlin: Hertz 1892.

PLATON (von Athen) *Werke* in acht Bänden. Griechisch und Deutsch. Hrsg. v. Gunther Eigler. Darmstadt: Wissenschaftl. Buchgemeinschaft 1970-.

POPPER, Karl R.; ECCLES, John C. (1977): *The Self and Its Brain*. Berlin; Heidelberg; New York: Springer Verl. 1977.

PRANG, Helmut (1972): *Die romantische Ironie*. Darmstadt: Wissenschaftl. Buchgemeinschaft 1972.

PREYER, W. (Hrsg.): *Wissenschaftliche Briefe von G. T. Fechner und W. Preyer*. Nebst einem Briefwechsel zwischen K. von Vierordt und Fechner, sowie 9 Beilagen ... . Hamburg: Voß 1890.

REZAZADEH-SCHAFAGH, Sadeg: *Mystische Motive in Fechners Philosophie.* Berlin: Hoffmann (1928).

ROSENCRANTZ, Gerhard (1933): *G. Th. Fechners Stellung in der Geschichte der gelehrten Satire.* Borna; Leipzig: Noske 1933. (44 S.; Königsberg, Phil. Diss v. 4. Aug. 1933).

ROTHACKER, Erich: *Zur Genealogie des menschlichen Bewußtseins.* Eingeleitet und durchgesehen von Wilhelm Perpeet. Bonn: Bouvier 1966.

RINGER, Fritz K.: Bildung, Wissenschaft und Gesellschaft in Deutschland 1800–1960. In: *Geschichte und Gesellschaft.* Bd. 6, 1980. S. 5–35.

- The German Academic Community, 1870–1920. In: *Internationales Archiv für Sozialgeschichte der deutschen Literatur.* Bd. 3, 1978. S. 108–129.

SCHLEGEL, Friedrich von (1882): *Seine prosaischen Jugendschriften.* Hrsg. v. J. Minor. (2 Bde.). Wien: Konegen 1882. Bd. 2: Zur deutschen Literatur und Philosophie.

SCHLEIDEN, Matthias Jakob: *Studien.* Populäre Vorträge von M. J. Schleiden . . . . Leipzig: W. Engelmann 1855.

SCHÜTZ, Alfred (1932): *Der sinnhafte Aufbau der sozialen Welt.* Eine Einführung in die verstehende Soziologie. Wien: Springer 1932.

SIEGEL, Carl (1913): *Geschichte der deutschen Naturphilosophie.* Leipzig: Akad. Verlagsges. 1913.

SPRUNG, Lothar; SPRUNG, Helga: Gustav Theodor Fechner – Wege und Abwege in der Begründung der Psychophysik. In: *Zeitschrift für Psychologie,* 1978. S. 439–454.

STRAUSS, David Friedrich (1835/36): *Das Leben Jesu,* kritisch bearbeitet. (2 Bde.). Tübingen: Osiander 1835/36.

Die christliche Glaubenslehre in ihrer geschichtlichen Entwicklung und im Kampf mit der modernen Wissenschaft . . . . (2 Bde.). Tübingen: Osiander; Stuttgart: Köhler 1840/41.

TREPL, Ludwig: *Geschichte der Ökologie.* Vom 17. Jahrhundert bis zur Gegenwart. Frankfurt/M.: Athenäum 1987. (Athenäum-Tb. 4070).

TUIAVII (Pseud.) (Scheurmann, Erich:) *Der Papalagi.* Die Reden des Südseehäuptlings Tuiavii aus Tiavea. (Zürich:) Tanner u. Staehelin 1980.

VIRCHOW, Rudolf (1856): Alter und neuer Vitalismus. In. *Archiv für pathol. Anatomie, Physiologie u. f. klin. Med..* Bd. 9, Berlin 1856. S. 3–55.

VOGT, Carl Christoph (1847): *Physiologische Briefe* für Gebildete aller Stände . . . . Stuttgart und Tübingen: J. G. Cotta 1847.

WEBER, Max: *Die protestantische Ethik.* Eine Aufsatzsammlung. Hrsg. v. Johannes Winckelmann. 7. durchges. Aufl.. Gütersloh: G. Mohn 1984. (Gtb Siebenstern, Bd. 53).

WEHNER, Ernst G. (1980): *Einführung in die empirische Psychologie*. Stuttgart; Berlin; Köln; Mainz: Kohlhammer 1980. (Wissenschaft u. soziale Praxis).

WENTSCHER, Max: *Fechner und Lotze*. München: E. Reinhardt 1924.

WILLE, Bruno: *Offenbarungen des Wacholderbaums*. Bd. 1. Leipzig: Diederichs 1903.

- *Das lebendige All*. Idealistische Weltanschauung auf naturwissenschaftlicher Grundlage im Sinne Fechners, von Dr. Bruno Wille. Hamburg und Leipzig: Engelmann 1901.

WITTGENSTEIN, Ludwig: *Tractatus logico-philosophicus*. Logisch-philosophische Abhandlung. Frankfurt/M.: Suhrkamp Verl. 1963. (edition suhrkamp, Bd. 12).

WUNDT, Wilhelm: *Gustav Theodor Fechner*. Rede zur Feier seines hundertjährigen Geburtstages. Mit Beil. u. einer Abb. d. Fechner-Denkmals. Leipzig: Engelmann 1901.

- Zur Erinnerung an Gustav Theodor Fechner. Worte, gesprochen an seinem Sarge am 21. November 1887. In: KUNTZE, J. E.: *Gustav Theodor Fechner* (Dr. Mises). Ein deutsches Gelehrtenleben. Leipzig: Breitkopf & Härtel 1892.